Está pronto para adotar os métodos comprovados do Lean Six Sigma para melhorar o desempenho da empresa e tornar suas equipes mais produtivas? Lembre-se dos princípios-chave dessa poderosa estratégia para que sua empresa funcione de forma suave e eficiente.

PRINCÍPIOS-CHAVE DO LEAN SIX SIGMA

O Lean Six Sigma é um método poderoso e comprovado para melhorar a eficiência e a eficácia das empresas. Resumindo, aqui estão os princípios do Lean Six Sigma para ter em mente:

- Focar o cliente.
- Identificar e entender como o trabalho é feito (*fluxo de valor*).
- Gerenciar, melhorar e suavizar o fluxo de processo.
- Remover o desperdício e os passos que não agregam valor.
- Gerenciar com base em fatos e reduzir a variação.
- Envolver a equipe e as pessoas no processo.
- Realizar a atividade de melhoria de forma sistemática.

COMO USAR DMAIC NO LEAN SIX SIGMA

Para realizar a atividade de melhoria de forma sistemática nos processos existentes em sua empresa usando o Lean Six Sigma, você precisa aplicar a útil estrutura DMAIC:

- **Definir:** Os projetos começam com um problema a ser resolvido. Verifique se todos os envolvidos sabem seus papéis, por que você está realizando o projeto e o que está tentando alcançar por meio dele.
- **Medir:** O trabalho que você fez na fase Definir se baseia no que considera como problema. Durante a fase Medir, você precisa esclarecer as coisas ao observar como o trabalho é feito, e se é bem feito.
- **Analisar:** Agora que já sabe o que está acontecendo, é hora de descobrir o porquê, mas não chegue a conclusões precipitadas. Gerencie com base em fatos para verificar as possíveis causas e chegar à causa raiz.

Lean Six Sigma Para leigos

- **Melhorar [do inglês, *Improve*]:** Certo, você conhece o processo e o problema. Agora, na fase Melhorar, precisa encontrar uma forma de lidar com a causa raiz, propor algumas ideias, selecionar a melhor e testá-la.
- **Controlar:** Você precisa implementar a solução e garantir que obtenha e mantenha o ganho que está buscando. É vital aplicar um plano de controle para garantir que o processo seja feito de forma consistente.

VALOR COM O LEAN SIX SIGMA

Ao tentar melhorar o valor para seus clientes com o Lean Six Sigma, lembre-se de que, para eles, o *valor* é aquilo pelo que estão dispostos a pagar:

- Produtos e serviços certos.
- No momento certo.
- Com o preço certo.
- Com a qualidade certa.

Para que a etapa agregue valor, é necessário cumprir três critérios:

- O cliente precisa se importar com a etapa.
- A etapa deve mudar o produto ou o serviço fisicamente de algum modo ou ser um pré-requisito essencial para outra etapa.
- A etapa deve ser realizada "corretamente já na primeira vez".

Tente remover as etapas que não atendem a esses critérios, mas reconheça que talvez seja importante manter algumas que não agregam valor, talvez por razões regulatórias ou financeiras, por exemplo.

Você precisa identificar e compreender o fluxo de valor e eliminar o desperdício e as etapas que não agregam valor. Apenas entre 10% a 15% das etapas do processo agregam valor, muitas vezes representando apenas 1% do tempo total do processo.

Lean Six Sigma

Para leigos

Lean Six Sigma para leigos

Tradução da 4ª Edição

**Martin Brenig-Jones
e Jo Dowdall**

ALTA BOOKS
GRUPO EDITORIAL
Rio de Janeiro, 2023

Lean Six Sigma Para Leigos

Copyright © 2023 da Starlin Alta Editora e Consultoria Ltda.
ISBN: 978-85-508-2035-4

Translated from original Lean Six Sigma For Dummies. Copyright © 2022 by Wiley Publishing, Inc. ISBN 978-1-119-79671-8. This translation is published and sold by permission of John Wiley, the owner of all rights to publish and sell the same. PORTUGUESE language edition published by Starlin Alta Editora e Consultoria Ltda, Copyright © 2023 by Starlin Alta Editora e Consultoria Ltda.

Impresso no Brasil — 1ª Edição, 2023 — Edição revisada conforme o Acordo Ortográfico da Língua Portuguesa de 2009.

Todos os direitos estão reservados e protegidos por Lei. Nenhuma parte deste livro, sem autorização prévia por escrito da editora, poderá ser reproduzida ou transmitida. A violação dos Direitos Autorais é crime estabelecido na Lei nº 9.610/98 e com punição de acordo com o artigo 184 do Código Penal.

A editora não se responsabiliza pelo conteúdo da obra, formulada exclusivamente pelo(s) autor(es).

Marcas Registradas: Todos os termos mencionados e reconhecidos como Marca Registrada e/ou Comercial são de responsabilidade de seus proprietários. A editora informa não estar associada a nenhum produto e/ou fornecedor apresentado no livro.

Erratas e arquivos de apoio: No site da editora relatamos, com a devida correção, qualquer erro encontrado em nossos livros, bem como disponibilizamos arquivos de apoio se aplicáveis à obra em questão.

Acesse o site www.altabooks.com.br e procure pelo título do livro desejado para ter acesso às erratas, aos arquivos de apoio e/ou a outros conteúdos aplicáveis à obra.

Suporte Técnico: A obra é comercializada na forma em que está, sem direito a suporte técnico ou orientação pessoal/exclusiva ao leitor.

A editora não se responsabiliza pela manutenção, atualização e idioma dos sites referidos pelos autores nesta obra.

Dados Internacionais de Catalogação na Publicação (CIP) de acordo com ISBD

G837l Brenig-Jones, Martin
        Lean Six Sigma Para Leigos / Martin Brenig-Jones, Jo Dowdall ; traduzido por Alberto Streicher. - Rio de Janeiro : Alta Books, 2023.
        368 p. : il. ; 16cm x 23cm.

        Inclui índice.
        ISBN: 978-85-508-2035-4

        1. Administração. 2. Processos. 3. Melhoria de desempenho. 4. Mudanças. 5. Inovação. I. Dowdall, Jo. II. Streicher, Alberto. III. Título.

2023-1169   CDD 658.401
                                                CDU 658.011.2

Elaborado por Odilio Hilario Moreira Junior - CRB-8/9949

Índice para catálogo sistemático:
1. Administração : gestão 658.401
2. Administração : gestão 658.011.2

Produção Editorial
Grupo Editorial Alta Books

Diretor Editorial
Anderson Vieira
anderson.vieira@altabooks.com.br

Editor
José Ruggeri
j.ruggeri@altabooks.com.br

Gerência Comercial
Claudio Lima
claudio@altabooks.com.br

Gerência Marketing
Andréa Guatiello
andrea@altabooks.com.br

Coordenação Comercial
Thiago Biaggi

Coordenação de Eventos
Viviane Paiva
comercial@altabooks.com.br

Coordenação ADM/Finc.
Solange Souza

Coordenação Logística
Waldir Rodrigues

Gestão de Pessoas
Jairo Araújo

Direitos Autorais
Raquel Porto
rights@altabooks.com.br

Produtor da Obra
Thiê Alves

Produtores Editoriais
Illysabelle Trajano
Maria de Lourdes Borges
Thales Silva
Paulo Gomes

Equipe Comercial
Adenir Gomes
Andrea Riccelli
Ana Claudia Lima
Daiana Costa
Everson Sete
Kaique Luiz
Luana Santos
Maira Conceição
Natasha Sales
Pablo Frazão

Equipe Editorial
Ana Clara Tambasco
Andreza Moraes
Beatriz de Assis
Beatriz Frohe
Betânia Santos
Brenda Rodrigues
Caroline David
Erick Brandão

Elton Manhães
Gabriela Nataly
Gabriela Paiva
Henrique Waldez
Isabella Gibara
Karolayne Alves
Kelry Oliveira
Lorrahn Candido
Luana Maura
Marcelli Ferreira
Mariana Portugal
Marlon Souza
Matheus Mello
Milena Soares
Patricia Silvestre
Viviane Corrêa
Yasmin Sayonara

Marketing Editorial
Amanda Mucci
Ana Paula Ferreira
Beatriz Martins
Ellen Nascimento
Guilherme Nunes
Livia Carvalho
Thiago Brito

Atuaram na edição desta obra:

Tradução
Alberto Streicher

Copidesque
Eveline Machado

Revisão Gramatical
Alessandro Thomé
Rafael Fontes

Revisão Técnica
Marcelo Toledo
Especialista em Lean Six Sigma

Diagramação
Lucia Quaresma

Editora afiliada à:

ALTA BOOKS
GRUPO EDITORIAL

Rua Viúva Cláudio, 291 – Bairro Industrial do Jacaré
CEP: 20.970-031 – Rio de Janeiro (RJ)
Tels.: (21) 3278-8069 / 3278-8419
www.altabooks.com.br — altabooks@altabooks.com.br
Ouvidoria: ouvidoria@altabooks.com.br

Sobre os Autores

Martin Brenig-Jones é diretor-executivo da Catalyst Consulting Ltda. Antes de começar lá, ele foi chefe de Qualidade na BT, empresa global de telecomunicações e uma das líderes mundiais em serviços de comunicação, onde era responsável pela qualidade e pela excelência empresarial em todo o grupo. Martin também foi membro do Comitê Geral da Lloyd's Register, no comitê técnico da LRQA, e atuou no conselho executivo da British Quality Foundation antes de começar a fazer consultoria empresarial. Ele foi assessor sênior do Prêmio de Excelência do Reino Unido e do Prêmio Europeu de Qualidade. Nos últimos vinte anos, seu foco tem sido a aplicação do Lean Six Sigma para ajudar organizações de todos os tamanhos e setores a melhorar suas operações. Ele treinou e orientou mais de mil pessoas em Lean Six Sigma e em técnicas de melhoria de negócios, principalmente na Europa e ocasionalmente nos Estados Unidos, na Ásia e na África. Trabalha com organizações de diversos setores, incluindo TI, transporte, fabricação de computadores, governos locais, polícia, saúde, aeroespacial, ferroviário, telecomunicações e serviços financeiros.

Martin estudou engenharia eletrônica na Universidade de Liverpool e fez pós-graduação em administração. Ele é membro do Instituto de Engenharia e Tecnologia e, em sua carreira anterior, trabalhou em telecomunicações, software e desenvolvimento de sistemas. Martin é fotógrafo e videógrafo apaixonado e, embora viva agora na Inglaterra, é galês de coração e continua a torcer pelo Welsh, time de rúgbi, além de ser fã do Liverpool FC.

Jo Dowdall é consultora associada da Catalyst Consulting, onde oferece treinamento, orientações e serviços de consultoria a uma série de clientes, em uma variedade de tamanhos, setores e países. Jo trabalha em Melhoria Contínua há mais de vinte anos e adora tornar a melhoria dos negócios compreensível e acessível.

A carreira de Melhoria Contínua de Jo começou em qualidade. Ela admite ter caído nessa por acidente, e não por planejamento — recebendo a recomendação para se candidatar a um cargo de coordenadora de qualidade depois de ter tentado e não conseguido o cargo de coordenadora de RH. Foi um passo positivo para ela, porque descobriu sua paixão pela qualidade e melhoria empresarial e porque teria sido uma péssima coordenadora de RH.

Em sua função seguinte, Jo liderou um programa de prêmios de excelência regional. Ela foi responsável pelo desenvolvimento da estrutura de avaliação, pelo treinamento de avaliadores, pelo apoio às organizações durante o processo e pela realização de muitas avaliações.

Jo também é praticante experiente do Lean Six Sigma, tendo aprendido em primeira mão o que fazer (e o que não fazer) para proporcionar melhorias sustentáveis no processo, bem como desenvolver aceitação para a mudança. Ela é pós-graduada em Qualidade.

Jo adora escrever livros e artigos sobre Lean Six Sigma e melhorias. Escreve também poesia, e uma vez tentou fazer um poema sobre a fase de melhoria de um projeto DMAIC. Foi a primeira e última vez.

Agradecimentos dos Autores

Martin

Primeiramente, preciso deixar um agradecimento gigantesco a Jo Dowdall, que assumiu o importante papel de coautora deste livro em particular. Jo fez um trabalho notável e deu ao livro uma atualização total. Ela tem sempre um sorriso e uma energia motivacional muito positiva. Foi um prazer trabalhar com você, Jo, em nosso segundo livro juntos, após *LSS for Leaders*. Qual será o próximo?

Devo também agradecer a todos da Catalyst. Que equipe de apoio inspiradora e brilhante! Se houvesse um livro chamado *Lean Six Sigma para Especialistas*, eles teriam que ser os autores, porque seu conhecimento, sua experiência e expertise vão mais fundo do que você pode imaginar. São verdadeiros especialistas, e é um privilégio trabalhar com eles.

Gostaria também de agradecer aos meus clientes, que vêm de uma gama muito ampla de setores interessantes de organizações de todo o mundo e que me deram a experiência que tentei traduzir neste livro.

Também quero agradecer aos meus quatro brilhantes filhos, Jo, Laurence, Alex e Oliver, e agora às suas próprias famílias em crescimento. Eles sempre foram muito pacientes com o cara que está sempre vendo "oportunidades de melhoria de processos", e particularmente irritantes quando estão de férias. Mas saiba que estou começando a notar algumas das minhas características neles. Continuem assim, crianças.

Finalmente, quero agradecer a Di, a melhor esposa, amiga, mãe e professora do mundo e que vive com alguém que passa muito tempo fazendo o que algumas pessoas chamam de "trabalho", mas que acho difícil distinguir do prazer e do lazer.

Jo

Muito obrigada, Martin, por me envolver no desenvolvimento deste livro. É tão divertido trabalhar com você, que às vezes me esqueço de que você é o chefe! Muito obrigada por seu encorajamento. Agradeço também aos meus excelentes colegas da Catalyst por seu apoio. Em particular, Moore Allison, Mark Jones e James Dwan, por sua orientação e contribuição especializada nos capítulos de Medição e Análise, DfSS, Design Thinking e Ágil.

Nosso querido amigo, colega e mentor, o falecido John Morgan, teve um papel muitíssimo importante no desenvolvimento das edições anteriores do *Lean Six Sigma Para Leigos*. Eu nunca conseguiria substituí-lo, mas sou grata pela oportunidade de contribuir para a 4ª edição. Obrigado, John.

Gostaria também de agradecer a Elizabeth Stilwell, da Wiley, por nos guiar de forma suave e competente ao longo do processo de redação deste livro. Muitíssimo obrigada também a Tim Gallan por sua habilidade de edição e paciência. Obrigada, Tim. E também agradeço a Jim Alloway por sua revisão técnica.

Acima de tudo, gostaria de agradecer à minha família pela paciência, pelo amor e apoio. Trabalhar no livro durante a pandemia global poderia ter sido horrendo. Tive muita sorte de ter feito o "lockdown" com as pessoas mais carinhosas, amorosas e divertidas que conheço. Obrigada, Ant. Obrigada, Buck.

Sumário Resumido

Introdução 1

Parte1: Entendendo o Lean Six Sigma 5
CAPÍTULO 1: Definindo Lean Six Sigma. 7
CAPÍTULO 2: Compreendendo os Princípios do Lean Six Sigma. 27

Parte 2: Fundamentos do Lean Six Sigma. 45
CAPÍTULO 3: Identificando os Clientes de Seu Processo 47
CAPÍTULO 4: Entendendo as Necessidades do Seu Cliente. 57
CAPÍTULO 5: Entendendo o Processo. 75
CAPÍTULO 6: Gerenciando Pessoas e Mudanças 99

Parte 3: Entendendo o Desempenho e Analisando o Processo. 111
CAPÍTULO 7: Coletando Dados. 113
CAPÍTULO 8: Apresentando Seus Dados 135
CAPÍTULO 9: Identificando as Causas Raiz. 157
CAPÍTULO 10: Identificando o Desperdício e o que Não Agrega Valor. 171
CAPÍTULO 11: Fazendo o Processo Fluir. 185

Parte 4: Melhorando e Inovando. 197
CAPÍTULO 12: Pensando Diferente e Gerando Soluções 199
CAPÍTULO 13: Descobrindo a Oportunidade de Prevenção. 209
CAPÍTULO 14: Apresentando o Design for Six Sigma. 225
CAPÍTULO 15: Descobrindo o Design Thinking 243
CAPÍTULO 16: Princípio Ágil em Projetos Lean Six Sigma 255

Parte 5: Aplicando o Lean Six Sigma e Fazendo a Mudança Acontecer 265
CAPÍTULO 17: Fazendo Eventos de Melhoria Rápida e Solucionando os Problemas com DMAIC. 267
CAPÍTULO 18: Garantindo a Excelência Operacional. 277
CAPÍTULO 19: Liderando a Implementação com os Projetos Certos 287
CAPÍTULO 20: Juntando Tudo: Checklists para Seu Projeto DMAIC 305

Parte 6: A Parte dos Dez **319**

CAPÍTULO 21: Dez Melhores Práticas para Storyboards 321
CAPÍTULO 22: Dez Armadilhas a Evitar 327
CAPÍTULO 23: Dez (Mais Uma) Fontes de Ajuda 335

Índice 343

Sumário

INTRODUÇÃO 1
    Sobre Este Livro.. 1
    Penso que.. 2
    Ícones Usados Neste Livro 3
    Além Deste Livro 3
    De Lá para Cá, Daqui para Lá 3

PARTE 1: ENTENDENDO O LEAN SIX SIGMA............. 5

CAPÍTULO 1: Definindo Lean Six Sigma........................ 7
    Apresentando o Pensamento Lean 7
        Mostrando o básico sobre o Lean 9
        Examinando os princípios do pensamento Lean 13
    Compreendendo o Six Sigma 14
        Considerando os elementos fundamentais do Six Sigma... 14
        Familiarizando-se com a variação 15
        Calculando o nível Sigma do Processo 19
        Juntando Lean e Six Sigma 23
    Acrescentando Mais ao Mix................................. 23
        Gerenciando a mudança 23
        Aplicando Conceitos Ágeis................................. 24
        Empregando a inovação 25
        Praticando a Gestão de Projetos 26

CAPÍTULO 2: Compreendendo os Princípios do Lean Six Sigma 27
    Considerando os Princípios Fundamentais do Lean Six Sigma....................................... 27
        Foco no cliente 28
        Identifique e entenda como o trabalho é feito 28
        Gerencie, melhore e suavize o fluxo de processos......... 28
        Remova desperdícios e passos que não agregam valor 29
        Gerencie com base em fatos e reduza a variação 29
        Envolva a equipe e as pessoas no processo 29
        Aplique a atividade de melhoria de forma sistemática 30
    Melhorando os Processos Existentes: Apresentando o DMAIC... 30
        Definindo seu projeto 31
        Medindo como o trabalho é feito 35
        Analisando seu processo.................................... 36
        Melhorando seu processo.................................. 36
        Criando um plano de controle 37

Avaliando as Fases do DMAIC 37
Adotando uma Abordagem Pragmática 40

PARTE 2: FUNDAMENTOS DO LEAN SIX SIGMA 45

CAPÍTULO 3: Identificando os Clientes de Seu Processo. 47
Entendendo o Básico sobre Processos. 47
    Identificando os elementos de um processo. 48
    Identificando clientes internos e externos. 50
Obtendo um Retrato de Alto Nível. 51
    Desenhando um mapa de processo de alto nível 52
    Segmentando os clientes 56

CAPÍTULO 4: Entendendo as Necessidades do Seu Cliente 57
Considerando o Modelo Kano 58
Obtendo a Voz do Cliente 59
    Olhando de fora para dentro 60
    Observando os segmentos de clientes. 60
    Priorizando seus clientes. 61
Pesquisando os Requisitos 62
    Entrevistando seus clientes. 65
    Centrando nos grupos focais 66
    Considerando as enquetes de clientes. 67
    Usando observações 67
Evitando o Viés. 68
Considerando os Requisitos do Cliente Críticos
para a Qualidade. 68
Estabelecendo CTQs Reais 72
    Priorizando os requisitos. 73
    Mensurando o desempenho com
    medidas focadas no cliente 74

CAPÍTULO 5: Entendendo o Processo 75
Descobrindo Como o Trabalho É Feito. 75
    Praticando o Process Stapling 76
    Desenhando diagramas de espaguete. 77
Desenhando uma Imagem do Processo. 80
    Simplificando 82
    Criando um fluxograma de implementação. 83
    Desenvolvendo um Mapa do Fluxo de Valor 86
    Identificando momentos da verdade 97

CAPÍTULO 6: Gerenciando Pessoas e Mudanças. 99
Entrando na Massa Cinzenta 100
Ganhando Aceitação. 100
Dimensionando o Status Quo. 101
    Usando um diagrama do campo de forças 101
    Analisando seus stakeholders 102
Enfrentando a Mudança. 103
Criando a Visão 105

Quebrando Premissas 107

PARTE 3: ENTENDENDO O DESEMPENHO E ANALISANDO O PROCESSO 111

CAPÍTULO 7: Coletando Dados 113
Gerenciando com Base em Fatos. 113
    Percebendo a importância de bons dados 114
    Avaliando o que você mede atualmente 114
    Decidindo o que medir 115
Criando um Plano de Coleta de Dados....................116
    Passo 1: Concordando sobre as métricas 116
    Passo 2: Criando definições operacionais claras 119
    Passo 3: Validando seu sistema de medição............120
    Passo 4: Desenvolvendo o Plano de Amostras 123
    Passo 5: Coletando os dados 131
    Identificando maneiras de melhorar sua abordagem 133

CAPÍTULO 8: Apresentando Seus Dados.................... 135
Mergulhando nos Tipos de Variações......................136
    Entendendo a variação natural 136
    Destacando a variação de causa especial 137
    Diferenciando os tipos de variação....................137
    Evitando adulterações 138
    Exibindo os dados de forma diferente 139
Reconhecendo a Importância dos Gráficos de Controle......140
    Criando um gráfico de controle 141
    Identificando causas especiais.......................142
    Escolhendo o gráfico certo de controle 144
    Examinando o estado de seus processos 146
    Considerando a capacidade de seu processo...........148
    Trabalhando com um histograma 153
    Usando diagramas de Pareto........................155

CAPÍTULO 9: Identificando as Causas Raiz................... 157
Revelando os Suspeitos 157
Gerando Sua Lista de Suspeitos..........................158
    Criando um diagrama de causa e efeito................158
    Aplicando um diagrama de afinidade 159
    Indo mais fundo com os Cinco Porquês................160
    Entendendo os principais causadores 161
Confirmando as Causas................................162
    Investigando os suspeitos e obtendo fatos 162
    Tendo sucesso com diagramas de dispersão 163
    Medindo a relação entre X e Y 164
    Usando testes de hipóteses 167
    Seguindo em frente 169

CAPÍTULO 10: Identificando o Desperdício e o que Não Agrega Valor............................ 171
- Definindo "Agregar Valor"..................................172
  - Oferecendo uma definição comum....................172
  - Fazendo uma análise do que agrega e não agrega valor ..173
  - Avaliando a oportunidade............................176
- Analisando Oito Desperdícios..............................176
  - Transportando....................................177
  - Investigando o inventário 177
  - Movendo a movimentação 178
  - Excluindo a espera..................................179
  - Suprimindo a superprodução.........................180
  - Superando o superprocessamento....................180
  - Desaparecendo com os defeitos......................181
  - Percebendo o potencial nas pessoas 181
  - Cuidando do ambiente com o Lean Six Sigma 182
  - Considerando as perspectivas do cliente................183
  - Participando da Caminhada do Desperdício............183

CAPÍTULO 11: Fazendo o Processo Fluir...................... 185
- Aplicando a Teoria das Restrições 185
  - Identificando o elo mais fraco.........................186
  - Melhorando o fluxo do processo.......................186
  - Desenvolvendo um estoque...........................188
- Gerenciando o Ciclo de Produção..........................189
  - Usando a produção puxada...........................189
  - Passando para o fluxo de uma peça....................190
  - Reconhecendo o problema com lotes 191
- Analisando Seu Layout...................................191
  - Identificando o desperdício da movimentação 191
  - Utilizando células de manufatura, também conhecidas como trabalho autônomo.................192
  - Aplicando a manufatura celular no escritório 193
  - Identificando famílias de produtos 193
  - Considerando o takt time 194

PARTE 4: MELHORANDO E INOVANDO................. 197

CAPÍTULO 12: Pensando Diferente e Gerando Soluções 199
- Imergindo-se em Ideias 199
  - Tomando banho de chuva 200
  - Brainstorming negativo 200
  - Usando palavras e imagens 201
  - Brainwriting 201
  - Identificando os atributos 202
  - Mais ferramentas para a geração de ideias..............203
- Priorizando as Ideias......................................204
  - Votando com a técnica n/3 205
  - Usando uma matriz de seleção de critérios..............205

Testando as Ideias e Encontrando a Melhor 207

CAPÍTULO 13: Descobrindo a Oportunidade de Prevenção ... 209

Analisando Ferramentas e Técnicas de Prevenção........... 210
    Apresentando o Jidoka............................... 210
    Reconhecendo o Risco com FMEA...................... 211
    Seus processos à prova de erros....................... 213
Organização do Espaço de Trabalho...................... 215
    Apresentando os Cinco Ss............................. 215
    Fazendo um exercício de etiqueta vermelha............ 216
Usando a Gestão Visual................................. 217
Lucrando com a Manutenção Preventiva.................. 219
Evitando Altos e Baixos 220
    Apresentando o Heijunka 220
    Espalhando a carga.................................. 221
    Realizando o trabalho de forma padronizada........... 222
Incorporando a Automação Robótica de Processos.......... 223

CAPÍTULO 14: Apresentando o Design for Six Sigma 225

Apresentando o DfSS 226
Apresentando o DMADV 227
Definindo o que Precisa Ser Projetado.................... 227
    Obtendo a medida das necessidades................... 228
    Analisando para o design 229
    Desenvolvendo o design detalhado 230
    Verificando se o design funciona...................... 231
    Escolhendo entre DMAIC e DMADV.................... 231
Considerando o QFD................................... 233
    Esclarecendo a planta baixa.......................... 233
    Detalhando o QFD.................................. 239
Tomando Decisões..................................... 240

CAPÍTULO 15: Descobrindo o Design Thinking................ 243

Os Princípios do Design Thinking........................ 244
Comparando DMADV e Design Thinking.................. 245
Passo a Passo do Design Thinking........................ 245
    Entendendo a tarefa................................. 246
    Empatia e observação 247
    Redefinindo o problema............................. 248
    Encontrando ideias (ideação) 249
    Criando protótipos 251
    Testando ideias e premissas.......................... 252
Decidindo-se sobre o Design Thinking 253

CAPÍTULO 16: Princípio Ágil em Projetos Lean Six Sigma 255

Entendendo os Princípios do Ágil........................ 256
Abraçando uma Mentalidade Ágil 257
Tendo Sucesso com o Scrum............................. 258
    Entendendo os papéis do Ágil 260
    Concentrando-se nas exigências do cliente............. 262

Sumário xvii

Capitalizando os Kanbans 262
Combinando Ágil e Lean Six Sigma 264

PARTE 5: APLICANDO O LEAN SIX SIGMA E FAZENDO A MUDANÇA ACONTECER. 265

CAPÍTULO 17: Fazendo Eventos de Melhoria Rápida e Solucionando os Problemas com DMAIC. 267
Animando-se com a Melhoria Rápida 268
Entendendo o Papel do Facilitador 270
    Planejamento e preparação 271
    Executando o evento 273
    Acompanhando e planejando a ação 274
Criando uma Checklist para Realizar Eventos de Sucesso. . . . 275
Praticando a Solução de Problemas 276

CAPÍTULO 18: Garantindo a Excelência Operacional 277
Padronizando o Processo 278
    Aperfeiçoando a entrega do processo 278
    Preenchendo o Quadro de Gerenciamento do Processo. . 279
Tornando a Excelência Operacional Diária uma Realidade. . . . 280
    Adotando o Trabalho Padrão do Líder 281
    Engajando a equipe 282
    Usando a metodologia certa. 284
    Criando uma cultura de Melhoria Contínua. 285
Entendendo a Cultura Organizacional. 285

CAPÍTULO 19: Liderando a Implementação com os Projetos Certos. 287
Considerando os Fatores Fundamentais para uma
    Implementação de Sucesso 287
Entendendo o Patrocínio Executivo. 288
Considerando Tamanho e Setor. 290
Reconhecendo o Importante Papel dos Gerentes 291
Apresentando o Gerente de Implementação do Programa . . . 292
Iniciando Seu Programa Lean Six Sigma. 294
Entendendo o que Fazem os Patrocinadores 295
Conduzindo a Implementação da Estratégia com
    Lean Six Sigma. 296
Gerando uma Lista de Possíveis Projetos de Melhoria 296
Decidindo Se o Lean Six Sigma É a Abordagem Certa 299
    Priorizando projetos. 300
    Decidindo a abordagem adequada. 302
Estabelecendo um Projeto DMAIC. 304

CAPÍTULO 20: Juntando Tudo: Checklists para Seu Projeto DMAIC 305
Definindo o Projeto. 306
    Entregando a fase Definir 306
    Passando pela validação da fase Definir. 307
Passando à Fase Medir. 308

Mandando bem nos entregáveis da fase Medir 308
Passando pela validação da fase Medir 309
Analisando para Achar as Causas Raiz 310
Tirando nota 10 na fase Analisar 310
Passando pela validação da fase Analisar 311
Quantificando a Oportunidade.............................311
Identificando e Planejando as Melhorias 312
Executando a fase Melhorar..........................313
Passando pela validação da fase Melhorar 314
Confirmando os Benefícios ao Cliente e à Empresa..........314
Implementando as Soluções e Controlando o Processo......316
Completando a fase Controlar.........................316
Passando pela validação da fase Controlar 317
Fazendo a Revisão Final dos Benefícios 318

PARTE 6: A PARTE DOS DEZ..............................319

CAPÍTULO 21: Dez Melhores Práticas para Storyboards 321
Mantenha-o Breve.......................................322
Torne-o Visual 322
Faça-o Fluir 322
Una a História com um Fio Dourado 323
Mantenha-o Atualizado 323
Não se Esqueça do "Felizes para Sempre" 324
Mantenha-o Simples.....................................324
Crie um Resumo de uma Página 325
Reflita Sobre as Lições Aprendidas 325
Compartilhe Muito!.....................................325

CAPÍTULO 22: Dez Armadilhas a Evitar......................327
Tirando Conclusões Precipitadas.........................327
Despencando pela Paralisia de Análise...................328
Caindo em Armadilhas Comuns..........................329
Sufocando o Programa Antes de Começar 330
Ignorando a Gestão de Mudanças.........................331
Ficando Complacente....................................331
Achando que Já Está Fazendo............................332
Acreditando nos Mitos 332
Fazendo Bem as Coisas Erradas..........................333
Treinando em Excesso 334

CAPÍTULO 23: Dez (Mais Uma) Fontes de Ajuda..............335
Seus Colegas 335
Seu Patrocinador.......................................336
Outras Organizações....................................336
A Internet 336
Redes Sociais 338
Redes e Associações....................................338
Conferências 338
Livros 339

Periódicos 340
Software 340
    Análise estatística 341
    Simulação 341
    Gestão de implementação 342
    Ferramentas de colaboração online 342
Empresas de Treinamento e Consultoria 342

ÍNDICE 343

Introdução

O Lean Six Sigma oferece uma abordagem rigorosa e estruturada para ajudar a gerenciar e melhorar a qualidade e o desempenho e para resolver problemas potencialmente complexos. Ele o ajuda a usar as ferramentas certas, no lugar certo e da maneira certa, não apenas em projetos de melhoria de processos, mas também em seu trabalho diário. O Lean Six Sigma realmente trata de colocar princípios e conceitos-chave no DNA e na veia de sua organização, de modo que se torne uma parte natural de como você faz as coisas.

Este livro é para profissionais que utilizam o Lean Six Sigma, bem como para aqueles que estão procurando "liderar e viver" o Lean Six Sigma em suas organizações.

Começamos a misturar Lean e Six Sigma há mais de vinte anos, adotando uma abordagem pragmática e não purista. Descobrimos o quanto é essencial considerar as pessoas e a Gestão de Mudanças ao melhorar os processos também — levando a níveis mais altos de aceitação e a mudanças mais eficazes.

Nesta 4ª edição do *Lean Six Sigma Para Leigos*, adicionamos mais alguns ingredientes à receita. Você verá como a abordagem Ágil (e uma mentalidade Ágil) pode acelerar os resultados. Também discutimos como as abordagens, as ferramentas e as técnicas de criatividade do Design Thinking podem encorajar diferentes pensamentos sobre como o trabalho é feito. Essas coisas funcionam de verdade.

Sobre Este Livro

Este livro torna o Lean Six Sigma fácil de entender e aplicar. Nós o escrevemos porque sabemos que o Lean Six Sigma pode ajudar organizações de todas as formas e tamanhos, tanto privadas quanto públicas, a melhorar seu desempenho para atender às exigências dos clientes. Sabemos disso porque já o vimos!

Também quisemos demonstrar uma abordagem pragmática e a genuína sinergia alcançada por meio da combinação do Lean e do Six Sigma. Por alguma razão desconhecida para nós, algumas pessoas ainda sentem que podem utilizar apenas Lean ou Six Sigma, mas não ambos. Como estão erradas! Neste livro, você pode descobrir como criar uma sinergia genuína aplicando os princípios do Lean e do Six Sigma juntos em suas operações e atividades cotidianas. E não apenas isso: Gestão de Mudanças, Métodos Ágeis, Design Thinking e Design for Six Sigma (DfSS) também estão incluídos. No verdadeiro espírito de Melhoria Contínua, estamos sempre procurando melhorar a abordagem, adaptar o conjunto de ferramentas e aprender à medida que avançamos.

Penso que...

No Lean Six Sigma, é crucial evitar a tendência de tirar conclusões precipitadas e fazer suposições sobre as coisas. O Lean Six Sigma realmente tem a ver com a gestão baseada em fatos. Apesar disso, fizemos algumas suposições sobre por que você comprou este livro:

- » Você está considerando aplicar o Lean Six Sigma em sua empresa ou organização e precisa entender onde está se metendo.
- » Sua empresa está implementando o Lean Six Sigma, e você precisa ficar por dentro. Talvez você vá participar do programa de alguma forma.
- » Sua empresa já implementou o Lean ou o Six Sigma, e você está intrigado pelo que pode estar deixando passar.
- » Está considerando mudar de carreira ou de emprego e sente que seu currículo ficará muito melhor se puder incorporar o Lean ou o Six Sigma nele.
- » Está procurando potencializar os resultados e o progresso de seu programa Lean Six Sigma e está considerando como as abordagens de Gestão de Mudança, Métodos Ágeis e Design Thinking podem ajudar.
- » Você é aluno de administração ou de engenharia industrial, por exemplo, e percebe que o Lean Six Sigma poderia moldar seu futuro.

Também presumimos que você percebe que o Lean Six Sigma exige uma abordagem rigorosa e estruturada para entender como seu trabalho é feito e se é bem feito, e como fazer a melhoria dos processos.

Ícones Usados Neste Livro

Ao longo do livro, você verá pequenos símbolos chamados *ícones* nas margens; eles destacam tipos especiais de informações. Nós os utilizamos para ajudá-lo a compreender e aplicar melhor o material. Atenção com os seguintes ícones:

Fique de olhos bem abertos para descobrir dicas e macetes que compartilhamos para ajudá-lo a aproveitar o Lean Six Sigma ao máximo.

Tenha esses pontos importantes em mente à medida que pega o jeito do Lean Six Sigma.

Ao longo do livro, compartilhamos histórias verdadeiras de como diferentes companhias implementaram o Lean Six Sigma para melhorar seus processos.

Este ícone destaca potenciais armadilhas a serem evitadas.

Além Deste Livro

Além do livro que está lendo agora, você também tem acesso a um brinde especial online. Para ver a Folha de Cola gratuita, acesse o site da Editora Alta Books, www.altabooks.com.br, procure o título do livro e faça o download. Ali você também verá erratas e possíveis arquivos de apoio.

De Lá para Cá, Daqui para Lá

Em teoria, quando você lê, começa com ABC, e quando canta, começa com dó-ré-mi (obrigado Julie Andrews). Mas com um livro da *Para Leigos*, você pode começar onde quiser. Cada parte e, de fato, cada capítulo é independente, o que significa que você pode começar pelas partes ou pelos capítulos que mais lhe interessam.

Dito isso, se você é novo no assunto, começar pelo início faz sentido. De qualquer forma, muitas referências cruzadas ao longo do livro o ajudam a ver como as coisas se encaixam e as colocam no contexto certo.

1 Entendendo o Lean Six Sigma

NESTA PARTE...

Aprenda o básico sobre Lean e Six Sigma.

Entenda exatamente o que significa "sigma" e por que o termo é importante no Lean Six Sigma.

Tenha uma ideia clara da sinergia criada pela fusão do Lean e do Six Sigma e compreenda os princípios fundamentais que sustentam a abordagem.

Examine o método de processo de melhoria conhecido como DMAIC: Definir, Medir, Analisar, Melhorar e Controlar.

Prepare-se para começar ao definir os problemas que quer resolver usando o Lean Six Sigma.

> **NESTE CAPÍTULO**
>
> » Descobrindo os fundamentos do "Lean" e do "Six Sigma"
>
> » Entendendo os conceitos-chave
>
> » Trazendo novos pensamentos ao mix do Lean Six Sigma

Capítulo 1
Definindo Lean Six Sigma

Ao longo deste livro, falamos sobre as ferramentas e as técnicas disponíveis para ajudá-lo a alcançar uma melhoria real e sustentável em sua organização. Neste capítulo, nosso objetivo é levá-lo por um caminho de pensamento diferente que despertará suas papilas gustativas. Analisaremos os princípios essenciais por trás do Lean e do Six Sigma e o que compõe o "Lean Six Sigma" atual e apresentaremos também alguns dos principais conceitos e terminologias para ajudá-lo em seu caminho.

Apresentando o Pensamento Lean

O pensamento Lean [enxuto, em inglês] se concentra no aumento do valor para o cliente, melhorando e suavizando o fluxo de processos (abordado no Capítulo 11) e eliminando o desperdício (discutido no Capítulo 10). O pensamento Lean evoluiu desde a primeira linha de produção de Henry Ford, e grande parte do desenvolvimento foi liderada pela Toyota por meio do Sistema Toyota de Produção (TPS, da sigla em inglês). A Toyota foi construída com base nas ideias de produção de Ford, passando de alto volume e baixa variedade para alta variedade e baixo volume.

Embora o pensamento Lean seja geralmente visto como conceito e aplicação de manufatura, muitas das ferramentas e técnicas foram originalmente desenvolvidas em organizações de serviços. Elas incluem, por exemplo, diagramas de espaguete e o sistema visual utilizado pelos supermercados para reabastecer as prateleiras. Na verdade, foi um supermercado que ajudou a moldar o pensamento por trás do Sistema Toyota de Produção. Durante uma visita à General Motors e à Ford, Kiichiro Toyoda e Taiichi Ohno visitaram o Piggly Wiggly, um supermercado norte-americano, e notaram que os sistemas *Just in Time* e *kanban* estavam sendo aplicados. Essa inovação permitiu aos clientes do Piggly Wiggly "comprar o que precisam a qualquer momento" e evitou que a loja tivesse excesso de estoque.

DICA

Kanban é uma palavra japonesa que significa "cartão que você consegue ver". No Piggly Wiggly, era um cartão que dava o sinal para pedir mais estoque. Você verá os kanbans aparecerem novamente no Capítulo 16 quando analisarmos como princípios e abordagens Ágeis podem ser usados para acelerar os projetos Lean Six Sigma.

Lean é denominado assim não porque as coisas são enxutas até o osso. Lean não é uma receita para sua organização cortar os custos, embora provavelmente leve à redução de custos e a um melhor valor para o cliente. Encontramos o conceito da palavra "Lean" em 1987, quando John Krafcik (que mais tarde liderou o projeto do carro autônomo do Google) estava trabalhando como pesquisador para o MIT como parte do Programa Internacional de Veículos Automotores. Krafcik precisava de um termo para o fenômeno do TPS que descrevesse o que o sistema fazia. Em um quadro branco, ele escreveu os atributos de desempenho do Sistema Toyota em comparação com a produção em massa tradicional. O TPS:

» Precisava de menos esforço humano para criar produtos e serviços.

» Exigia menos investimento para determinada quantidade de capacidade produtiva.

» Criava produtos com menos defeitos entregues.

» Usava menos fornecedores.

» Ia do conceito ao lançamento, do pedido à entrega e do problema ao reparo em menos tempo e com menos esforço humano.

» Precisava de menos inventário em cada etapa do processo.

» Causava menos acidentes aos funcionários.

Krafcik comentou:

> *Ele precisa menos de tudo para criar um determinado valor, então vamos chamá-lo Lean.*

E assim, o Lean nasceu.

Mostrando o básico sobre o Lean

A Figura 1-1 mostra o Sistema Toyota de Produção, destacando várias ferramentas e termos em japonês e inglês do pensamento Lean que usamos ao longo deste livro. Neste capítulo, fornecemos algumas breves descrições para introduzir o básico sobre o Lean e o TPS.

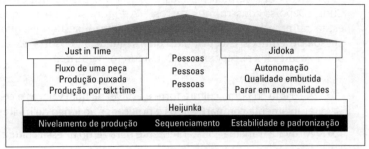

FIGURA 1-1: A casa do TPS.

© Martin Brenig-Jones e Jo Dowdall

Taiichi Ohno, da Toyota, descreve a abordagem do TPS de forma muito eficaz:

> Tudo o que estamos fazendo é analisar uma linha do tempo desde o momento em que o cliente nos faz um pedido até o ponto em que coletamos o dinheiro. E estamos reduzindo essa linha do tempo ao remover os desperdícios que não agregam valor.

A abordagem TPS tem realmente a ver com a compreensão de como o trabalho é feito, encontrando maneiras de fazê-lo melhor, mais suave e mais rápido e fechando a lacuna de tempo entre os pontos de início e fim de nossos processos. E isso se aplica a qualquer processo. Se você trabalha no setor público ou privado, em serviços, processos transacionais ou de fabricação, realmente não importa.

Pense por um momento em seus próprios processos. Você acha que algumas etapas ou atividades desnecessárias parecem desperdiçar tempo e esforço?

Devemos ressaltar, entretanto, que simplesmente adotar as ferramentas e as técnicas do TPS não é o suficiente para sustentar a melhoria e incorporar os princípios e o pensamento em sua organização. O presidente da Toyota, Fujio Cho, dá uma pista do que também é necessário:

> O segredo do jeito Toyota não é nenhum dos elementos individuais, mas todos os elementos juntos como um sistema. Ele deve ser praticado todos os dias de uma maneira muito consistente — não em impulsos. Damos o maior valor à tomada de ação e à implementação. Melhorando com base na ação, é possível subir para o nível mais alto de prática e conhecimento.

Talvez seja por isso que a Toyota não se importou em compartilhar os segredos de seu sucesso. Talvez seja fácil replicar certas práticas e adotar certos conceitos, mas não é fácil replicar uma verdadeira cultura de Melhoria Contínua.

Construindo pessoas primeiro

"Primeiro, construímos pessoas", afirmou o presidente da Toyota, Fujio Cho. "Depois, construímos carros." A Figura 1-1 mostra que as pessoas estão no âmago do TPS. O sistema concentra-se no desenvolvimento de pessoas e equipes excepcionais que seguem a filosofia da empresa para obter resultados excepcionais. Considere o seguinte:

» A Toyota cria uma cultura forte e estável na qual valores e crenças são amplamente compartilhados e praticados ao longo de muitos anos.

» A Toyota trabalha constantemente para reforçar essa cultura.

» A Toyota envolve equipes multifuncionais para resolver problemas.

» A Toyota continua ensinando pessoas sobre como trabalhar juntas.

Ser Lean significa envolver as pessoas no processo, equipando-as para serem capazes, e se sentirem capazes, para desafiar e melhorar seus processos e sua maneira de trabalhar. Nunca desperdice o potencial criativo das pessoas!

Espiando o jargão

Você pode ver na Figura 1-1 que o pensamento Lean envolve alguns jargões — em japonês, inglês e português. Esta seção define os vários termos para ajudá-lo a entender o pensamento Lean o mais rápido possível:

» A **padronização** procura reduzir a variação na forma como o trabalho é realizado, para que todos operem o processo da "melhor maneira". Isso destaca a importância de seguir um procedimento ou um *processo padrão de operação*. No espírito da Melhoria Contínua, é claro que a "melhor maneira" de realizar o processo continuará mudando, conforme as pessoas no processo identificam melhores maneiras de realizar o trabalho. Você precisa assegurar que a nova "melhor maneira" seja compreendida e totalmente implantada.

» **Heijunka** abarca a ideia de processos e produção suaves ao considerar o nivelamento e o sequenciamento:

• O **nivelamento** envolve suavizar o volume de produção no período de produção, a fim de reduzir os altos e os baixos, os picos e as depressões que podem dificultar o planejamento. Entre outras coisas, o nivelamento procura evitar picos de "fim de período", nos quais a produção é inicialmente lenta no início do mês, mas depois se acelera nos últimos dias de um período de vendas ou contábil, por exemplo.

- O **sequenciamento** pode envolver a mistura dos tipos de trabalho processados. Assim, por exemplo, ao estabelecer novos empréstimos em um banco, o tipo de empréstimo a ser processado é misturado para melhor atender à demanda do cliente, e ajuda a garantir que os pedidos sejam acionados em ordem cronológica. Muitas vezes, as pessoas são guiadas por metas de eficiência interna, onde elas processam as "tarefas simples" primeiro para tirá-las do caminho e "atingir suas metas", deixando os casos mais difíceis para serem processados posteriormente. Isso significa que as tarefas não são processadas em ordem cronológica e as pessoas relutam em enfrentar uma pilha de casos difíceis no final do período de produção, tornando as coisas ainda piores para o cliente e a empresa.

» **Jidoka** trata da prevenção; ele se relaciona de perto com as técnicas como Análise dos Modos de Falhas e Efeitos (FMEA, da sigla em inglês), que é abordada no Capítulo 13. Jidoka tem dois elementos principais, e ambos buscam impedir que o trabalho continue quando há algo errado:

- A **autonomação** permite que as máquinas ou os processos operem de forma autônoma, desligando se algo dá errado. Esse conceito também é conhecido como automação com inteligência humana. O "no" em auto*no*mação vem de "não" em inglês e é frequentemente sublinhado para destacar o fato de que não é permitido que nenhum defeito passe para um processo subsequente. Um exemplo inicial vem de 1902, quando Sakichi Toyoda, fundador do grupo Toyota, inventou um tear automatizado que parava sempre que um fio se rompia. Um exemplo simples hoje é uma impressora que para de processar uma cópia quando a tinta acaba.

    Sem esse conceito, a automação tem o potencial de permitir que um grande número de defeitos seja criado muito rapidamente, em especial se o processamento é em lotes (veja "Fluxo de uma peça", na sequência).

- **Parar em cada anormalidade** é o segundo elemento do Jidoka. O funcionário pode parar uma linha automatizada ou manual, se detecta um erro. Na Toyota, todo funcionário está habilitado a "parar a linha", talvez seguindo a identificação de uma causa especial em um gráfico de controle (veja o Capítulo 8).

    Forçar tudo a parar e imediatamente focar um problema pode parecer algo incômodo no início, mas fazer isso é uma maneira eficaz de chegar rapidamente à causa dos problemas. Mais uma vez, isso pode ser especialmente importante se você está processando em lotes.

» **Just in Time (JIT)** fornece o outro pilar da casa TPS. O JIT envolve fornecer ao cliente o que é necessário, no momento certo, no local certo e na quantidade certa. O conceito se aplica tanto a clientes internos quanto externos. O JIT compreende três elementos principais:

- **Fluxo de uma peça (*Single piece flow*)** significa permitir que unidades únicas de produto escoem passo a passo pelo processo. Ao processar em lotes, os lotes (ou pacotes) de casos individuais são processados em cada etapa e passados ao longo do processo somente após um lote inteiro ter sido concluído. Os atrasos são aumentados quando os lotes percorrem a organização, tanto em termos do tempo de transporte quanto do tempo que ficam esperando para ser acionados. A qualquer momento, a maioria das unidades ou dos itens de trabalho de um lote estão ociosos, esperando para serem processados. Isso representa um excesso de estoque e pode ser caro. Além disso, os erros não podem ser percebidos nem tratados rapidamente; se ocorrerem, muitas vezes ocorrem em volume. E, é claro, isso também retarda a identificação da causa raiz. Com um fluxo de uma peça, podemos chegar mais rapidamente à análise da causa raiz, o que ajuda a evitar que um erro comum se repita durante todo o processo.

  Em um sistema de fluxo de uma peça, cada pessoa realiza uma operação e faz uma rápida verificação de qualidade antes de transferir sua produção para a próxima pessoa no processo seguinte. Naturalmente, esse conceito também se aplica a operações automatizadas em que as verificações em linha podem ser realizadas. Se for detectado um defeito, o Jidoka será decretado: o processo é interrompido, e ações imediatas são tomadas para corrigir a situação, tomando contramedidas para evitar a reincidência. Esse conceito é uma verdadeira mudança de pensamento que nos afasta do processamento em lotes.

- **Produção puxada** é o segundo elemento do JIT. Cada processo pega o que precisa do processo anterior somente quando necessário e na quantidade exata. O cliente "puxa" o fornecimento e evita ser inundado por itens que não são necessários em determinado momento.

  A produção puxada reduz a necessidade de espaço de armazenamento potencialmente dispendioso. Com muita frequência, a produção excessiva em um único processo, talvez para atender às metas locais de eficiência, resulta em problemas a jusante. Isso aumenta o trabalho em andamento e cria gargalos. A superprodução é um dos "oito desperdícios" abordados no Capítulo 10.

- **Takt time** é o terceiro elemento do JIT, proporcionando uma importante medida adicional. Ele lhe diz com que rapidez agir, dado o volume da demanda dos clientes. *Takt* é uma palavra em alemão que significa "ritmo" ou "cadência". Ela ajuda a pensar em um metrônomo que os músicos usam para manter um ritmo consistente, portanto, o takt time é a frequência com a qual um produto ou um serviço deve ser concluído para atender às necessidades do cliente.

Tirando a tensão das restrições

Muito do foco do pensamento Lean está em compreender e melhorar o fluxo dos processos e eliminar as atividades que não agregam valor. A *teoria das restrições* de Eliyahu Goldratt (explicada mais detalhadamente no Capítulo 11) fornece uma maneira de abordar e lidar com gargalos que retardam o fluxo do processo. Ao abordar o que está atrapalhando o caminho, você pode permitir um fluxo suave e entregar valor ao cliente.

Considerando o cliente

O cliente, e não sua organização, especifica o valor. Valor é o que seu cliente está disposto a pagar. Para satisfazer seu cliente, sua organização tem que fornecer os produtos e os serviços certos, no momento certo, ao preço certo e com a qualidade certa. Para fazer isso, e fazê-lo de forma consistente, você precisa identificar e entender como seus processos funcionam, melhorar e suavizar o fluxo, eliminar as etapas desnecessárias no processo e reduzir ou impedir desperdícios, tais como retrabalho.

Imagine os processos envolvidos em sua própria organização, começando com um pedido do cliente (demanda de mercado) e terminando com dinheiro no banco (fatura ou conta paga). Pergunte-se o seguinte:

- » Quantas etapas estão envolvidas?
- » Você precisa de todas essas etapas?
- » Tem certeza?
- » Como pode reduzir o número de etapas e o tempo envolvido do começo ao fim?

Examinando os princípios do pensamento Lean

O pensamento Lean tem cinco princípios fundamentais:

- » Entender o cliente e sua percepção de valor.
- » Identificar e compreender o fluxo de valor para cada processo e o desperdício dentro dele.

» Permitir que o valor flua.

» Deixar o consumidor "puxar" o valor através dos processos, de acordo com suas necessidades.

» Buscar continuamente a perfeição (Melhoria Contínua).

Você verá que os princípios são universais, pois se aplicam a qualquer tipo de processo em qualquer tipo de organização. Eles também são atemporais, pois são tão relevantes agora como sempre foram. No Capítulo 2, mostramos como os princípios se combinam com os princípios-chave do Six Sigma para formar o *Lean Six Sigma*.

Compreendendo o Six Sigma

O Six Sigma é uma abordagem sistemática e robusta de melhoria, que se concentra no cliente e em outros stakeholders fundamentais. O Six Sigma procura melhorar os processos para que ofereçam resultados consistentes e confiáveis. Ele foi desenvolvido nos anos 1980 dentro da Motorola e foi amplamente utilizado pela General Electric. Quando Jack Welch, ex-CEO da GE, apresentou o Six Sigma, ele disse:

> Mudaremos o paradigma de consertar produtos para consertar e desenvolver processos, para que não produzam nada além da perfeição, ou quase isso.

Considerando os elementos fundamentais do Six Sigma

Alguns princípios simples fundamentam o Six Sigma:

» **Entenda os CTQs de seus clientes e stakeholders.** Para oferecer a melhor experiência ao cliente, você precisa saber quem são eles e o que querem — suas exigências e expectativas. *CTQ* é a abreviação de Critical To Quality [Crítico para a Qualidade], e os CTQs são os requisitos de desempenho que mais importam para seus clientes. Para entendê-los, você precisa ouvir e entender a *voz do cliente* (VOC, da sigla em inglês). O Capítulo 4 contém mais informações sobre esses elementos importantes.

» **Entenda os processos de sua organização e garanta que reflitam os CTQs dos clientes.** Você precisa saber como seus processos funcionam e o que estão tentando alcançar. Deve haver um objetivo claro para cada processo, focado nas exigências do cliente (os CTQs).

> **Gerencie com base em fatos e reduza a variação.** A medição e a gestão baseadas em fatos permitem uma tomada de decisão mais eficaz. Ao entender a variação, você pode considerar quando deve tomar medidas ou não.

> **Envolva a equipe e as pessoas no processo.** Para ser verdadeiramente eficaz, você precisa equipar as pessoas de sua organização para estarem capacitadas — e sentirem-se capazes — a desafiar e melhorar seus processos e a maneira como trabalham.

> **Efetue atividades de melhoria de forma sistemática.** O trabalho sistemático o ajuda a não tirar conclusões ou propor soluções precipitadas. O Six Sigma utiliza um processo chamado DMAIC (Definir, Medir, Analisar, Melhorar — *Improve*, em inglês — e Controlar) para melhorar os processos existentes. Falamos sobre o DMAIC no Capítulo 2. Ao projetar novos processos, usamos o DMADV (que é abordado no Capítulo 14).

Você reconhecerá algumas semelhanças com os princípios Lean descritos anteriormente no capítulo e alguns conceitos novos. Vejamos esses conceitos com um pouco mais de detalhe, concentrando-nos na medição e na variação em particular. Parte do conteúdo pode parecer um pouco pesada — queremos que você tenha uma explicação clara dos conceitos —, mas lembre-se de que o pragmatismo é um tema deste livro.

Familiarizando-se com a variação

O *desvio-padrão* é uma medida que revela a quantidade de variação. É representado com a letra grega em caixa baixa σ (sigma) e descreve a dispersão média dos pontos de dados individuais a partir de sua média geral. Por que isso é útil? Quanto menor for o valor do desvio-padrão, menor será a variação existente. Ao contrário, quanto maior o valor, maior a variação. Ao entender a quantidade e o tipo de variação em nossos resultados, podemos chegar mais perto de entender o "comportamento" do processo (ou o que estamos medindo) e o que isso significa para os clientes.

Apresentando um exemplo simples

Suponha que você queira entender o tempo de ciclo (lead time) de um processo em sua organização em dias. Você poderia coletar uma amostra representativa de dados (veja mais sobre amostragem no Capítulo 7) e, a partir dessa amostra, calcular o número médio (ou média) de dias. Calculando a diferença média entre o tempo de cada ciclo em seu conjunto de dados e o tempo médio global do ciclo, você obterá o desvio-padrão. O desvio-padrão é sempre expresso com a mesma unidade da "coisa" que você está medindo; nesse caso, estamos falando de dias.

A Figura 1-2 mostra o tempo necessário para processar os pedidos. O tempo do ciclo varia de um dia até sete dias. Cada uma das barras de dados representa a experiência de alguns clientes no processo. Além de ver o quanto o desempenho varia, você também pode ver a "forma" dos dados. Esses dados parecem estar distribuídos normalmente. Em uma distribuição normal, a forma é simétrica em torno da média, e os dados têm 50% de chance de ficar de cada lado. Às vezes, essa forma é referida como *curva de sino* ou *distribuição gaussiana*. Muitas coisas que são medidas têm essa forma — por exemplo, as alturas das pessoas, o tamanho dos flocos de neve e as pontuações de QI.

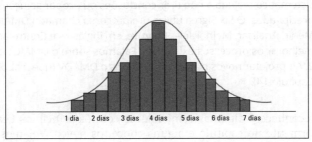

FIGURA 1-2: Histograma mostrando o tempo necessário para processar pedidos.

© Martin Brenig-Jones e Jo Dowdall

Quando os dados têm uma distribuição normal, podemos entender a porcentagem provável da população dentro de mais um ou menos um desvio-padrão da média, mais dois ou menos dois desvios-padrão da média, e assim por diante. Presumindo que sua amostra seja representativa, você pode ver como seus dados fornecem uma boa imagem do tempo do ciclo do processo. Você verá que aproximadamente dois terços estão entre 3 dias e 5 dias, cerca de 95% estão na faixa de 2 dias a 6 dias, e cerca de 99,73% estão entre 1 dia e 7 dias. Isso é ilustrado na Figura 1-3.

A fórmula usada para calcular o desvio-padrão é mostrada na Figura 1-4. Parece um pouco assustadora à primeira vista, mas, como em todas as fórmulas, quando você começa a decompô-la, fica mais acessível.

x na fórmula representa seus pontos individuais de dados

x_i representa cada x, de x1 a xn

n representa o número de pontos de dados em seu conjunto de dados

$\bar{x}$ representa a média de seus pontos de dados

Σ representa a "soma de"

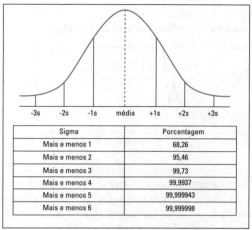

FIGURA 1-3: Desvio-padrão.

© Martin Brenig-Jones e Jo Dowdall

Como na maioria das coisas da vida, abordar a fórmula em fases facilita, então vamos começar.

Comece somando todos os pontos de dados que você tem. Por exemplo, se os pontos de dados são 5, 6, 7, 8 e 9 (usaremos alguns simples), a soma é 35. O número de pontos de dados que temos é 5, então o valor de n na fórmula é 5. Podemos então descobrir a média (ou $\bar{x}$) desses pontos de dados e a média ($\bar{x}$) é 7 (porque $\frac{35}{5} = 7$). Está acompanhando? Ótimo!

Na sequência, precisamos descobrir a parte $xi - \bar{x}$. Isso significa subtrair o valor $\bar{x}$ (7) de cada um dos pontos de dados: $5-7=-2, 6-7=-1, 7-7=0$, e assim por diante. Está indo tudo bem, mas agora temos alguns números negativos no mix e precisamos nos livrar deles. Isso é feito elevando-se esses números ao quadrado. Assim, $-2*-2=4$, $-1*-1=1$, $0*0=0$, e assim por diante. Então, adicione todas as respostas que já obtivemos. Se ainda está acompanhando e fez essa parte, deverá ganhar um 10. Agora temos os números reais com os quais trabalhar, e os números que colocamos na fórmula são $\frac{10}{5}$ (sim, fizemos tudo isso para obter 10 dividido por cinco). 10 dividido por 5 dá 2. Por fim, achamos a raiz quadrada de 2 para obtermos o valor do desvio-padrão 1,41. Viva!

Observe que há duas versões da fórmula de desvio-padrão incluídas na Figura 1-4. A primeira é usada quando temos uma amostra de dados, e a segunda é usada quando temos a população toda. O conjunto de dados que usamos para o exemplo anterior era muito pequeno! Caso estivéssemos usando a fórmula para uma amostra, em vez de n, usaríamos $n-1$. Então, teríamos o resultado $\frac{10}{4}$, que é 2,5. A raiz quadrada de 2,5 é 1,58.

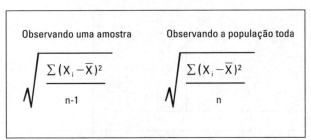

FIGURA 1-4: Fórmula do desvio-padrão.

© Martin Brenig-Jones e Jo Dowdall

Na prática, quando o tamanho da amostra é maior que 30, há pouca diferença entre usar n ou n–1. Quando nos referimos a uma "população", isso pode se relacionar com pessoas ou coisas que já foram processadas, por exemplo, uma população de documentos de políticas internas completos e enviados.

DICA

Agora, as boas notícias: você pode usar uma calculadora científica, o *Excel* ou qualquer uma das inúmeras calculadoras online para achar o desvio-padrão em seus dados sem ter que se preocupar com a fórmula.

Os valores do Sigma do Processo são calculados ao observar o desempenho de nosso processo em comparação com as exigências do cliente, assunto da próxima seção.

Considerando as exigências do cliente

Até aqui, tudo certo, mas sem entender as exigências do cliente, não é possível dizer se o desempenho do tempo de ciclo é bom ou ruim.

Digamos que o cliente espere a entrega em cinco dias ou menos. Na linguagem do Lean Six Sigma, as principais exigências do cliente são chamadas de *CTQs, (Critical To Quality — Crítico para a Qualidade)*. Discutimos os CTQs no Capítulo 2 e os detalhamos no Capítulo 4, mas essencialmente eles expressam as exigências dos clientes de uma forma que é mensurável. Os CTQs são um elemento vital no Lean Six Sigma e fornecem a base de seu conjunto de medição do processo. Em nosso exemplo, o CTQ é de cinco dias ou menos, mas o desempenho médio na Figura 1-2 é de quatro dias. Lembre-se de que é a média; seus clientes experimentam *todo o intervalo* de seu desempenho.

CUIDADO

Diversas organizações usam a média como uma forma conveniente de fazer seus desempenhos parecerem melhor do que realmente estão.

No exemplo fornecido, todos os pedidos que levam mais de cinco dias são *defeitos* para o cliente no idioma Six Sigma. Os pedidos que levam cinco dias ou menos cumprem o CTQ. Mostramos essa situação na Figura 1-5. Podemos expressar o desempenho como a porcentagem ou a proporção de pedidos processados em cinco dias ou podemos calcular o *nível Sigma do Processo*. O nível Sigma do Processo é calculado analisando-se seu desempenho em relação à exigência do cliente, o CTQ e levando em conta o número de defeitos envolvidos quando você não a atende (ou seja, todos os casos que demoraram mais de cinco dias).

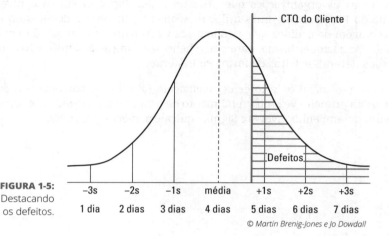

FIGURA 1-5: Destacando os defeitos.

Explicamos o cálculo do nível Sigma do Processo na próxima seção.

Calculando o nível Sigma do Processo

Veja três bons motivos para calcular o nível Sigma do Processo:

» Ele faz com que você considere as necessidades de desempenho dos clientes. Quanto tempo eles estão preparados para esperar que seu pedido seja processado?

» Ele facilita comparar o desempenho de diferentes processos. Se forem usadas métricas diferentes para cada processo, a comparação será complicada e será difícil priorizar as melhorias. O nível Sigma do Processo é uma métrica padrão de qualidade que pode ser usada para medir qualquer processo.

» Ele apoia a tomada de decisões sobre o que deve ser o desempenho, em vez de usar um alvo arbitrário. Por exemplo, 99,9% de sucesso parece algo impressionante, mas isso significaria 100 acidentes aéreos em todo o mundo todos os dias e uma hora sem eletricidade todos os meses.

CAPÍTULO 1 **Definindo Lean Six Sigma** 19

O nível Sigma do Processo representa a população de casos que atendem aos CTQs logo na primeira vez. Os valores Sigma ou níveis Sigma são expressos como *defeitos por milhão de oportunidades* (DPMO), para enfatizar a necessidade de um desempenho de alto nível.

Nem todas as organizações que utilizam o Six Sigma calculam o nível Sigma do Processo. Algumas utilizam apenas o número de defeitos ou a porcentagem de pedidos que atendem aos CTQs para mostrar seu desempenho. De qualquer forma, para que o benchmarking seja significativo, os cálculos devem ser feitos de forma consistente.

A Figura 1-6 inclui os valores de *rendimento [yield]* — a porcentagem de acertos na primeira vez (ou "rendimento de primeira passagem"). Observe que um desempenho nível Six Sigma equivale a apenas 3,4 DPMO.

FIGURA 1-6:
Tabela resumida de conversão do nível Sigma de Processo.

Rendimento	Sigma	Defeitos por 1.000.000	Defeitos por 100.000	Defeitos por 10.000	Defeitos por 1.000	Defeitos por 100
99,99966%	6,0	3,4	0,34	0,034	0,0034	0,00034
99,9995%	5,9	5	0,5	0,05	0,005	0,0005
99,9992%	5,8	8	0,8	0,08	0,008	0,0008
99,9990%	5,7	10	1	0,1	0,01	0,001
99,9980%	5,6	20	2	0,2	0,02	0,002
99,9970%	5,5	0,30	3	0,3	0,03	0,003
99,9960%	5,4	40	4	0,4	0,04	0,004
99,9930%	5,3	70	7	0,7	0,07	0,007
99,9900%	5,2	100	10	1,0	0,1	0,01
99,9850%	5,1	150	15	1,5	0,15	0,015
99,9770%	5,0	230	23	2,3	0,23	0,023
99,670%	4,9	330	33	3,3	0,33	0,033
99,9520%	4,8	480	48	4,8	0,48	0,048
99,9320%	4,7	680	68	6,8	0,68	0,068
99,9040%	4,6	960	96	9,6	0,96	0,096
99,8650%	4,5	1.350	135	13,5	1,35	0,135
99,8140%	4,4	1.860	186	18,6	1,86	0,186
99,7450%	4,3	2.550	255	25,5	2,55	0,255
99,6540%	4,2	3.460	346	34,6	3,46	0,346
99,5340%	4,1	4.660	466	46,6	4,66	0,466
99,3790%	4,0	6.210	621	62,1	6,21	0,621
99,1810%	3,9	8.190	819	81,9	8,19	0,819
98,930%	3,8	10.700	1.070	107	10,7	1,07
98,610%	3,7	13.900	1.390	139	13,9	1,39
98,220%	3,6	17.800	1.780	178	17,8	1,78
97,730%	3,5	22.700	2.270	227	22,7	2,27
97,130%	3,4	28.700	2.870	287	28,7	2,87
96,410%	3,3	35.900	3.590	359	35,9	3,59
95,540%	3,2	44.600	4.460	446	44,6	4,46
94,520%	3,1	54.800	5.480	548	54,8	5,48
93,320%	3,0	66.800	6.680	668	66,8	6,68
91,920%	2,9	80.800	8.080	808	80,8	8,08
90,320%	2,8	96.800	9.680	968	96,8	9,68
88,50%	2,7	115.000	11.500	1.150	115	11,5
86,50%	2,6	135.000	13.500	1.350	135	13,5
84,20%	2,5	158.000	15.800	1.580	158	15,8
81,60%	2,4	184.000	18.400	1.840	184	18,4
78,80%	2,3	212.000	21.200	2.120	212	21,2
75,80%	2,2	242.000	24.200	2.420	242	24,2
72,60%	2,1	274.000	27.400	2.740	274	27,4
69,20%	2,0	308.000	30.800	3.080	308	30,8
65,60%	1,9	344.000	34.400	3.440	344	34,4
61,80%	1,8	382.000	38.200	3.820	382	38,2
58,00%	1,7	420.000	42.000	4.200	420	42
54,00%	1,6	460.000	46.000	4.600	460	46
50%	1,5	500.000	50.000	5.000	500	50
46%	1,4	540.000	54.000	5.400	540	54
43%	1,3	570.000	57.000	5.700	570	57
39%	1,2	610.000	61.000	6.100	610	61
35%	1,1	650.000	65.000	6.500	650	65
31%	1,0	690.000	69.000	6.900	690	69
28%	0,9	720.000	72.000	7.200	720	72
25%	0,8	750.000	75.000	7.500	750	75
22%	0,7	780.000	78.000	7.800	780	78
19%	0,6	810.000	81.000	8.100	810	81
16%	0,5	840.000	84.000	8.400	840	84
14%	0,4	860.000	86.000	8.600	860	86
12%	0,3	880.000	88.000	8.800	880	88
10%	0,2	900.000	90.000	9.000	900	90
8%	0,1	920.000	92.000	9.200	920	92

© Martin Brenig-Jones e Jo Dowdall

Calcular o DPMO para seu processo mede a qualidade usando os *defeitos*, em vez dos *defeituosos*. Essa é uma distinção importante que precisa de mais explicação.

Digamos que seu cliente tenha vários CTQs relacionados a um pedido — por exemplo, não apenas a velocidade (tempo de ciclo), mas também a precisão e a integridade. Cada CTQ representa uma oportunidade de defeito. Assim, mais de um defeito pode ocorrer na transação. Você pode ter uma situação em que a CTQ de velocidade (tempo de ciclo) foi atingida, mas as CTQs de precisão e a integridade foram perdidas. O resultado seria uma entrega *defeituosa* (como resultado desses dois *defeitos*).

Ao calcular os níveis sigma para seus processos, você precisa entender os seguintes termos-chave:

» **Unidade:** O item produzido ou processado.

» **Defeito:** Qualquer evento que não atende ao CTQ.

» **Oportunidade de defeito:** Qualquer evento que apresenta uma chance de não atender ao CTQ de um cliente. O número de oportunidades de defeito será igual ao número de CTQs.

» **Defeituoso:** Uma unidade com um ou mais defeitos.

Você pode calcular seu desempenho ou nível Sigma do Processo em relação aos CTQs, como mostrado na Figura 1-7. Temos uma amostra de 500 unidades processadas. O cliente tem três CTQs, portanto, temos três oportunidades de defeitos. Os CTQs estão relacionados à velocidade, à precisão e à integridade. Encontramos 57 defeitos. Com software, você pode determinar um valor preciso do nível Sigma do Processo, mas com a tabela resumida na Figura 1-6, encontre o valor sigma que está mais próximo de seu número DPMO de 38.000. Como pode ver, o número é 3,3.

FIGURA 1-7: Calculando os valores do Sigma do Processo (Nível Sigma).

✲ Número de unidades processadas	N = 500	
✲ Número total de defeitos realizados (inclui os defeitos que foram consertados)	D = 57	
✲ Número de oportunidades de defeito por unidade (igual aos CTQs)	O = 3	
✲ Calcule o nº de defeitos por milhão de oportunidades	DPMO = 1.000.000 x	$\dfrac{D}{(N \times O)}$
	= 1.000.000 x	$\dfrac{57}{(500) \times (3)}$
✲ Consulte o sigma de processo na tabela de conversão (veja a Figura 1-6)	= 38.000	
	Sigma = 3,3	

© Martin Brenig-Jones e Jo Dowdall

Há uma pequena peculiaridade a ser conhecida aqui. Um Sigma do Processo (desempenho nível sigma igual a 1) e um desvio-padrão não são exatamente a mesma coisa. Isso resulta do ajuste que a Motorola fez nas tabelas de conversão de sigma para refletir a variação que observaram em seus processos em longo prazo, depois de estudá-lo durante vários anos. O ajuste é referido como um "deslocamento de 1,5 sigma", refletindo a extensão do desvio no desempenho. Embora esse ajuste esteja relacionado aos processos da Motorola, todos que adotaram o Six Sigma também adotaram a escala ajustada do sigma.

Quando falamos de um desempenho nível Six Sigma antes do ajuste, estamos falando de dados de desempenho dentro de mais ou menos seis desvios-padrão da média, que abrangem 99,999998% dos dados. Essa é a porcentagem de casos que estão corretos na primeira vez em termos de atendimento aos requisitos do cliente. Equivale a 0,002 DPMO! Mesmo com o ajuste, ainda estamos falando de um padrão verdadeiramente exigente, com 99,999666% dos casos certos na primeira vez em termos de atendimento aos CTQs.

Juntando Lean e Six Sigma

Há uma sinergia natural entre Lean e Six Sigma, e sua organização precisa de ambos. A união dos dois proporciona um sólido conjunto de princípios e um amplo conjunto de ferramentas e técnicas que podem aumentar a eficácia e a eficiência na entrega. Exploraremos isso com mais profundidade no Capítulo 2.

Acrescentando Mais ao Mix

O Lean Six Sigma evoluiu significativamente desde seu início. O atual Lean Six Sigma é mais do que uma combinação de Lean e Six Sigma: ele inclui Gestão de Mudanças, Gestão de Projetos, Metodologias Ágeis, Design Thinking e muito mais. No espírito da Melhoria Contínua, é adequado incluir "o melhor dos melhores" em termos de estruturas, ferramentas, técnicas e abordagens nesta edição do *Lean Six Sigma Para Leigos*. Isso tudo estabelece firmemente a relevância e o valor contínuo do Lean Six Sigma.

Mas tenha em mente a importância de uma abordagem pragmática. Os elementos "novos" não foram incluídos porque parecem impressionantes; eles foram incluídos porque funcionam. Como fizemos com o Lean e o Six Sigma, esboçaremos aqui algumas noções básicas e detalharemos mais nos capítulos futuros.

Gerenciando a mudança

Os praticantes do Lean Six Sigma devem fazer bom uso de estruturas, ferramentas e técnicas para gerenciar a mudança, pois a aceitação e o engajamento das pessoas é vital para o sucesso de qualquer mudança ou melhoria. Trazer a Gestão de Mudanças para o Lean Six Sigma pode ajudá-lo a fazer o seguinte:

> » Estabelecer e comunicar uma necessidade clara de mudança e um senso de propósito.
>
> » Desenvolver engajamento com stakeholders.
>
> » Desenvolver uma visão e um planejamento que deem às pessoas uma visão clara sobre "o que vou ganhar com isso".
>
> » Lidar com a resistência e o conflito ao mesmo tempo em que apoia a equipe a fazer a mudança acontecer.
>
> » Incorporar a mudança ao abordar aspectos de comportamento que poderiam reforçá-la ou impedi-la.
>
> » Monitorar o progresso.
>
> » Comunicar-se com eficiência para criar a aceitação e a vontade pela mudança.

O Capítulo 6 traz mais detalhes sobre a gestão de pessoas e de mudança.

Aplicando Conceitos Ágeis

A metodologia Ágil evoluiu de algo que os desenvolvedores de software faziam e se tornou reconhecida como uma forma de impulsionar o desempenho de projetos em geral. A aplicação de conceitos Ágeis e uma mentalidade Ágil ao Lean Six Sigma ajuda a acelerar a entrega de resultados de melhoria e traz foco e coesão para uma equipe.

Estes aspectos da metodologia Ágil são de especial relevância e valor:

> » Focar a entrega de benefícios de forma oportuna. Por exemplo, não liberar todas as mudanças ou resultados de uma única vez, mas fazê-lo em incrementos, para que os clientes sintam os benefícios mais rapidamente e possam dar feedback sobre o que está ou não funcionando. É necessário deixar a perfeição de lado aqui. Nas palavras de Mark Twain, "A melhoria contínua é melhor do que a perfeição atrasada".
>
> » Abraçar uma cultura de experimentação: estar preparado para testar e experimentar as coisas, e aprender com elas. Você reconhece que nem tudo vai funcionar e fica confortável com o fracasso.
>
> » Usar aspectos da abordagem Scrum (veja o Capítulo 16) para realizar o trabalho Lean Six Sigma em "sprints" oportunos e focados

> de atividade, em vez de deixar os projetos se arrastarem por longos períodos de tempo.

» Visualizar a lista de coisas "a fazer" de um projeto Lean Six Sigma utilizando a abordagem kanban.

» Criar uma atmosfera de "segurança psicológica" na qual os membros da equipe se sintam seguros, confortáveis e confiantes para dar sua contribuição.

A metodologia Ágil é um poderoso capacitador quando se trata do Lean Six Sigma. O Capítulo 16 analisa a metodologia Ágil com mais detalhes.

Empregando a inovação

Vivemos em uma era de inovação, na qual as necessidades e as expectativas dos clientes mudam rapidamente e os avanços tecnológicos podem tornar quase tudo possível. A inovação (seja disruptiva — do tipo que cria uma mudança drástica em relação ao que era antes — ou mais incremental) pode ajudar a moldar respostas eficazes às mudanças e às oportunidades e criar novos conceitos ou processos para entusiasmar os clientes.

As bases da Automação de Processos Robóticos são apresentadas no Capítulo 13 deste livro. Há também algumas ferramentas para o pensamento criativo e a geração de ideias que apoiam o "pensar diferente" (veja o Capítulo 12).

Como acontece com todos os novos ingredientes do atual mix do Lean Six Sigma, há livros inteiros dedicados ao assunto. Um resumo fantástico da mentalidade necessária para impulsionar a inovação é fornecido no livro *A Jornada do Design Thinking* (autoria de Lewrick, Link e Leifer). Os praticantes do Lean Six Sigma podem se beneficiar muito com isso, e nós nos aprofundaremos um pouco mais no Design Thinking no Capítulo 15.

» Ser motivado pela curiosidade e ver as coisas sob ângulos diferentes.

» Focar as pessoas e suas necessidades.

» Aceitar que há complexidade nos sistemas em que trabalhamos.

» Visualizar e demonstrar para auxiliar a compreensão.

» Testar e iterar para aprender, resolver problemas e melhorar.

» Buscar crescer e expandir as capacidades.

» Desenvolver uma percepção do processo.

» Colaborar em todos os departamentos e organizações.

» Refletir sobre o pensar, as atividades e as atitudes, pois isso molda as ações e as pressuposições.

Praticando a Gestão de Projetos

A Gestão de Projetos é sobre fazer as coisas, e de uma forma estruturada. Ferramentas e técnicas de Gestão de Projetos podem ajudar os praticantes do Lean Six Sigma a fazer o seguinte:

- » Criar uma linha do tempo do projeto.
- » Planejar o trabalho ao dividi-lo em tarefas, incluir os donos das tarefas, os recursos necessários, os prazos, e assim por diante.
- » Trabalhar eficazmente em equipe (lembre-se de que "A União Faz a Força").
- » Monitorar o progresso em relação ao planejamento.
- » Gerenciar o escopo do trabalho para evitar o temido *scope creep* (a tendência de um projeto crescer muito e ficar difícil demais para ser gerenciado).
- » Relatar os benefícios alcançados.
- » Aplicar governança ao projeto, como, por exemplo, identificar e administrar os riscos, e realizar avaliações de "tollgate" (validação).
- » Identificar e compartilhar as lições aprendidas.

À medida que for conhecendo mais sobre o Lean Six Sigma, você notará que existem algumas sobreposições entre ele e a Gestão de Projetos. As ferramentas e os métodos de Gestão de Projetos podem certamente ajudar quando se trata de gerenciar melhorias no Lean Six Sigma, e de fato algumas delas estão incluídas no conjunto de ferramentas Lean Six Sigma/DMAIC (tais como planejamento, gestão das partes interessadas e estabelecimento de um patrocinador do projeto).

DICA

Assim como "demasiados cozinheiros estragam o caldo", demasiadas ferramentas podem estragar o esforço de melhoria. Tentar usar todos os aspectos dessas abordagens, assim como todas as ferramentas do livro, provavelmente atrasará e complicará demais as coisas. E isso pode deixar os interessados com um gostinho ruim na boca. Em vez de incorporar tudo, use apenas os ingredientes que você sabe que enriquecerão o resultado desejado. À medida que você se torna mais experiente, fica mais fácil reconhecer o que poderia ajudar em sua situação.

26 PARTE 1 **Entendendo o Lean Six Sigma**

NESTE CAPÍTULO

» Juntando Lean e Six Sigma para criar o Lean Six Sigma

» Aplicando o DMAIC para melhorar as coisas

» Avaliando o que você faz para fazê-lo melhor

Capítulo **2**

Compreendendo os Princípios do Lean Six Sigma

Neste capítulo, analisamos a sinergia produzida pela combinação das abordagens Lean e Six Sigma para formar o Lean Six Sigma — juntamente com a melhor das abordagens delineadas no Capítulo 1. A abordagem combinada fornece um conjunto abrangente de princípios e de ferramentas e técnicas de apoio para permitir melhorias genuínas tanto na eficiência quanto na eficácia para as organizações.

Considerando os Princípios Fundamentais do Lean Six Sigma

O Lean Six Sigma toma as características do Lean e do Six Sigma e as integra para formar um magnífico conjunto de sete princípios. Os princípios de cada abordagem não são diferentes (veja mais sobre os componentes individuais no Capítulo 1), e o conjunto não produz surpresas. Os sete princípios do Lean Six Sigma são descritos nas seções seguintes.

Foco no cliente

Os elementos de seu serviço ou oferta que os clientes consideram mais importantes são conhecidos como CTQs (Critical to Quality — requisitos Críticos para a Qualidade) no Lean Six Sigma (consulte o Capítulo 4 para saber mais sobre CTQs). Escritos de forma a garantir que sejam mensuráveis, os CTQs fornecem a base para determinar as medidas necessárias para ajudá-lo a entender como está seu desempenho em relação aos requisitos críticos. À medida que melhora seu desempenho no cumprimento dos CTQs, é provável que você também ganhe e retenha mais negócios e aumente sua participação no mercado.

Identifique e entenda como o trabalho é feito

O *fluxo de valor* descreve todas as etapas de seu processo — por exemplo, desde o recebimento do pedido de um cliente até o envio de um produto ou a entrega de um serviço, chegando ao pagamento. Ao desenhar um mapa do fluxo de valor, você pode destacar as etapas e as áreas sem valor agregado e garantir que o processo se concentre no atendimento aos CTQs e na agregação de valor. Para empreender esse processo adequadamente, você deve "ir ao Gemba". A palavra japonesa *Gemba* significa o local onde o trabalho é feito — onde a ação acontece —, que é onde a gestão começa. Você poderia tentar o Process Stapling (descrito no Capítulo 5), que envolve passar tempo no local de trabalho para ver como o trabalho realmente é feito, não como você pensa que é feito. Isso o ajuda a entender os problemas que quer enfrentar e determinar uma solução mais eficaz para suas atividades do dia a dia.

Gerencie, melhore e suavize o fluxo de processos

Entre as coisas a serem observadas ao realizar um exercício de Process Stapling (ou de ir ao Gemba), estão pistas que destacam gargalos ou interrupções no fluxo de trabalho ao longo do processo. Há atrasos em certos pontos? Há altos níveis de trabalho em andamento? Vamos analisar os gargalos mais de perto no Capítulo 11.

Processar o trabalho em lotes não ajuda os itens a fluírem suavemente através do processo. Se possível, use o fluxo de uma peça (processando um item de cada vez), afastando-se dos lotes, ou pelo menos, reduzindo o tamanho do lote. O conceito de puxar, e não empurrar (veja o Capítulo 1), se relaciona com sua compreensão do processo e a melhoria do fluxo. E pode ser um elemento essencial para evitar gargalos. É um desperdício haver superprodução ou empurrar as coisas cedo demais.

Remova desperdícios e passos que não agregam valor

O foco no cliente e no conceito de valor agregado é importante porque, normalmente, apenas entre 10% a 15% do tempo de ciclo (ou lead time) de um processo são gastos em atividades de valor agregado. Isso pode ser surpreendente, mas deve chamar sua atenção e ajudá-lo a perceber o potencial desperdício em jogo em sua própria organização. O conceito de valor agregado às etapas do processo é abordado no Capítulo 10, juntamente com informações sobre os oito tipos de desperdícios nos quais ficar de olho.

Gerencie com base em fatos e reduza a variação

Gerenciar com base em fatos, utilizando dados precisos, ajuda a não chegar a conclusões e soluções precipitadas. Você precisa de fatos! E isso significa medir as coisas certas da maneira correta. A coleta de dados é um processo e precisa ser gerenciada de acordo. No Capítulo 1, analisamos o significado da variação. O guru da qualidade W. Edwards Deming afirmou que "a variação descontrolada é inimiga da qualidade". Em outras palavras, é do interesse de todos alcançar um nível de desempenho consistente, confiável e previsível. Isso pode ser feito ao entender e abordar a quantidade, o tipo e as fontes de variação. O uso de gráficos de controle (o Capítulo 8 fala mais sobre eles) permite interpretar os dados corretamente e compreender a variação do processo. Assim, você sabe quando agir ou não.

Envolva a equipe e as pessoas no processo

Para ser eficaz, é preciso envolver as pessoas no processo, equipando e capacitando-as para que se *sintam* e *estejam* aptas a desafiar e melhorar a maneira como o trabalho é feito. Envolver as pessoas é o que tem que ser feito para que as organizações sejam verdadeiramente eficazes, mas, como muitos princípios do Lean Six Sigma, é necessário pensar de forma diferente para que isso aconteça (consulte o Capítulo 6 para saber mais sobre o poder das pessoas). Melhoria Contínua é uma mentalidade — alguns a chamam de "mentalidade de crescimento" — que abraça desafios e busca oportunidades para aprender, e entende que vale a pena se esforçar para obter os resultados. Os líderes desempenham um papel importante na criação desse tipo de espírito em suas organizações para que todos possam contribuir.

Aplique a atividade de melhoria de forma sistemática

A abordagem sistemática utilizada é conhecida como DMAIC: Definir, Medir, Analisar, Melhorar — *Improve*, em inglês — e Controlar. Uma das críticas às vezes voltadas para o Lean "sozinho" é que as ações de melhoria tendem a não ser tomadas de forma sistemática e padronizada. No Six Sigma, o DMAIC é utilizado para melhorar os processos existentes, mas a estrutura é igualmente aplicável ao Lean e, claro, ao Lean Six Sigma. Quando um novo processo precisa ser projetado, o método DMADV é utilizado. Os Capítulos 14 e 15 descrevem o DMADV e a abordagem de Design Thinking.

DICA

Em geral, menos é mais. Enfrente os problemas "em pequenas doses" e nunca chegue precipitadamente a conclusões ou soluções.

O foco da seção seguinte é melhorar os processos existentes com o DMAIC utilizando as ferramentas e as técnicas apropriadas do kit de ferramentas Lean Six Sigma. Mas essas ferramentas, e os sete princípios identificados anteriormente neste capítulo, também fornecem uma estrutura para melhorar a gestão e a operação diária dos processos. Analisamos esse aspecto do Lean Six Sigma, ao qual nos referimos como "Excelência Operacional Diária", no Capítulo 18.

Melhorando os Processos Existentes: Apresentando o DMAIC

O DMAIC (Definir, Medir, Analisar, Melhorar — *Improve*, em inglês — e Controlar) fornece a estrutura para melhorar os processos existentes de forma sistemática. Os projetos DMAIC começam com a identificação de um problema, e, na fase Definir, você descreve o que acha que precisa ser melhorado. Sem dados, isso pode ser baseado em seu melhor palpite, assim, na fase Medir, você usa fatos e dados para entender como seus processos funcionam e o papel que desempenham para que possa identificar o problema de forma mais eficaz.

Agora você pode Analisar a situação usando fatos e dados para determinar a causa raiz (ou mais de uma) do problema que está inibindo seu desempenho. Com a causa raiz identificada, é possível passar para a fase Melhorar, identificando soluções potenciais, selecionando a mais adequada e testando ou analisando para validar sua abordagem, usando dados quando apropriado. Você, então, estará pronto para implementar e monitorar a solução na fase Controlar.

A fase Controlar é especialmente importante. Você precisa implementar sua solução, verificando se seus clientes sentem a diferença no desempenho.

Será necessário usar dados para determinar a extensão da melhoria e ajudá-lo a manter os ganhos. Depois de todo esse trabalho, você não quer que o problema que acabou de resolver se repita. Com as medidas corretas em andamento, você também deverá ser capaz de gerar novas oportunidades.

As seções seguintes trazem um pouco mais de detalhes sobre as cinco fases do DMAIC. A Figura 2-1 mostra como as fases estão conectadas, embora o processo não seja necessariamente linear. Pode ser que na fase Definir, por exemplo, o problema que você está planejando resolver não possa ser adequadamente quantificado. Na fase Medir, você coletará dados que permitem voltar à fase Definir e atualizar sua descrição do problema.

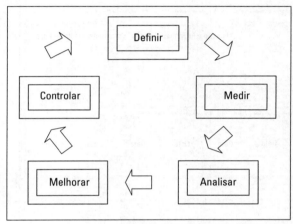

FIGURA 2-1: As cinco fases do DMAIC.

© Martin Brenig-Jones e Jo Dowdall

Definindo seu projeto

Quando inicia um projeto de melhoria, assegurar que você e sua equipe entendam por que está empreendendo o projeto e o que quer alcançar é um ingrediente essencial para o sucesso. Com um projeto DMAIC, você começa com um problema que precisa ser resolvido. Antes que possa resolvê-lo, precisa defini-lo. Um dos principais resultados da fase Definir é um *termo de melhoria* completo.

Termo de melhoria é um documento acordado que define o propósito e as metas de uma equipe de melhoria. Ele pode ajudar a abordar alguns dos elementos que normalmente dão errado nos projetos, fornecendo uma estrutura útil para obter o compromisso e a compreensão da equipe. Mantenha seu termo simples e tente deixá-lo no tamanho de uma folha A4, frente e verso, de acordo com o exemplo mostrado na Figura 2-2.

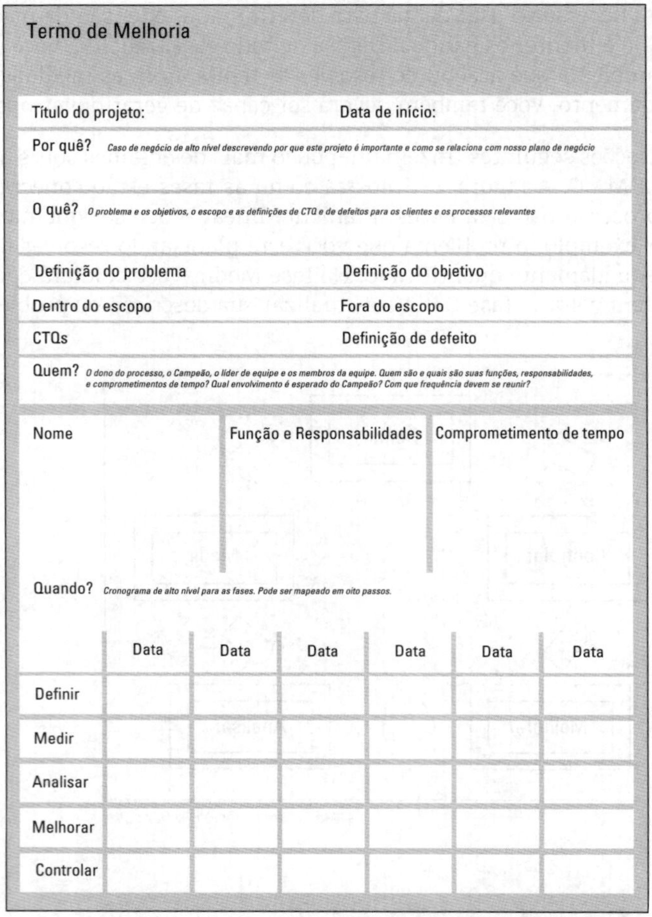
Termo de Melhoria

Título do projeto: Data de início:

Por quê? *Caso de negócio de alto nível descrevendo por que este projeto é importante e como se relaciona com nosso plano de negócio*

O quê? *O problema e os objetivos, o escopo e as definições de CTQ e de defeitos para os clientes e os processos relevantes*

Definição do problema	Definição do objetivo
Dentro do escopo	Fora do escopo
CTQs	Definição de defeito

Quem? *O dono do processo, o Campeão, o líder de equipe e os membros da equipe. Quem são e quais são suas funções, responsabilidades, e comprometimentos de tempo? Qual envolvimento é esperado do Campeão? Com que frequência devem se reunir?*

Nome	Função e Responsabilidades	Comprometimento de tempo

Quando? *Cronograma de alto nível para as fases. Pode ser mapeado em oito passos.*

	Data	Data	Data	Data	Data	Data
Definir						
Medir						
Analisar						
Melhorar						
Controlar						

FIGURA 2-2: Exemplo de um termo de melhoria.

© Martin Brenig-Jones e Jo Dowdall

O termo de melhoria contém os seguintes elementos fundamentais:

- **Caso de negócio de alto nível** fornecendo uma explicação sobre por que realizar o projeto é importante.
- **Definição do problema** mostrando a questão a ser resolvida.
- **Definição de objetivo** descrevendo o propósito do projeto.
- **Escopo do projeto** definindo os parâmetros e identificando quaisquer restrições.
- **CTQs** especificando o problema sob a perspectiva do cliente. A menos que já tenha os CTQs, talvez não seja possível identificá-los antes da fase Medir.

> **Funções** identificando as pessoas envolvidas no projeto e em torno dele, o que se espera delas e suas responsabilidades. O termo de melhoria forma um contrato entre os membros da equipe de melhoria e o campeão ou patrocinador.

> **Marcos** resumindo os passos fundamentais e as datas provisionais para alcançar o objetivo.

O termo de melhoria precisa ser visto como um "documento vivo" e ser atualizado ao longo das várias fases do DMAIC, especialmente à medida que sua compreensão do problema enfrentado se torna mais clara.

Definindo o problema

Criar a definição do problema pode ser mais complicado do que parece. Uma definição bem feita fornece um ponto de partida efetivo ("um problema bem definido é um problema meio resolvido", disse John Dewey), mas não deve incluir a causa do problema ou a possível solução. Lembre-se, a estrutura DMAIC nos levará até lá, e nessa fase, se você realmente já sabe a causa do problema e a solução para resolvê-lo (com dados para ajudá-lo), então não precisa do DMAIC. É só colocar a mão na massa e resolver!

Veja um exemplo de definição de problema:

> *As vendas de produtos online caíram nos últimos três meses, de US$272 mil para US$181 mil, e nossa previsão baixou 25%.*

Você notará que algumas informações de referência foram incluídas para ajudar a sublinhar a extensão do problema. Isso torna a definição do problema mais eficaz, pois é muito mais fácil comunicar o problema e começar a influenciar as partes interessadas com uma definição factual como essa do que dizer algo vago como: "Acho que as vendas estão caindo."

A *ferramenta 5W1H* pode ajudar a acrescentar estrutura e detalhes às definições de problemas. Ela é brilhantemente simples e extremamente versátil. Sua origem é nas palavras em inglês: *What* (qual/o quê), *Why* (por quê), *When* (quando), *How* (como), *Where* (onde) e *Who* (quem) — seis perguntas que, ao serem respondidas com fatos, fornecerão todas as informações necessárias para definir o problema.

> **QUAL** é o problema?
>
> **POR QUE** é benéfico resolvê-lo agora?
>
> **QUANDO** ele acontece/quando começou?
>
> **COMO** se classifica como problema? (Por exemplo, retrabalho, reclamações de clientes, feedback de um regulador.)

ONDE ele acontece?

QUEM é afetado por ele?

CUIDADO

Não caia na armadilha de explicar a causa do problema nessa fase ou o que você acha que pode ser a solução. A abordagem DMAIC o levará às conclusões certas. Como dizem, deixe que o DMAIC resolva as coisas em um passe DeMAgICa!

Enquadrando o escopo

Uma das coisas mais importantes a se ter em prática ao iniciar um projeto é um escopo claro. Sem um escopo claro, pode ser muito difícil administrar a melhoria (como você saberá que terminou?) e também pode ser difícil para os participantes do projeto compreenderem o que será afetado pelo projeto, o esforço envolvido, os prazos e os resultados que podem ser esperados. A gestão das expectativas é vital.

A ferramenta usada, mostrada na Figura 2-3, é muito simples:

FIGURA 2-3: Enquadrando o escopo do seu projeto de melhoria.

© Martin Brenig-Jones e Jo Dowdall

1. **Desenhe a moldura de um quadro em um flipchart, em uma folha grande de papel ou em uma ferramenta de colaboração online. Denomine a área dentro do quadro de "Dentro". Denomine a área fora do quadro de "Fora". Nomeie a moldura em si como "Para discussão".**

2. **Faça um brainstorming de vários assuntos e os escreva em notas autoadesivas. Pode ser algo relacionado a clientes ou segmentos de mercado dentro ou fora do escopo, produtos, serviços, regiões geográficas, pessoas afetadas, sistemas envolvidos, e assim por diante. A ferramenta 5W1H mencionada na seção anterior pode ser útil aqui.**

3. **Coloque as notas autoadesivas onde lhe parecer mais apropriado.**

4. Analise e discuta todos os itens com os stakeholders.

5. Após a análise e as decisões tomadas, procure mover todos os itens "Para discussão" para Dentro ou para Fora.

CUIDADO

Pode ser muito fácil aumentar o escopo de um projeto de melhoria. À medida que aprende mais sobre o processo e seus problemas, você pode se sentir tentado a assumir outros aspectos do problema. Talvez também haja stakeholders que querem que você "resolva tudo" de uma só vez. Nosso conselho é sempre gerenciar e controlar o escopo do projeto e pegar tudo em pequenas partes.

Durante o projeto, o desenvolvimento de um resumo das principais decisões e resultados ajuda a rever o progresso e compartilhar o que você aprendeu. Um "storyboard" se constrói à medida que você trabalha em seu projeto, captando os principais resultados e descobertas das fases do DMAIC. Ele incluiria, por exemplo, o termo de melhorias e o mapa de processo (veja o Capítulo 5), bem como outras ferramentas que você utilizará em sua jornada DMAIC e as conclusões que elas o ajudarão a alcançar. O storyboard também ajuda suas atividades de comunicação. O desenvolvimento e a revisão de um plano de comunicação é uma atividade essencial. É realmente preciso manter sua equipe e as pessoas afetadas por seu projeto informadas sobre o progresso que você está fazendo. A comunicação começa no primeiro dia do projeto.

Medindo como o trabalho é feito

Após definir o problema, pelo menos com base em seu entendimento atual, você precisa esclarecer como o trabalho é feito e se é bem feito. Para entender a situação atual do processo, saber como ele se apresenta é o melhor ponto de partida. Você precisa saber o que está acontecendo atualmente, passo a passo, e como o processo sustenta a entrega dos requisitos do CTQ do cliente.

Conhecer o desempenho atual do processo é essencial porque tal conhecimento se torna sua linha de base. Meça o que é importante para o cliente e lembre-se também de medir a partir da perspectiva dele. A coleta dessas informações pode ajudar a concentrar seus esforços de melhoria nas áreas mais importantes e evitar que você vá na direção errada. O uso de gráficos e diagramas (que abordamos no Capítulo 8) pode ajudá-lo a entender melhor o sentido dos dados, pois eles fornecem uma imagem visual que demonstra o desempenho e podem mostrar, entre outras coisas, a variação dentro do processo. Você também pode calcular o desempenho Sigma do Processo usando o método descrito no Capítulo 1.

DICA

Se pedisse a seus clientes para medir o processo, eles o mediriam da mesma forma que você? Use os CTQs como base para obter as medidas corretas do processo. Compreender o quanto você atende aos CTQs é uma informação gerencial essencial. O Capítulo 7 dá mais detalhes sobre como obter as medidas corretas.

CAPÍTULO 2 **Compreendendo os Princípios do Lean Six Sigma** 35

Os projetos Lean Six Sigma podem levar mais tempo do que você gostaria, porque os dados corretos não estão disponíveis no dia a dia da operação. Muitas vezes, as organizações têm dados em excesso — mas não os *corretos*. Você precisa desenvolver as medidas corretas e começar a coletar os dados de que precisa.

Analisando seu processo

Na fase Medir, você descobriu o que está realmente acontecendo em seu processo. Agora é preciso identificar por que isso está acontecendo e determinar a causa raiz (ou mais de uma). No entanto, precisa gerenciar com base em fatos, então é necessário verificar e validar suas ideias sobre possíveis suspeitos. Chegar a conclusões precipitadas é muito fácil.

A execução adequada da fase Analisar ajuda a determinar a solução correta (ou mais de uma) quando chega à fase Melhorar. Claramente, a extensão da análise necessária varia dependendo do escopo e da natureza do problema que você está enfrentando e, de fato, o que suas atividades de Medir identificaram. No entanto, você está essencialmente analisando o processo e os dados que o processo produz.

É crucial analisar as possíveis causas de seu problema utilizando dados concretos para verificar suas ideias. Talvez descubra que os "suspeitos de costume" não são os culpados! A identificação e a remoção das causas raiz de um problema evitam que ele ocorra novamente.

Melhorando seu processo

Agora que você identificou a causa raiz do problema, pode começar a gerar ideias de melhoria para ajudar a resolvê-lo. A melhoria, entretanto, envolve três fases distintas:

1. **Gere ideias sobre possíveis soluções.**

A solução pode ficar evidente a partir do trabalho feito nos dois passos anteriores. Esteja certo de que as soluções propostas resolvam o problema e suas causas.

2. **Selecione a solução mais adequada.**

Leve em conta os resultados de qualquer teste ou piloto e os critérios que você identificou como importantes, tais como prioridades do cliente, custo, velocidade ou facilidade de implementação. Assegure-se de que sua solução resolva o problema e de que os clientes verão uma diferença se você a adotar.

3. **Planeje e teste a solução.**

Este passo procura assegurar a implementação suave da solução escolhida. O foco na prevenção aqui pode ajudá-lo a evitar a implementação de uma solução que causa problemas em outros lugares. A realização de um piloto ou um teste provavelmente será útil.

Criando um plano de controle

Após a fase Melhorar, você precisa implementar a solução para obter e manter os ganhos esperados. Se quiser continuar seus esforços para reduzir a variação e cortar o desperdício, as mudanças que estão sendo feitas no processo precisam ser empregadas e seguidas de forma consistente.

Se a equipe de melhoria está entregando o "novo" processo à equipe de processo, a entrega precisa garantir que todos entendam quem é responsável pelo que e quando. Os mal-entendidos são muito fáceis de ocorrer, e deve existir um ponto de corte claro sinalizando o fim da função da equipe de melhoria. Um plano de controle deve ser desenvolvido para assegurar que o ganho seja garantido, e o novo processo, efetivamente implantado.

O *plano de controle* ajuda a garantir que o processo seja realizado de forma consistente. Ele também identifica pontos-chave no processo nos quais os dados de medição são necessários, além de destacar quais ações são necessárias dependendo dos resultados. É extremamente importante garantir que você tenha as medidas corretas em andamento. O Capítulo 18 inclui informações sobre as principais ferramentas da fase Controlar, incluindo o Gráfico de Gestão do Processo.

Avaliando as Fases do DMAIC

Avaliações informais sobre o progresso de seu projeto de melhoria em uma base semanal ou mesmo diária podem ser muito sensatas. Elas envolvem a equipe de melhoria e o campeão ou o patrocinador. Você pode considerar o uso de aspectos do processo scrum Ágil descrito no Capítulo 16.

No mínimo, deve haver uma avaliação formal de validação (tollgate) no final de cada fase do DMAIC. Uma *avaliação de validação* verifica se você completou a fase atual corretamente e examina os vários resultados da equipe a partir dela. O líder da equipe de melhoria e o patrocinador ou o campeão da atividade de melhoria devem fazer essa revisão. De fato, você está passando por uma validação.

Antes de passar de uma fase para outra, é crucial recuar, avaliar o progresso e fazer algumas perguntas fundamentais. Por exemplo:

> » Como as coisas estão indo? Por exemplo, a equipe está trabalhando bem junta?
> » Estamos na direção certa?
> » O que já descobrimos?
> » O que deu certo? Por quê?
> » A quais conclusões podemos chegar?

As validações também oferecem uma oportunidade para atualizar seu termo e roteiro de melhorias. Fazer isso reúne alguns dos elementos-chave de seu projeto; por exemplo, uma imagem do processo e um gráfico de controle mostrando o desempenho. A validação também permite que você faça um balanço dos benefícios acumulados e dos detalhes financeiros; por exemplo, reduções nos erros, melhorias no tempo de processamento e satisfação do cliente. Ao determinar os benefícios e os detalhes financeiros, registre as suposições por trás de suas estimativas ou cálculos, pois pode ser necessário explicá-las a outras pessoas na organização.

No final da fase Analisar, a avaliação de validação é de particular importância. Ela é uma oportunidade para rever o escopo do projeto, ou seja, o quanto de melhoria você está procurando alcançar a partir dele.

Antes do início do projeto, talvez você tenha dado seu melhor palpite quanto ao caso de negócio que justificasse o início dos trabalhos. Ao final dessa fase, você deverá conseguir *quantificar a oportunidade* — para realmente compreender a extensão das atividades que não agregam valor e o desperdício, bem como o potencial de melhoria. Ao concluir a fase Medir, você poderá compreender a situação atual e o nível de desempenho. Após a fase Analisar, seu nível de compreensão terá aumentado significativamente, e você entenderá a causa raiz do problema:

> » Você sabe por que o desempenho está no nível que está.
> » Você entende os custos envolvidos no processo, tanto no nível geral como no individual de cada passo.
> » Você identificou o desperdício e os passos que não agregam valor, incluindo a extensão de retrabalho, e compreendeu o impacto em sua habilidade de atender aos CTQs.

Ao quantificar a oportunidade, você primeiro precisa calcular a economia gerada se todo esse desperdício e trabalho sem valor agregado forem eliminados, documentando suas suposições. Talvez ache que a oportunidade é pequena demais para se preocupar ou tão grande que justifique ampliar o escopo do projeto ou desenvolver uma abordagem por fases, dividindo a tarefa em vários projetos menores, por exemplo. De qualquer forma, reveja e defina agora os objetivos do projeto, estimando sensatamente o que é possível para ele.

Os benefícios são avaliados novamente após sua conclusão da fase Melhorar. Você está procurando confirmar os resultados e assegurar autoridade para que a solução seja totalmente implementada. Como na quantificação da oportunidade, a avaliação após a fase Melhorar também oferece uma oportunidade de observar o projeto de forma mais geral, e as perguntas-chave incluem o seguinte:

- Estamos na direção certa?
- O que descobrimos? E do que nos esquecemos?
- O que deu certo? Por quê?
- Podemos aplicar a solução em outros lugares?
- A quais conclusões podemos chegar?

Confirmar os benefícios que você espera alcançar é o foco principal dessa segunda avaliação de benefícios; por exemplo, no retrabalho reduzido ou nas velocidades de processamento melhoradas. Ao concluir a fase, você deve se sentir confiante de que a solução escolhida aborda a causa raiz do problema identificado e assegura que você cumpra as metas do projeto. O gerenciamento baseado em fatos é um princípio-chave do Lean Six Sigma, portanto, você deve ter dados apropriados de medição e se sentir confiante de que sua solução resolverá.

Benefícios bastante diferentes podem ocorrer, incluindo:

- Redução de erros e desperdício.
- Tempo de ciclo mais rápido.
- Maior satisfação do cliente.
- Custo reduzido.

Ao avaliar o nível em que esses benefícios correspondem aos objetivos do projeto, tenha em mente que pode ser difícil quantificar os benefícios mais suaves de uma maior satisfação do cliente. E ao projetar quando os benefícios provavelmente surgirão, não perca de vista o fato de que provavelmente haverá um intervalo de tempo entre a causa e o efeito, sobretudo quando se trata de feedback e informação sobre a satisfação do cliente.

Além de analisar os benefícios, tal avaliação também confirma quaisquer custos associados à solução e sua implementação. A atividade piloto ou teste realizada na fase Melhorar (veja "Melhorando seu processo", anteriormente neste capítulo) deve tê-lo ajudado a reunir essas informações, considerando que você as tratou como se fossem uma implementação em escala real. As diretrizes internas provavelmente estarão disponíveis para ajudá-lo a avaliar e apresentar os benefícios e os custos, mas documente as suposições por trás de sua avaliação de benefícios.

Uma terceira e última avaliação de benefícios segue a fase Controlar, permitindo que você confirme os custos e os benefícios reais, e se ocorreram quaisquer débitos ou créditos inesperados. E você deve conhecer as respostas a estas perguntas:

» Os clientes sentem que houve uma melhoria? Como sabem disso?

» Podemos extrair alguma das ideias ou "melhores práticas" e aplicá-las em outro setor da empresa?

Essa avaliação é a fase formal pós-implementação envolvendo o patrocinador ou o campeão do projeto. Em algumas organizações, você pode encontrar uma equipe mais ampla de gerentes formando um "conselho do projeto" ou "comitê de direção", que fornece orientação geral para as equipes de melhoria e ajuda a evitar a duplicação de esforços com equipes diferentes enfrentando os mesmos problemas ou problemas semelhantes. Essa avaliação provavelmente envolverá sua equipe na apresentação do storyboard, conforme descrito na seção "Definindo seu projeto", anteriormente neste capítulo.

DICA

Reservar tempo para essas avaliações e validações é um elemento importante no desenvolvimento de uma cultura que gerencia com base em fatos. Manter um storyboard atualizado à medida que você trabalha nas fases do DMAIC o ajuda a se preparar para as avaliações e compartilhar as descobertas. O storyboard é criado pela equipe e deve apresentar os elementos importantes de seu trabalho — os principais resultados do processo DMAIC.

Adotando uma Abordagem Pragmática

O Six Sigma e o DMAIC foram criticados por alguns por serem muito complexos e porque os projetos demoram muito. Seja pragmático. Os projetos precisam demorar o tempo que for apropriado, e muitas vezes são necessárias apenas algumas ferramentas e técnicas simples para garantir melhorias rápidas e bem-sucedidas.

PÕE A CERA, TIRA A CERA: LEAN SIX SIGMA E ARTES MARCIAIS

Os diferentes níveis de treinamento no Lean Six Sigma são frequentemente referidos em termos de faixas coloridas conquistadas nas artes marciais. Pense nas qualidades de Faixa Preta nas artes marciais: altamente treinado, experiente, disciplinado, decisivo, controlado e responsivo, e você pode ver como a metáfora se traduz bem no mundo de fazer a mudança acontecer nas organizações. (Felizmente, nenhum tijolo precisa ser quebrado pela metade com as mãos.)

Algumas organizações desenvolvem um grupo de **Faixas Amarelas/Yellow Belts**, que normalmente recebem dois dias de treinamento prático em um nível básico sobre as ferramentas mais comumente utilizadas nos projetos Lean Six Sigma. Trabalham como membros da equipe do projeto ou realizam eles mesmos miniprojetos em seu ambiente de trabalho local sob a orientação de um Faixa Preta/Black Belt.

Os **Faixas Verdes/Green Belts** são treinados nas ferramentas básicas e lideram projetos bastante simples. A extensão do treinamento varia um pouco. Nos EUA, por exemplo, normalmente são dez dias, enquanto no Reino Unido, algumas organizações dividem o treinamento de acordo com as seguintes diretrizes:

- O nível Faixa Verde Básico (quatro a seis dias de treinamento) abrange ferramentas Lean, técnicas de mapeamento de processos e medição, bem como uma base sólida na metodologia DMAIC e o conjunto básico de ferramentas estatísticas.

- Os Faixas Verdes Avançados (seis dias adicionais de treinamento) recebem mais instruções sobre outras ferramentas estatísticas analíticas e começam a usar um software estatístico. Isso ajuda a garantir que o treinamento seja ministrado "just in time", uma vez que os primeiros projetos podem ser relativamente simples, muitas vezes envolvendo uma avaliação de como o trabalho é feito, permitindo a identificação e a eliminação de etapas sem valor agregado, sem a necessidade de análises estatísticas detalhadas.

Os Faixas Verdes normalmente dedicam o equivalente a cerca de um dia por semana (20% de seu tempo) a projetos Lean Six Sigma, geralmente orientados por um Faixa Preta.

Um especialista em Lean Six Sigma é treinado até o nível de **Faixa Preta/Black Belt**, o que significa assistir a vários módulos de treinamento ao longo de meses. A maioria dos cursos Black Belt envolve cerca de vinte dias de treinamento em tempo integral, bem como o trabalho em projetos em prática sob a orientação de um Master Black Belt. O papel do Faixa Preta é liderar projetos complexos e dar ajuda especializada às equipes de projeto com ferramentas e técnicas.

(continua)

(continuação)

Os Faixas Pretas vêm, em geral, de diferentes funções operacionais em toda a empresa, entrando para a equipe Black Belt a partir do atendimento ao cliente, das finanças, do marketing ou do RH, por exemplo. A função de Black Belt é geralmente em tempo integral, muitas vezes por um período de dois a três anos, após o qual eles retornam às operações. Com efeito, eles se tornam consultores internos que trabalham para melhorar o funcionamento da organização, mudando os sistemas e os processos organizacionais para melhor.

O **Master Black Belt (MBB)** recebe o mais alto nível de treinamento e se torna um especialista profissional do Lean Six Sigma em tempo integral. O MBB terá ampla experiência em gestão de projetos e estará totalmente familiarizado com a importância das habilidades interpessoais necessárias para gerenciar a mudança. É provável que um MBB experiente queira assumir esse papel como uma trajetória de carreira em longo prazo, tornando-se treinador, coach ou consultor de implementação e trabalhando com executivos seniores para assegurar que o programa Lean Six Sigma esteja alinhado com a direção estratégica do negócio. Os MBBs tendem a se mover de um grande negócio para outro após tipicamente três ou quatro anos em uma organização. É provável que os MBBs tenham sido um Black Belt por pelo menos dois anos antes de passar para essa função.

Nos locais em que as pessoas recebem uma introdução ao tema — um programa de Conscientização —, o termo **Faixa Branca/White Belt** foi adotado. Nenhum processo de certificação está envolvido, e esses programas variam de uma hora ou duas a um dia inteiro.

Além das faixas clássicas, vimos algumas novas cores e níveis aparecerem no sigmaverso. Por exemplo, algumas organizações desenvolveram **Faixas Laranjas/Orange Belts** com um conjunto de habilidades que fica entre a Faixa Amarela e a Faixa Verde, e há uma Faixa Limão entre a branca e a amarela. Surgiu uma nova qualificação **Business Black Belt**, desenvolvida pela Catalyst Consulting, em reconhecimento ao fato de que nem todas as organizações exigem o grau de análise estatística para a qual o tradicional Black Belt é treinado. Os Business Black Belts estão equipados com as ferramentas e as habilidades necessárias para se tornarem "mestres de transformação".

Os processos de certificação são operados em muitas organizações para assegurar que um padrão definido seja alcançado por meio de exames e avaliações de projetos. Os processos de certificação são estabelecidos em muitos países, tais como a British Quality Foundation e a American Society of Quality. Muitas grandes empresas montam seus próprios processos internos de certificação, com reconhecimento conferido em eventos de alta visibilidade da empresa aos "belts recém-graduados".

Alguns dizem que o Lean "puro" nem sempre garante uma abordagem sistemática e controlada para alcançar e manter os ganhos de melhoria. É aqui que a fase Controlar do DMAIC é muito importante. Para problemas relativamente simples, podem ser utilizados *eventos de melhoria rápida*, que podem ser realizados em sessões de uma semana. A implementação da melhoria pode levar mais ou menos um mês, e algum planejamento pré-evento e coleta de dados é necessário.

Esses eventos reúnem os poderosos conceitos de *Melhoria Contínua*, ou *Kaizen*, para envolver as pessoas na busca contínua de melhorar o desempenho dentro da estrutura do DMAIC. Tal melhoria vem do foco em como o trabalho é feito e se é bem feito. Kaizen é a palavra japonesa para Melhoria Contínua, sendo que "Kai" significa "mudança" e "zen" significa "bom". Juntas, "Kaizen" significa "mudança para melhor".

Eventos de melhoria rápida também podem ser realizados como uma série de workshops de meio ou um dia, durante um período de cinco ou seis semanas, ou menos. Eles seguem a estrutura do DMAIC, e uma ênfase especial é dada às fases Definir e Controlar. Por exemplo, o primeiro workshop se concentra em obter uma definição clara do problema a ser abordado (Definir), e assim por diante. O objetivo é enfrentar um problema que tenha o escopo bem reduzido com a experiência das pessoas realmente envolvidas no processo para resolvê-lo. Será preciso haver alguém com experiência em Lean Six Sigma como facilitador, pois talvez seja necessário usar como auxílio algumas ferramentas e técnicas (por exemplo, Mapas de Fluxo de Valor — veja o Capítulo 5). Muitas vezes, as pessoas que fazem o trabalho sabem o que é necessário para consertar as coisas. Você pode muito bem descobrir que a solução já é conhecida pela equipe, mas historicamente as pessoas não têm sido ouvidas. Assim, a implementação da solução pode ser feita rapidamente, grande parte dela durante o evento real. Eventos de melhoria rápida podem proporcionar às pessoas que fazem o trabalho a oportunidade de usar suas habilidades e seus conhecimentos.

Em termos de tempo, a curta duração dos eventos de melhoria rápida se compara a talvez quatro meses de meio período em um projeto DMAIC tradicional, embora as horas reais de trabalho em equipe possam ser semelhantes.

2 Fundamentos do Lean Six Sigma

NESTA PARTE...

Identifique os clientes de seu processo e entenda suas exigências em termos específicos e mensuráveis.

Analise seu processo e identifique o que *realmente* acontece, passo a passo.

Entenda o impacto que gerenciar pessoas e mudanças pode ter no sucesso do Lean Six Sigma em sua organização e descubra algumas ferramentas práticas para ajudá-lo.

> **NESTE CAPÍTULO**
>
> » Descobrindo os fundamentos dos processos
>
> » Identificando clientes internos e externos
>
> » Criando um mapa de alto nível de seus processos

Capítulo **3**

Identificando os Clientes de Seu Processo

Todas as organizações têm uma gama completa de clientes diferentes — internos e externos, grandes e pequenos. Os processos de cada organização devem ser projetados e gerenciados de forma a atender às diversas necessidades de seus clientes. Neste capítulo, ajudamos você a entender quem são os clientes e quais são suas necessidades. No Lean Six Sigma, nossa definição de cliente é qualquer pessoa que recebe o resultado de um processo. Portanto, faz sentido começar pensando em processos.

Entendendo o Básico sobre Processos

Processo é uma série de etapas e ações que produzem um resultado na forma de um produto ou um serviço. Idealmente, cada processo deve agregar valor aos olhos do cliente.

Todo trabalho é um processo, e um processo é a combinação de PEMMA:

> **Pessoas:** Aquelas que trabalham no processo ou em torno dele. Você tem o número certo de pessoas no lugar certo, na hora certa e que têm as habilidades certas para o trabalho? E elas se sentem apoiadas e motivadas?

> **Equipamento:** Os vários itens necessários para o trabalho. Os itens podem ser tão simples como um grampeador ou tão complicados como um torno utilizado na fabricação. Considere se você tem o equipamento certo, em um local apropriado e conveniente, e se está sendo devidamente mantido e revisado.

> **Método:** Como o trabalho é feito — as etapas, os procedimentos, as tarefas e as atividades envolvidas no processo.

> **Materiais:** As coisas necessárias para fazer o trabalho — por exemplo, as matérias-primas necessárias para fazer um produto ou as informações necessárias para fornecer um serviço.

> **Ambiente:** A área de trabalho — talvez uma sala ou uma superfície precise estar sem poeira ou a temperatura ambiente deva estar dentro de parâmetros definidos.

Concentrar-se no PEMMA o ajuda a pensar diferentemente ao considerar o que um processo de fato é. (Todos os elementos do PEMMA também se combinam para influenciar os resultados de seus processos em relação à variação — como mostrado no Capítulo 8.)

Identificando os elementos de um processo

O conceito de processos e PEMMA se aplica a tudo o que você faz, de levantar de manhã e fazer uma xícara de chá até fazer um pedido online. Todas essas atividades podem ser divididas em uma série de etapas. O modelo de processo mostrado na Figura 3-1 tem o PEMMA em seu âmago (o "processo"), mas também se baseia nele e ajuda você a pensar nas exigências mais amplas do processo. Para atender às exigências de seus clientes (os CTQs, explorados nos Capítulos 2 e 4), os elementos do processo devem ser abordados.

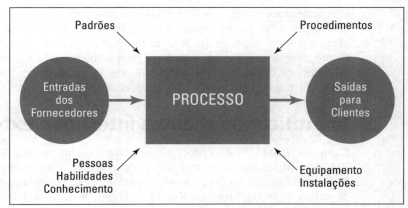

FIGURA 3-1: Usando um modelo de processo.

© Martin Brenig-Jones e Jo Dowdall

Garantir que os CTQs sejam compreendidos e acordados é o primeiro requisito de um processo. Na maioria das vezes, a falta de qualidade ou o retrabalho é o resultado direto da não compreensão ou definição correta dos requisitos do cliente. Mesmo para coisas aparentemente simples, um pouco de tempo extra gasto na tradução da voz do cliente e no esclarecimento das exigências pode ajudar a economizar tempo e potenciais transtornos mais tarde. Uma vez que as exigências do cliente tenham sido acordadas, determinar suas próprias exigências com relação aos fornecedores é o próximo passo. Agora você é o cliente, portanto, passe tempo com seus fornecedores para garantir que suas necessidades sejam devidamente compreendidas e acordadas.

Tenha o número certo de pessoas trabalhando no processo e verifique se elas têm o conhecimento e as habilidades necessárias. Se não tiverem, será necessário ministrar o treinamento apropriado.

Você precisará documentar o processo (ou procedimentos) também. Os processos documentados (na forma de palavras, imagens ou vídeos) devem descrever precisamente como o trabalho é feito — o método — e ser desenvolvidos, acordados, devidamente documentados e mantidos atualizados, sobretudo em uma cultura de Melhoria Contínua, em que aprimoramentos são feitos regularmente no processo. É importante que sejam simples de seguir e compreender.

A descrição correta dos padrões relevantes também é algo sensato. Podem muito bem fazer parte do método, aplicando-se, por exemplo, a exigências regulatórias ou a acordos no nível do serviço que precisam ser seguidos. Assim como os procedimentos, os padrões devem ser documentados de uma maneira facilmente acessível. Da mesma forma, se restrições orçamentárias ou limites de autoridade em determinadas ações se aplicarem, a administração deverá assegurar que as pessoas no processo conheçam os detalhes.

Equipamentos e instalações são necessários para operar o processo e precisam ser capazes de atender ou exceder as exigências do cliente. Devem ser apropriados desde o primeiro dia, localizados no lugar certo e mantidos corretamente a partir daí. Também garanta que o ambiente seja apropriado para a atividade. As instalações se relacionam ao elemento "ambiente" do PEMMA e podem incluir ter o espaço de trabalho adequado, por exemplo.

Identificando clientes internos e externos

É provável que todos seus processos envolvam outras pessoas. Haverá pessoas envolvidas nas diferentes etapas do processo. Elas podem ser membros de sua equipe ou departamento, mas também podem estar em outros departamentos ou funções. Haverá também pessoas que fornecerão os insumos necessários para iniciar o trabalho — por exemplo, informações, talvez um cronograma de produtos disponíveis ou um pedido aprovado. Essas são seus fornecedores. Haverá pessoas que receberão os resultados de seu processo. Essas são seus clientes. Fornecedores e clientes podem ser internos (de dentro de sua organização), externos (de fora de sua organização) ou ambos!

É importante saber quem são os clientes internos e os fornecedores, e como eles se encaixam, porque, juntos, formam o processo de ponta a ponta, o fluxo de valor que, em última instância, fornece ao cliente externo o serviço ou o produto que ele está procurando.

Considere a Figura 3-2. O Departamento A produz saídas para o Departamento B, que produz saídas para o Departamento C, que fornece a resposta a uma consulta externa do cliente. Cada um desses departamentos está envolvido no processo e precisa compreender os objetivos do "grande processo" ou do sistema geral.

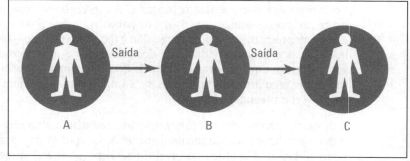

FIGURA 3-2: Identificando seus clientes internos.

© Martin Brenig-Jones e Jo Dowdall

Com demasiada frequência, os departamentos trabalham no vácuo, fazendo suas próprias coisas sem levar em conta seu impacto no processo de ponta a ponta. Eles podem ter suas próprias metas, medidas e prioridades, por exemplo. Possivelmente, o processo de ponta a ponta ou o fluxo de valor nem sequer é conhecido; cada equipe ou departamento envolvido trabalha como se seu passo no processo fosse independente de qualquer outro. Na realidade, o processo de ponta a ponta é uma série de etapas interdependentes, e o sistema geral é composto por uma série de processos.

Os clientes internos e os fornecedores devem entender seu relacionamento e como seus diferentes papéis contribuem para "o quadro geral". Se não o fizerem, os clientes externos receberão um serviço ou um produto ruim — as exatas pessoas que devem ser vistas como as mais importantes porque estão pagando à organização pelos serviços ou produtos que fornecem.

Mesmo que você não esteja lidando diretamente com o cliente externo, é bem provável que esteja lidando com alguém que está. Portanto, compreender o quadro geral é importante e atender às exigências de seus clientes internos pode muito bem ser a chave para atender com sucesso os CTQs dos clientes externos. O Quality Function Deployment — QFD (Desdobramento da Função Qualidade) é útil aqui. Ele estabelece uma ligação clara entre cada exigência do processo e o cliente final, facilitando que cada funcionário possa ver o papel que desempenha no atendimento das exigências do cliente. Falamos sobre o QFD no Capítulo 14.

Obtendo um Retrato de Alto Nível

Para realmente entender como o trabalho é feito e identificar quem são os clientes internos e externos, você precisa desenhar um retrato do processo. Tais imagens são conhecidas como *Mapa de processo* ou *Mapa de Fluxo de Valor* (abordados em detalhes no Capítulo 5). Nessa fase, evite entrar em detalhes, pois informações em excesso podem tirar o foco. Seja simples e de "alto nível".

Resista à tentação de captar o que "deveria acontecer" e capte o que realmente "acontece". Você pode se surpreender com as diferenças entre os dois. É importante criar um ambiente seguro no qual as pessoas se sintam confortáveis para falar sobre o que realmente acontece (incluindo os podres) sem medo de punição. Se você não discutir os "podres", poderá perder a oportunidade de enfrentá-los.

É possível mapear os processos em vários níveis. Logo no topo de uma organização, estão alguns processos de nível muito alto que descrevem o que a organização faz, tais como o "desenvolvimento de negócios". Esses processos de Nível 1 se dividem em vários subprocessos que descrevem como o trabalho é realizado. Os processos de Níveis 2 e 3 aumentam gradualmente a quantidade de detalhes. Você pode, então, desenvolver os processos de Nível 4 ou 5 que descrevem as tarefas e os elementos processuais passo a passo.

Nosso exemplo na Figura 3-3 tem o "desenvolvimento empresarial" no Nível 1 e mostra os diversos subprocessos até o Nível 3.

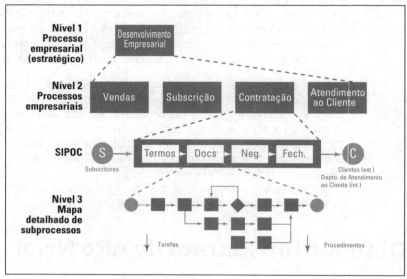

FIGURA 3-3: Níveis do processo.

© Martin Brenig-Jones e Jo Dowdall

Desenhando um mapa de processo de alto nível

Bem-vindo à invasão dos SIPOCs! Os SIPOCs podem parecer criaturas de um filme de ficção científica, mas são muito mais amigáveis e úteis do que isso. SIPOC é um mapa de processo de alto nível que fornece uma estrutura para ajudá-lo a entender melhor seu processo, clientes e fornecedores. Ele incentiva a pensar sobre o que precisa ser medido no processo para ajudar a entender o desempenho e as oportunidades de melhoria (abordados nos Capítulos 7 e 8). A Figura 3-4 mostra o modelo SIPOC, que é formado pelas iniciais das seguintes palavras em inglês:

52   PARTE 2 **Fundamentos do Lean Six Sigma**

» **Suppliers [Fornecedores]:** Pessoas, departamentos ou organizações que fornecem as "entradas" necessárias para operar o processo. Quando eles lhe enviam um formulário de consulta ou um pedido, o cliente externo também é incluído como fornecedor no processo, pois eles estão fornecendo um insumo! Os fornecedores também incluem órgãos reguladores que fornecem informações e empresas que lhe fornecem equipamentos ou matérias-primas.

» **Inputs [Entradas]:** Formulários ou informações, equipamentos ou matérias-primas, ou mesmo as pessoas de que você precisa para realizar o trabalho. Para as pessoas, o fornecedor pode ser o departamento de recursos humanos ou uma agência de emprego.

» **Process [Processo]:** No diagrama SIPOC, o P apresenta uma imagem das etapas do processo em um nível relativamente alto, geralmente Nível 2 ou 3, como mostrado na Figura 3-3.

» **Outputs [Saídas]:** Uma lista das coisas que seu processo fornece aos clientes internos e externos. Suas saídas se tornarão as entradas para os processos deles.

» **Customers [Clientes]:** Os diferentes clientes internos e externos que receberão as diversas saídas do processo.

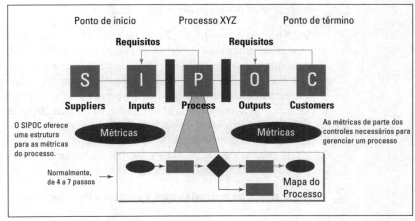

FIGURA 3-4: Modelo SIPOC.

© Martin Brenig-Jones e Jo Dowdall

O modelo SIPOC identifica seus clientes e as saídas de que eles precisam, apresenta um mapa de processo de alto nível, geralmente compreendendo de quatro a sete passos, identifica os fornecedores e confirma as necessidades de entrada a partir deles.

LEMBRE-SE

O cliente também pode ser um fornecedor, especialmente das informações de que você precisa.

CAPÍTULO 3 **Identificando os Clientes de Seu Processo** 53

Alguns se referem ao SIPOC como COPIS, pois, quando criam o diagrama, começam com o Cliente no lado direito do modelo antes de listar as saídas que chegam até eles.

Nas edições anteriores deste livro da *Para Leigos*, demonstramos a técnica SIPOC usando o método COPIS, começando pelo cliente e trabalhando de trás para a frente. Nesta versão, mostraremos como começamos com o processo e trabalhamos a partir do centro. Na verdade, há muitas maneiras diferentes de criar seu SIPOC. Uma razão para começarmos com o processo é que achamos mais fácil identificar todas as saídas e os clientes que as receberam uma vez que definimos quais são as etapas do processo. Talvez queira praticar métodos diferentes e encontrar o que funciona melhor para você.

A melhor maneira de criar seu diagrama SIPOC é reunir a equipe em torno de uma grande folha de papel ou ferramenta de colaboração online e seguir estes passos. Após iniciar o processo, não importa se você trabalha para a esquerda (entradas) ou para a direita (saídas), desde que as capte (a Figura 3-5 mostra um exemplo de como pode ficar).

1. **Defina todos os passos no processo.**

    Use notas autoadesivas (ou notas autoadesivas virtuais) para criar uma imagem de alto nível do processo. Em geral envolve de quatro a sete etapas. Não vá além disso, caso contrário, você estará lidando com muitos detalhes cedo demais (o Capítulo 5 mostra o Mapeamento do Fluxo de Valores e do processo em detalhes).

    Você pode representar os pontos de início e término com formas ovais, as etapas do processo com quadrados e os pontos no processo que envolvem questões com losangos. Os losangos são pontos de decisão, como, por exemplo, mostrando a necessidade de fazer algo diferente se você estiver lidando com o produto A ou o produto B, ou onde diferentes níveis de autoridade podem entrar em operação na subscrição de um empréstimo, talvez com base no valor dele. Os losangos tendem a não ser tão relevantes no diagrama SIPOC, embora haja momentos em que você precisará usá-los. Na Figura 3-4, incluímos um meramente para referência. A Figura 3-5 usa apenas quadrados.

2. **Liste todas as entradas que aparecem no processo.**

    Inclua formulários de pedidos e informações, materiais, critérios, e assim por diante. Como mostrado na Figura 3-5, você pode usar setas para mostrar quais entradas estão relacionadas a quais etapas do processo.

3. **Identifique de onde vêm todas as diferentes entradas.**

    Em S de Suppliers (Fornecedores), liste as fontes de todas suas entradas. Mais uma vez, use setas para esclarecer quem está fornecendo o quê. Lembre-se de que alguns clientes podem ser fornecedores, pois podem estar fornecendo um insumo, como uma solicitação ou um pedido.

4. Liste todas as saídas provenientes do processo.

Além das "principais" saídas (como os produtos produzidos por seu processo), pode haver outras, como registros criados, documentos arquivados e resíduos a serem descartados. Nessa fase (lembre-se de que estamos lidando com os "podres" aqui) pode haver também algumas saídas indesejáveis, como retrabalho ou desperdícios.

5. Liste todos os clientes que recebem saídas.

Inclua clientes internos e externos, como, por exemplo, gerentes que recebem relatórios ou informações. Considere terceiros, tais como, órgãos reguladores, quando relevante. Pode ser útil desenhar setas mostrando quem recebe quais saídas.

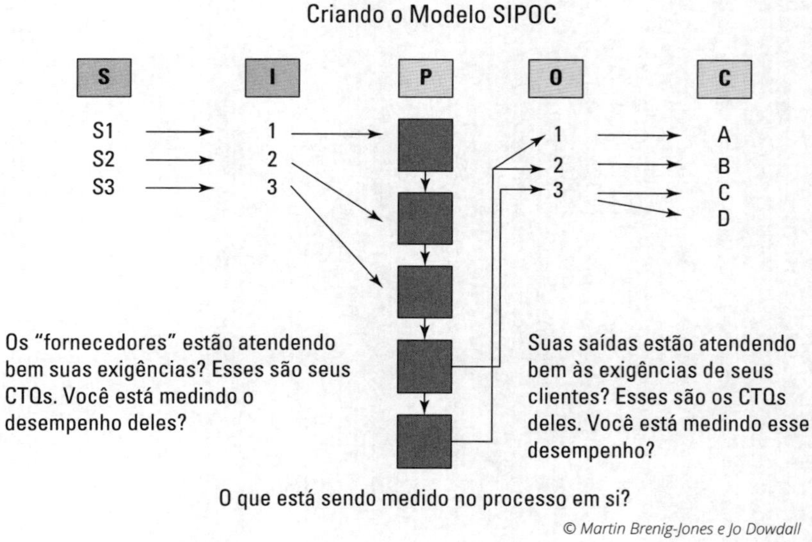

Criando o Modelo SIPOC

Os "fornecedores" estão atendendo bem suas exigências? Esses são seus CTQs. Você está medindo o desempenho deles?

Suas saídas estão atendendo bem às exigências de seus clientes? Esses são os CTQs deles. Você está medindo esse desempenho?

O que está sendo medido no processo em si?

© Martin Brenig-Jones e Jo Dowdall

FIGURA 3-5: Criando o modelo SIPOC.

Os SIPOCs fornecem uma checklist útil, identificando quem são seus clientes e os resultados que vão para eles. Eles destacam áreas onde é necessária maior clareza, especialmente em relação às exigências e aos resultados. Eles também o ajudam a se concentrar no que precisa ser medido, como, por exemplo, até que ponto está entregando os resultados a seus clientes e até que ponto seus fornecedores estão atendendo às suas exigências? (A medição é abordada com mais detalhes nos Capítulos 7 e 8, sendo o foco do Capítulo 8 como você apresenta os dados e compreende os resultados.)

A criação de um mapa do processo SIPOC é uma oportunidade para começar a pensar sobre os vários elementos envolvidos no processo, se você tem todas as informações necessárias e se a segmentação dos clientes é necessária.

Segmentando os clientes

Ao desenvolver seu mapa de processo SIPOC, você precisa identificar seus clientes e as saídas que vão até eles. Possivelmente, você classifica ou segmenta os clientes de alguma forma, por exemplo, por tamanho ou localização geográfica.

Pense cuidadosamente sobre esses diferentes segmentos de clientes. Será que eles realmente têm CTQs diferentes? As saídas do processo serão as mesmas para cada segmento ou variarão até certo ponto?

Analisamos a segmentação com um pouco mais de detalhe no Capítulo 4, mas esteja certo de que seu mapa SIPOC e o pensamento que o acompanha levam em conta de forma adequada os diferentes segmentos de clientes.

> **NESTE CAPÍTULO**
> » Apresentando o modelo Kano
> » Ouvindo a voz do cliente
> » Tornando mensuráveis as exigências do cliente

Capítulo 4
Entendendo as Necessidades do Seu Cliente

Ao nos concentrarmos em nossos clientes, procuramos oferecer valor para eles. Entre outras coisas, isso significa os produtos e os serviços certos, no momento certo, com o preço e a qualidade certos. E, é claro, no lugar certo. Isso é muito para acertar!

Ao longo deste livro, fazemos várias referências à "voz do cliente" (VOC — Voice of the Customer) e aos CTQs (Critical to Quality — requisitos Críticos para a Qualidade). A voz do cliente ajuda a compreender os requisitos e as exigências dele. Essa expressão descreve as informações provenientes do cliente, talvez por meio de pesquisa de mercado ou discussão presencial, o que permite determinar os CTQs dos clientes e o que valor significa para eles. Os CTQs são elementos vitais no Lean Six Sigma, fornecendo-lhe a base para avaliar se está desempenhando bem de modo a atender às exigências dos clientes. Este capítulo examina como obter a VOC e desenvolver os CTQs.

Considerando o Modelo Kano

Na tentativa de compreender as exigências dos clientes e sua percepção de valor, é útil entender o modelo Kano, como mostrado na Figura 4-1.

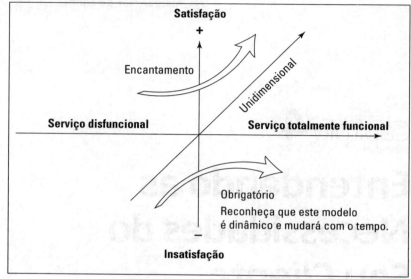

FIGURA 4-1: Conhece o modelo Kano? Você deve conhecer os requisitos obrigatórios.

Desenvolvido pelo professor Kano, da Universidade de Tóquio, o modelo analisa as exigências dos clientes e ajuda a entender como eles perceberão o serviço e os produtos que você fornece. O modelo Kano inclui três categorias principais:

» **Obrigatórios:** São às vezes referidos como requisitos não verbalizados do cliente. Para o cliente, são tão obviamente necessários, que não esperam precisar detalhá-los. Atender a essas exigências não aumenta a satisfação do cliente; é o mínimo absoluto que ele espera. Mas o cliente ficará muito insatisfeito se não for atendido — portanto, abra mão deles por sua própria conta e risco. Os requisitos obrigatórios também são às vezes referidos como *causadores de insatisfação*.

» **Unidimensionais:** Quanto mais desses requisitos forem atendidos, maior será o nível de satisfação do cliente. Os requisitos podem estar relacionados às características do produto, aos elementos de prestação de serviços ou a ambos. Os unidimensionais são às vezes referidos como *causadores de satisfação*.

> **Encantamento:** Aqui o cliente fica surpreso e encantado com algo que você fez, e sua satisfação aumenta. Note que as outras coisas precisam ser feitas corretamente para que os encantamentos tenham o efeito desejado. Se os obrigatórios não estiverem corretos, os encantamentos não conseguirão fornecer o fator "uau".

Lembre-se, porém, de que as coisas mudarão com o passar do tempo. Um causador de satisfação unidimensional pode se tornar um obrigatório, e um encantamento pode se tornar um unidimensional.

Vamos colocar todas essas informações em contexto. Quais são suas exigências obrigatórias quando leva seu carro ao mecânico? Talvez seja que o serviço tenha sido executado corretamente. Alguns anos atrás, isso era tudo que você esperava. Mas os encantamentos começaram a aparecer. O carro foi limpo por dentro e por fora! A oficina se ofereceu para buscar e devolver o carro ou fornecer um carro de cortesia enquanto trabalhava no seu. Outras oficinas passaram a oferecer um serviço de espera com café e bolachinhas de cortesia. Um avanço recente que teve um impacto real na satisfação do cliente foi o acréscimo de um passeio "virtual" pelo serviço. Os mecânicos agora rotineiramente filmam o serviço e as descobertas e enviam isso ao cliente para assegurar que quaisquer problemas identificados durante o serviço são genuínos.

Muito rapidamente, os encantamentos se tornaram unidimensionais. E para alguns clientes, tornaram-se requisitos obrigatórios! O modelo é dinâmico. Entretanto, tenha em mente que haverá outros clientes também que só querem um serviço básico, sem frescuras. Eles não verão nenhum valor nos extras pelos quais estão pagando, ainda que estejam nos custos ocultos ligados à taxa de serviço. A compreensão de seus diferentes segmentos de clientes é vital se você quer fornecer valor e atender aos CTQs deles (como discutimos no Capítulo 2).

Obtendo a Voz do Cliente

Descobrimos o que nossos clientes querem falando com eles, escutando-os e observando-os. Você pode obter a voz do cliente em muitos lugares, tais como resultados de pesquisas de mercado, em grupos de discussão, acessos ao site de sua organização e reclamações de clientes. O truque é traduzir o que o cliente diz em um requisito ou exigência mensurável — o requisito do cliente Crítico para a Qualidade (CTQ). Você coleta informações de seus clientes a fim de entender suas necessidades, identificar as questões-chave e traduzi-las em termos que significam algo para sua organização e que você pode medir.

CUIDADO

Ouvir a voz do cliente (VOC) trata de determinar os requisitos de seu cliente, e não as soluções para atender a esses requisitos — também não se trata de chegar a conclusões precipitadas sobre o que eles significam!

Fazer as coisas corretamente em geral envolve uma série de conversas com o cliente, o Dono do Processo e todas as outras pessoas envolvidas no processo. *Dono do Processo* é a pessoa responsável pelo processo, por exemplo, um gerente ou um diretor; ele precisa assegurar que o processo seja projetado e gerenciado para atender aos CTQs, para que possa entender o que o cliente está dizendo.

DICA

Há vezes em que o cliente talvez não seja totalmente claro sobre seus requisitos e exigências. Reflita sobre suas interpretações para garantir que estejam corretas.

Olhando de fora para dentro

Muitas organizações presumem que sabem o que os clientes querem — mas nem sempre é o caso. Mesmo quando você tenta ser objetivo, o fato de conhecer tão bem seus produtos e serviços e entender o jargão de seu local de trabalho significa que ver as coisas sob o ponto de vista dos clientes é, na verdade, bastante difícil.

Os clientes não são todos iguais. Eles têm uma variedade imensa, e seus clientes podem ter requisitos diferentes, até para o "mesmo" produto ou serviço. É essencial identificar os diferentes segmentos de clientes com os quais sua organização lida e reconhecer que cada um pode ter CTQs diferentes. Por exemplo, uma pequena empresa pode ficar feliz em receber seus produtos mensalmente, enquanto uma empresa maior pode precisar de entregas diárias desses mesmos produtos.

Observando os segmentos de clientes

O agrupamento de seus clientes em segmentos o ajuda a ver as diferentes exigências deles. Ao segmentá-los, você pode desenvolver produtos e serviços corretos para cada grupo e criar medidas específicas que o ajudarão a compreender seu desempenho no atendimento às diferentes exigências de seus clientes. Para ajudá-lo a segmentar os clientes, liste algumas categorias que descrevem tanto os clientes atuais quanto as pessoas ou as organizações que você considera como clientes potenciais. Você também pode analisar os clientes anteriores dessa maneira.

Considere as seguintes possíveis categorias de segmentação em relação aos seus clientes:

» Setor
» Tamanho
» Orçamento
» Localização geográfica
» Uso final
» Características de produto
» Características de compra
» Sensibilidade a preço/custo
» Idade
» Sexo
» Fatores socioeconômicos
» Frequência de compra/uso
» Líder de impacto/opinião
» Fidelidade
» Canal
» Tecnologia

Naturalmente, você precisa determinar as categorias que são relevantes para sua própria organização, mas essa lista é um bom ponto de partida. Se apropriado, você também pode criar segmentos mais abrangentes de clientes para incluir, por exemplo, a frequência de compras e gastos.

Priorizando seus clientes

Cada cliente é importante, mas alguns utilizam seus serviços com mais frequência ou são mais críticos do que outros com relação à sua empresa. Talvez você precise dedicar mais tempo e recursos a esses clientes em particular.

DICA

O economista italiano Vilfredo Pareto desenvolveu a ideia da regra 80:20, quando descreveu como 80% da riqueza de seu país estava nas mãos de 20% da população. Sua organização pode muito bem ter "poucos" clientes vitais, talvez 20% que lhe forneçam 80% de sua margem. Se for esse o caso, esses clientes são muito importantes para o sucesso contínuo de seu negócio, e é crucial compreender as exigências e as percepções de seu desempenho com algum detalhe.

CAPÍTULO 4 **Entendendo as Necessidades do Seu Cliente** 61

Você pode priorizar por segmento de cliente, mas precisa compreender a forma mais apropriada de priorizar os clientes para sua organização. Para muitas organizações, a prioridade pode ser a receita, porém, mais sensatamente, deve ser o lucro. À medida que sua compreensão dos clientes aumenta, você achará mais fácil determinar as prioridades de sua organização.

Concentrar-se verdadeiramente nos clientes, em vez de apenas dizer da boca para fora, requer um investimento real na compreensão das necessidades deles. Saber quem eles são, como estão segmentados e quem são seus clientes prioritários é um pré-requisito vital para sua pesquisa e coleta de dados.

Seus clientes podem ser tanto internos quanto externos. Pensar em termos de processos ajuda a identificar onde você precisa se concentrar e destaca quem são seus clientes internos. A ferramenta SIPOC explicada no Capítulo 3 o ajudará a fazer isso.

Pesquisando os Requisitos

A pesquisa sobre seus clientes segue uma progressão natural. Você pode começar com pouca ou nenhuma informação sobre eles, mas terminará com uma coleção de necessidades e expectativas quantificadas e priorizadas dos clientes. Você também poderá obter informações sobre como seus concorrentes conseguem atender às necessidades dos clientes deles — e dos seus!

Comece investigando quais informações você já tem e depois determine as lacunas nas informações dos clientes.

Em seguida, precisa desenvolver um plano de pesquisa sobre o cliente que o leve de onde você está neste momento até onde precisa ou quer estar, para que possa preencher as lacunas.

Use a Tabela 4-1 para ajudá-lo a determinar a sequência de seu plano de pesquisa.

TABELA 4-1   **Pesquisando os Requisitos**

Entrada	Método de Pesquisa	Saída: O que Você Obtém
Nenhuma informação	Grupo de entrevistas/focal O que é importante?	O cliente quer e precisa (ideias gerais, não priorizadas, não claras, todas qualitativas)
Desejos e necessidades preliminares e conhecidos do cliente	Grupo de entrevistas/focal Quais são mais importantes?	O cliente quer e precisa (priorização preliminar mais clara e específica) Entrada de clientes para a lista de concorrentes, os melhores da categoria
Desejos e necessidades priorizados e qualitativos do cliente	Pesquisa Presencial Correspondência Telefone Eletrônico	Desejos e necessidades priorizados e quantificados do cliente Informações comparativas de concorrentes

A Tabela 4-1 o ajuda a pensar sobre as informações que já tem e sobre aquelas que precisa obter, além de como fazer isso.

Se você tem pouca ou nenhuma informação para começar, o primeiro passo é entrevistar alguns clientes representativos, talvez em um grupo focal, para ajudá-lo a entender o que é importante para eles sobre o serviço ou o produto que você está oferecendo. Você deve conseguir captar algumas ideias gerais sobre os desejos e as necessidades deles, embora seja improvável que sejam totalmente claras, e provavelmente você não conseguirá priorizá-las ainda. Esse primeiro passo o ajuda a determinar as necessidades preliminares dos clientes e lhe permite agora realizar algumas entrevistas ou grupos focais mais detalhados.

A segunda linha da Tabela 4-1 mostra como uma análise mais detalhada deve levar a uma imagem mais clara das necessidades do cliente e, pelo menos, a uma priorização preliminar delas. Essa etapa também lhe dá a oportunidade de perguntar aos clientes sobre sua experiência com os concorrentes.

Com essa imagem clara, você pode passar para a terceira linha da tabela. Suas entrevistas e grupos focais terão sido realizados com um número relativamente pequeno de clientes. Essa abordagem é descrita como pesquisa *qualitativa*. Agora você precisa testar seus pontos de vista e suas opiniões, conduzindo pesquisas com um número maior de clientes. Essa abordagem é descrita como pesquisa *quantitativa*, envolvendo uma enquete.

A pesquisa quantitativa é importante pois lhe permite sentir a confiança de que tem uma imagem verdadeira dos desejos e das necessidades do cliente. Os resultados da pesquisa qualitativa podem ter sido distorcidos de alguma forma se você inadvertidamente incluiu clientes não representativos. Por exemplo, talvez tenha realizado uma pesquisa sobre um produto luxuoso, mas entrevistou clientes de um segmento de mercado diferente por engano. O mesmo problema pode ocorrer quando os clientes não respondem à sua pesquisa. Existe alguma razão particular para que não tenham respondido, mas outros o fizeram? Essa situação é conhecida como "tendência de não resposta" e pode ser igualmente problemática.

Ao planejar sua pesquisa, esteja ciente das seguintes questões:

» O cliente pode lhe oferecer uma "solução", em vez de expressar suas reais necessidades. Pergunte ao cliente "Por que você quer isso?" até que entenda de fato a real necessidade.

» Clientes diferentes podem perceber o mesmo produto ou serviço de forma distinta. Por exemplo, uma camisa que exibe o logotipo do estilista pode exigir um preço premium em relação a um artigo semelhante sem o logotipo, mas apenas para alguns clientes.

» Lembre-se de que nem sempre os clientes realmente usam o produto ou o serviço da forma como disseram que o utilizariam!

EXEMPLO

Durante muito tempo, o ketchup Heinz foi notoriamente difícil de sair da garrafa. Os usuários tinham que agitar ou dar tapinhas na garrafa e esperar muito tempo para que o ketchup caísse sobre seus alimentos. Nos anos 1970, houve até uma campanha publicitária que utilizava a frase "Vale a pena esperar por coisas boas". O designer Paul Brown observou que os clientes muitas vezes armazenavam suas garrafas de ketchup de cabeça para baixo para torná-las mais fáceis de servir, mas que isso poderia resultar em excesso de ketchup saindo da garrafa. Ele projetou uma válvula que permitia aos usuários espremer o ketchup de uma garrafa em estilo invertido e tornava nossa vida mais fácil! Heinz pôde então usar a frase "Pronto quando você quiser" para promover o produto.

» Clientes externos geralmente expressam *necessidades de eficácia* — relacionadas ao valor que recebem do produto ou do serviço. Os clientes internos, por outro lado, tendem a expressar *necessidades de eficiência* — relacionadas à quantidade de recursos alocados ou consumidos para atender às necessidades dos clientes.

Entrevistando seus clientes

As entrevistas com clientes são úteis como uma técnica de pesquisa. O objetivo dessas entrevistas é *compreender* necessidades e exigências, valores e pontos de vista sobre questões de serviço, atributos de produto/serviço e indicadores/medidas de desempenho de um cliente específico. As entrevistas com clientes são úteis e permitem que você explore problemas com eles ao realizá-las.

Estas são as vantagens das entrevistas com clientes:

» Flexibilidade: você pode obter explicações mais detalhadas ao sondar e esclarecer.

» Maior complexidade: é possível administrar questionários mais complexos, além de poder explicar as perguntas aos entrevistados.

» Possibilidade de alcançar todos os tipos de clientes: você pode entrevistar populações que são difíceis ou impossíveis de alcançar com outros métodos.

» Alta taxa de resposta: este processo de coleta de informações obtém um grau maior de alcance a todos os alvos.

» Garantia de que as instruções são seguidas: visto que a entrevista ocorre presencialmente, você pode garantir que todos os passos sejam seguidos.

Estas são as desvantagens das entrevistas com clientes:

» Podem ser caras de aplicar.

» São a forma menos confiável de coleta de dados, visto que o entrevistador pode influenciar as respostas ao questionário.

» É possível haver menos anonimato.

» Leva tempo realizar e transcrevê-las.

» Pode ser difícil gerar evidências quantitativas sustentáveis.

» Pode ser difícil analisar os resultados.

» O tamanho da amostra talvez não seja suficiente para extrair conclusões sustentáveis.

» Haver diferentes entrevistadores fazendo as perguntas de determinada maneira pode resultar em viés (veja a seção "Evitando o Viés", posteriormente neste capítulo).

» Podem ocorrer respostas tendenciosas, quando as pessoas dão avaliações mais positivas em entrevistas pessoais.

DICA

Faça perguntas abertas para que o entrevistado fale, em vez de fazer uma série de perguntas fechadas que simplesmente suscitam uma resposta de sim ou não. O segredo é ouvir o que o cliente está dizendo — suas respostas geralmente fornecem soluções para algumas questões específicas sobre as quais você precisa de informações.

Centrando nos grupos focais

Grupos focais são entrevistas geralmente envolvendo de seis a dez pessoas ao mesmo tempo no mesmo grupo. Tipicamente, eles duram de duas a três ou quatro horas. Os grupos focais são um meio poderoso para captar pontos de vista e opiniões, para avaliar serviços ou testar novas ideias, ou (no contexto deste capítulo) para esclarecer e priorizar os requisitos e as exigências dos clientes.

Essencialmente, um grupo focal é uma discussão cuidadosamente planejada para obter percepções a respeito de uma área de interesse definida em um ambiente não ameaçador. Ouvir os membros do grupo focal é fundamental!

Os participantes do grupo focal devem compartilhar características relacionadas com o tópico do grupo; todos estando no mesmo segmento de clientes, por exemplo. Para evitar vieses, é sensato haver mais de um grupo focal; crie no mínimo três.

Os grupos focais são usados:

» Para esclarecer e definir as necessidades do cliente.
» Para obter insights sobre a priorização de necessidades.
» Para testar conceitos e receber feedback.
» Como um passo seguinte às entrevistas com os clientes ou um passo preliminar em um processo de pesquisa.

Os participantes serão solicitados a discutir exaustivamente bem poucos tópicos, e muitas vezes apenas três ou quatro perguntas serão feitas durante o grupo focal. Serão perguntas muito gerais, tais como "O que você acha importante na prestação de serviços em geral" ou "O que faz você sentir que recebeu um serviço bom ou ruim?"

Os grupos focais têm como objetivo fazer os participantes falarem e você ouvir, idealmente gravando a discussão para uma análise subsequente.

Considerando as enquetes de clientes

Você pode realizar enquetes com clientes de diversas maneiras: pessoalmente, em papel ou eletronicamente. Elas permitem medir a importância ou o desempenho das necessidades e das exigências dos clientes. Você pode verificar os resultados de seu grupo focal com um grupo maior de clientes.

Os prós e os contras das enquetes de clientes são mostrados na Tabela 4-2.

TABELA 4-2   Prós e Contras das Enquetes de Clientes

Vantagens	Desvantagens
Baixo custo	Baixa taxa de retorno
Eficiência de amostras maiores	Viés de não resposta
Fácil acesso a respondentes difíceis de alcançar	Pouco controle
Não há viés do entrevistador (mas seja cuidadoso ao criar as perguntas)	Limitações das perguntas
Potencial de usar recursos visuais	Potencial má compreensão das perguntas ou da escala de avaliação
Alta confiabilidade e validade	Supersimplificação do formato
	Lentidão — exige desenvolvimento
	Exige pré-testes
	Dificuldade de obter nomes

Usando observações

Observações são outra forma de identificar as necessidades dos clientes. Observar os clientes proporciona uma maneira eficaz de entender como eles utilizam e visualizam seus produtos e serviços. Por exemplo, ao observar os padrões de compra dos clientes, os supermercados posicionam estrategicamente os produtos em sua loja para aumentar as vendas. Os produtos-chave que atraem os clientes mais idosos são posicionados nas prateleiras do meio, para que não tenham que se curvar ou esticar para alcançá-los.

EXEMPLO

A Toyota aloca alguns de seus engenheiros para que possam viajar como passageiros nos carros dos clientes, permitindo-lhes observá-los dirigindo em primeira mão. Um resultado de tais observações foi a introdução de porta-copos nos carros da Toyota. Os engenheiros observaram crianças nos assentos traseiros segurando bebidas, mas não tendo onde colocá-las. A inclusão de porta-copos pode não ter aumentado as vendas tanto assim, mas agora são um requisito padrão para a maioria dos compradores, e sua inclusão em um carro como "padrão" ajuda a manter ou aumentar o nível geral de satisfação do cliente. Os porta-copos são um bom exemplo de modelo Kano na prática, onde sua introdução foi um fator "uau" ou de encantamento, mas sua inclusão em carros e SUVs rapidamente se tornou "obrigatória".

Evitando o Viés

Independentemente da abordagem adotada para coletar informações da voz do cliente (VOC), você precisa reconhecer o potencial de tendenciosidade. Há a possibilidade de você fazer as perguntas erradas ou perguntar aos clientes errados porque não os segmentou adequadamente, ou simplesmente interpretar mal, de forma deliberada ou não, o que o cliente diz.

CUIDADO

Você precisa realmente ouvir o que o cliente diz — não o que você acha que ele está dizendo ou o que gostaria que ele dissesse! Em um grupo focal, fazer perguntas bem abertas é o melhor. Ouça as respostas. Conduzir os clientes ao longo de uma série de perguntas fechadas resulta em respostas fechadas, que depois são abertas à interpretação e ao viés.

Nos questionários, a redação das perguntas é vital. Cada pergunta deve tratar apenas de um único aspecto. Assim, por exemplo, talvez você peça que o cliente avalie seu desempenho em uma escala de um a cinco, onde um é ruim e cinco é excelente. Suponha que você faça esta pergunta: "Em sua opinião, como avalia nosso desempenho em termos de velocidade e precisão?" Então é possível receber uma resposta relacionada apenas à velocidade ou à precisão, não a ambas.

Cuidado ao fazer perguntas importantes. Por exemplo, você pode perguntar: "As organizações atenciosas devem pesquisar seus clientes todos os meses?" E o respondente é quase obrigado a dizer "sim" a fim de parecer atencioso. Uma maneira melhor de fazer essa pergunta e evitar vieses seria: "Com que frequência as organizações devem pesquisar seus clientes?" As opções de resposta devem incluir "nunca".

Considerando os Requisitos do Cliente Críticos para a Qualidade

Após ter coletado as informações da voz do cliente ou VOC (veja as seções anteriores deste capítulo), você precisará desenvolver os CTQs. Escreva os CTQs de uma forma mensurável: eles fornecem a base para seu conjunto de medição do processo. Esse conjunto permitirá que você estabeleça as medidas corretas para avaliar seu desempenho (veja o Capítulo 7).

Os CTQs o ajudam a focar as necessidades de seus clientes e fornecem a base para sua atividade de medição. A Figura 4-2 apresenta uma estrutura para ajudá-lo a definir seus CTQs. Olhando o primeiro exemplo, o CTQ para chegar à pessoa certa na primeira vez é simples de entender e medir, mas para definir o CTQ sobre a velocidade, você precisa voltar ao cliente e chegar a um consenso sobre o significado de "rapidamente". Você pode então definir um segundo requisito mensurável, tipo "A chamada é atendida em dez segundos".

FIGURA 4-2: Determinando os CTQs.

Voz do Cliente	Principal questão	CTQ
Você me coloca em espera ou me transfere para o departamento ou a pessoa errada	O cliente quer ser transferido rapidamente para a pessoa certa	• O cliente é transferido para a pessoa certa na primeira vez
Você me envia o boleto em momentos diferentes do mês	Cobrança mensal consistente	• A cobrança é recebida no mesmo dia do mês
Leva muito tempo para processar meu pedido de financiamento da casa e obter o dinheiro quando é necessário	Acelerar o processo de empréstimo para obter o dinheiro a tempo	• O cliente recebe o dinheiro na data solicitada

© Martin Brenig-Jones e Jo Dowdall

Sem esses dados, você não saberá seu desempenho ao atender às exigências do cliente, como as informações que determinam onde as ações de melhoria são necessárias.

DICA

Um CTQ não deve prescrever uma solução. Ele deve ser mensurável e, quando apropriado, ter limites superiores e inferiores de especificação e um valor-alvo. Um CTQ deve ser uma declaração positiva sobre o que o cliente quer, ao invés de uma declaração negativa sobre o que ele não quer.

Digamos que você combine um horário com um cliente, incluindo margens de flexibilidade, para ir buscar um aquecedor que precisa de reparos. O limite superior de especificação pode ser meio-dia, a especificação inferior 8h, e o horário-alvo 10h, por exemplo. Portanto, você pretende estar lá às 10h, duas horas a mais ou a menos, mas, claro, você também pretende consertar o aquecedor e devolver o calor para o cliente!

CAPÍTULO 4 **Entendendo as Necessidades do Seu Cliente** 69

O diagrama de afinidade (veja o Capítulo 9) mostra um formato útil para classificar as informações VOC em temas. Esses temas podem então ser divididos em elementos mais detalhados, como uma árvore CTQ, como na Figura 4-3.

Primeiro nível	Segundo nível	
Equipe amigável	Disposta a tirar dúvidas	↑
	Demonstra respeito	
Equipe qualificada	Conhece o processo de empréstimo	Você provavelmente precisará de mais níveis. E lembre-se, os CTQs precisam ser mensuráveis.
	Conhece o mercado	
	Entende minha situação	
Velocidade	Dinheiro quando preciso	
	Formulário rápido de preencher	
Precisão	Não comete erros	
	A taxa correta é passada	

© Martin Brenig-Jones e Jo Dowdall

FIGURA 4-3: Desenvolvendo uma árvore CTQ.

O exemplo na Figura 4-3 é de um banco que pegou os comentários de clientes em uma pesquisa e os classificou em temas. Os temas de alto nível são mostrados no primeiro nível; o segundo nível mostra alguns dos comentários dentro do tema. Esses comentários se subdividem em outro nível de detalhe (como os galhos de uma árvore) para garantir que os requisitos sejam devidamente compreendidos — portanto, uma árvore CTQ.

Ao desenvolver CTQs, em geral você pode agrupar as exigências do cliente sob conjuntos de cabeçalhos comuns. Fazemos isso e mostramos uma seleção de exemplos e medidas potenciais na Tabela 4-3. Observe que a lista não está completa, pois você pode encontrar outras categorias que se aplicam ao seu processo.

TABELA 4-3 Alguns CTQs Comuns

Agrupamento CTQ	Exemplos	Medidas
Velocidade	Contas pagas na data	Tempo decorrido e desvio do alvo
	Entregas feitas no prazo	Tempos de turnaround
	Tempo para responder chamadas	Índice de atendimento de chamadas
	Tempo de turnaround nas entregas de projetos de TI	Índice de desistência de chamadas

Agrupamento CTQ	Exemplos	Medidas
Precisão	Pedidos contendo informações corretas	Número de defeitos em pedidos, entregas, produtos ou software
	Sistema computacional que funciona	Número de ligações para a central
		Número de bugs relatados por usuários testando um novo sistema ou uma mudança de programa
Capacidade	Necessidade de lidar com o volume certo de pedidos/número de solicitações simultâneas	Número de itens por pedido
		Número de clientes
		Número de usuários concomitantes
		Número de pedidos por dia
Dados/ informação	Fácil acesso a detalhes de pedidos e status	O usuário pode acessar os detalhes do pedido e o status dentro de cinco minutos
	O desenvolvedor de software precisa entender como um módulo de software funciona antes de alterá-lo	Tempo gasto convertendo e limpando dados
		Porcentagem de módulos de software que não atende aos padrões de desenvolvimento
Segurança	Nenhum cliente ou membro da equipe se machucou nas dependências da empresa	Placar com a auditoria mensal de segurança, por exemplo, número de acidentes, quase acidentes e o tempo entre esses incidentes
Compliance	Regulação aplicável ao setor, como proteção de dados, segurança de produtos etc.	Cumpre
Dinheiro	Economia ou prevenção de custos	Custo de suprimentos
		Custos de má qualidade
		Volume e/ou custo de refugo
Meio ambiente	Política de reciclagem	Porcentagem de escritórios com recipientes de reciclagem com uso diário
	Embalagens biodegradáveis	
	Emissões	Volume ou porcentagem de lixo reciclado por tipo

Essa lista comum permite que você estruture o processo de coletar os requisitos/exigências e reduz o risco de deixar um CTQ de lado.

CAPÍTULO 4 **Entendendo as Necessidades do Seu Cliente**

Estabelecendo CTQs Reais

Interpretar as necessidades de um cliente para formar CTQs apropriados e realistas que possam ser medidos representa um desafio. Muitas vezes, os clientes chegam a soluções preconcebidas e as prescrevem como parte de suas exigências. Se você entende literalmente as exigências desses clientes, vários problemas podem ocorrer, incluindo a falta de suas exigências *reais*. O produto ou o serviço que você lhes fornece pode, então, não estar totalmente correto. Por sua vez, um mal-entendido pode levá--lo a fornecer soluções mais caras ou menos eficientes do que os CTQs específicos exigem.

O segredo para encontrar os CTQs reais é continuar desafiando o cliente perguntando "Por quê?" até que a real necessidade se torne clara. A técnica dos Cinco Porquês é descrita em mais detalhes no Capítulo 9. A seguir estão dois exemplos da vida real:

> » Um cliente interno disse: "Precisamos de um sistema SAP integrado que trate de todos os pedidos, em vez de dividi-los entre nossas diferentes divisões europeias." Mas *por que* precisamos disso?
>
> O cliente interno respondeu: "Porque os clientes pensam que somos pouco profissionais." Mas *por que* os clientes acham isso? A resposta do cliente interno explicou que os clientes recebem mais de um reconhecimento de pedido se o pedido é dividido entre as divisões.
>
> Essa resposta nos dá o verdadeiro CTQ: "Os clientes exigem o reconhecimento de um único pedido para todos os pedidos." Você pode encontrar várias soluções para atender a essa exigência sem ter que arcar com as despesas de um único sistema SAP integrado.
>
> » Um cliente interno solicita um sistema online de consulta de pedidos. Mas *por que* ele precisa disso? A resposta é que as consultas atualmente levam muito tempo.
>
> Mas *por que* as consultas demoram tanto tempo? O processo atual envolve ter que ir a quatro telas diferentes para obter as informações necessárias. Ao perguntar por que a rapidez é importante, descobrimos que o cliente fica à espera no telefone, mas que sua expectativa é que seja respondido dentro de trinta segundos.
>
> O verdadeiro CTQ se torna: "As consultas de pedidos dos clientes por telefone devem ser atendidas dentro de trinta segundos." Como no primeiro exemplo, poderia haver várias soluções para atender o CTQ — a ideia da solução online pode não ser a mais apropriada ou econômica.

Priorizando os requisitos

É vital esclarecer os CTQs de seus clientes (que descrevemos na seção anterior), mas você também precisa descobrir quais dos CTQs são especialmente importantes.

Você pode priorizar seus CTQs de várias maneiras. Pode simplesmente pedir a seus clientes que pesem seus próprios CTQs ou pode usar uma ferramenta simples, como *comparações por pares*.

A técnica de comparação por pares proporciona uma maneira de determinar prioridades e ponderar a importância dos critérios. O uso dessa ferramenta força você a fazer escolhas analisando cada par em uma lista de opções — neste caso, uma lista de CTQs. Em vez de pedir a seus clientes que identifiquem sua melhor escolha, você pede que selecionem sua preferência a partir de cada par.

Por exemplo, se tem cinco CTQs, você pergunta: "Você prioriza A ou B? A ou C? A ou D? A ou E?" Depois de A, você compara B e C, B e D, B e E, e assim por diante.

Você pode usar essa técnica de forma presencial ou virtual usando uma "grade de votação" como a mostrada na Figura 4-4, na qual os participantes fazem um círculo em torno de suas escolhas para cada comparação. No exemplo, serão expressas dez preferências. Imagine que A sai com quatro votos, B recebe três, C tem dois, mas D recebe apenas um e E não recebe nenhum. É claro que os CTQs mais importantes são A e B, com C razoavelmente importante no meio, enquanto D e E são de pouca importância, por comparação. Nessas circunstâncias, você agora sabe como é especialmente importante obter A e B certos para o cliente.

FIGURA 4-4: Comparação por pares: Você prefere este ou aquele?

Item	Descrição				
A		A/B	A/C	A/D	A/E
B			B/C	B/D	B/E
C				C/D	C/E
D					D/E
E					

© Martin Brenig-Jones e Jo Dowdall

Mensurando o desempenho com medidas focadas no cliente

Falar que está focado no cliente é muito mais fácil do que estar realmente focado nele. Usar pensamento e medidas *de fora para dentro* para avaliar seu desempenho do CTQ é uma maneira de ajudá-lo a pensar de forma diferente e se concentrar no cliente.

A determinação de seus CTQs fornece uma base para suas medidas. No Capítulo 7, analisamos as medidas e a coleta de dados com mais detalhes, mas aqui damos uma breve olhada em alguns dos diferentes pensamentos de que você precisa para se concentrar nos clientes.

Pense no que seu cliente vê e experiencia em termos de produtos, serviços e desempenho de sua organização para atender às exigências dele. Considere, por exemplo, se é fácil ser um cliente de sua organização.

DICA

Tente sair de sua organização e observe-a — isso é pensar de fora para dentro. Pense no que seus clientes veem e experienciam e considere se eles estão felizes.

Entender o que seus clientes medem é útil. Pergunte-se se eles medem as mesmas coisas que você — e depois pense em como os dados deles se comparam aos seus. Considere por que as diferenças podem ser evidentes. Depois pense no que seus clientes fazem com o resultado de seus processos: onde ele se encaixa nos processos deles. Vejamos um exemplo clássico:

As companhias aéreas ganham dinheiro quando seus aviões estão no ar. Quando um avião está fora de serviço, talvez para manutenção, a companhia aérea não ganha dinheiro — a empresa precisa que o avião esteja no ar novamente o mais rápido possível.

EXEMPLO

Os funcionários da divisão de motores de aeronaves da General Electric (GE) descobriram o valor do pensamento de fora para dentro quando perceberam que seus clientes estavam medindo o desempenho da GE de forma um pouco diferente de como a organização o fazia. A GE recebia um motor em seu processo de manutenção — e a contagem de tempo começava. Quando o serviço estava completo, a contagem parava e eles relatavam que o serviço levou "X" horas para ser concluído.

O que eles estavam esquecendo era o fato de que os clientes contavam o tempo desde quando o motor saía do avião até o momento em que era colocado de volta — o *tempo de asa a asa*. Essa expressão e o tipo de pensamento pegaram. O então CEO, Jack Welch, implantou o conceito em todas as operações e divisões da GE, no mundo todo.

Pense em como suas medidas estão correspondendo. Há um escopo para utilizar o pensamento asa a asa em seus processos?

> **NESTE CAPÍTULO**
>
> » Gemba usando Process Stapling
>
> » Desenhando um diagrama de espaguete para ver como o trabalho é feito
>
> » Criando um mapa detalhado do processo

Capítulo **5**

Entendendo o Processo

William Edwards Deming disse: "Se você não pode descrever o que está fazendo como um processo, você não sabe o que está fazendo." Ter uma imagem atualizada do que você está fazendo (o processo) torna os projetos de melhoria DMAIC (Definir, Medir, Analisar, Melhorar e Controlar) muito mais fáceis de realizar (mergulhe no Capítulo 2 para saber mais sobre como fazer o DMAIC).

A fase Medir do DMAIC é sobre entender como o trabalho é feito e se é bem feito. Analisamos o aspecto "bem feito" na Parte 3; nosso foco aqui é entender como o trabalho atualmente é feito. Somente quando você entender como o processo funciona *agora* poderá ver as oportunidades de melhoria em seu processo e gerenciar melhor o desempenho.

Descobrindo Como o Trabalho É Feito

O mapeamento de processos é o foco principal deste capítulo. Analisamos dois tipos: o fluxograma de implementação e o Mapa do Fluxo de Valor. Esses mapas se baseiam no diagrama SIPOC de alto nível, explicado no Capítulo 3, e fornecem imagens realmente úteis de como o trabalho é feito.

Antes de desenhar qualquer tipo de mapa de processo, visite o local de trabalho e veja por si mesmo o que está realmente acontecendo. Os japoneses se referem a essa observação como "ir ao Gemba".

É provável que encontre surpresas o esperando no Gemba. Muitas vezes, verá que o processo está sendo realizado de maneira diferente de como pensava que estava acontecendo, especialmente quando mais de uma equipe está envolvida. Neste capítulo, cobrimos técnicas como *Process Stapling* e *diagramas de espaguete*. Essas técnicas o ajudam a ver a realidade de seu local de trabalho e permitem identificar etapas desnecessárias e eliminar desperdícios (abordamos o desperdício em detalhes no Capítulo 10).

Praticando o Process Stapling

O Process Stapling [Grampear Processos] oferece uma maneira simples de entender realmente o processo e a cadeia de eventos. Significa seguir o processo, não sob a perspectiva da pessoa que o opera, mas sob a perspectiva da *coisa* que está passando pelo processo. Por exemplo, se é o processo de pegar um pedido do cliente, você caminharia passo a passo por todo o processo, como se você fosse o pedido.

Não importa aonde o pedido vá, você também vai. Seguindo a ordem, começa a ver o que realmente acontece, quem faz o que e por quê, como, onde e quando o faz. Você também pode ver que o pedido "ficou ocioso" durante grandes períodos de tempo, o que não só significa que nenhum valor está sendo acrescentado, mas também destaca uma falta de "fluxo".

DICA

A realização de um exercício de Process Stapling com uma pequena equipe pode ser um primeiro passo ideal. Às vezes podem haver vantagens em iniciar o exercício no final do processo e trabalhar de trás para a frente. As pessoas estarão menos familiarizadas com esse "fluxo reverso", ajudando-as a pensar mais cuidadosamente sobre as coisas.

Antes de ir ao Gemba ou fazer o Process Stapling, é uma boa prática informar à equipe que opera o processo o que você está fazendo e por que você está lá. Quando estiver no Gemba, seja respeitoso, escute, observe e aprenda.

O box "Process Stapling em ação" demonstra o poder dessa técnica. Você começa a entender todas as etapas do processo e quanto tempo e movimento estão envolvidos na execução do trabalho. O Process Stapling ajuda a identificar uma série de oportunidades de melhoria, mesmo que você não use o exercício para criar um diagrama de espaguete ou um mapa de processo.

Você pode, por exemplo, encontrar oportunidades para arrumar o local de trabalho, tornando mais fácil e seguro encontrar as coisas (falamos mais sobre organização no Capítulo 13). O exercício de Process Stapling ajuda a detectar as frustrações no processo, tais como inconsistências e atividades do tipo "por que diabos fazemos isso?" Você pode, então, ver quais etapas agregam ou não valor (desvendamos o valor no Capítulo 10).

INDO AO GEMBA

Gemba é um termo japonês que significa *lugar real*, ou seja, onde a ação está. Somente no Gemba você pode ver realmente como as coisas são feitas, e é o único lugar onde pode ocorrer uma melhoria real. Você pode conseguir elaborar novas formas de fazer o trabalho em algum local central de gestão ou em um escritório de engenharia, mas a realidade é o Gemba. É onde as coisas são definidas, e refinadas, para produzir mudanças genuínas e efetivas.

Não é raro que apenas de 10% a 15% do tempo gasto em um processo sejam dedicados a atividades que agregam valor. Captar ou visualizar isso pode gerar alguns poderosos momentos "aha!"

CUIDADO

Ao introduzir a ideia de Process Stapling, você pode encontrar algumas pessoas lhe dizendo que isso é o que elas já fazem. Mas o que realmente fazem é colocar um grupo de pessoas em uma sala e usar notas autoadesivas para ajudar na elaboração do processo. Elas não estão percebendo a questão! A imagem que desenham será o que pensam que está acontecendo. O Process Stapling permite que você veja o que está *realmente* acontecendo.

DICA

Tente tirar fotos de cada etapa do processo (com a permissão das pessoas envolvidas). Além de fornecer um registro ideal do que viu, as fotos lhe permitem fazer uma apresentação eficaz para a administração do que você encontrou. Esteja preparado para surpresas. Você pode se divertir tirando as fotos, especialmente se assumir o papel da coisa que está passando pelo processo.

À medida que sua compreensão do processo aumenta, é provável que encontre valor real ao trabalhar com seus clientes para ampliar o conceito do Process Stapling para incorporar as atividades deles nas suas. Dessa forma, você pode descobrir como seu processo e suas saídas se ligam ao processo do cliente, como é o processo do cliente e como o cliente utiliza suas saídas do processo.

A ampliação do Process Stapling fornece um grande insight sobre como você pode gerar melhorias no processo que realmente agregam valor às experiências de seus clientes e causam um impacto que os encanta. A técnica também pode levar a uma atividade de melhoria conjunta com um projeto DMAIC sendo realizado em conjunto com o cliente.

Desenhando diagramas de espaguete

Um diagrama de espaguete fornece uma representação visual do movimento envolvido em um processo que inclui o fluxo de informações e as pessoas que realizam o trabalho.

Na Figura 5-1, mostramos como exemplo uma série bastante confusa de movimentos em uma oficina. Já vimos situações similares em hospitais, escritórios e restaurantes de empresas. Você pode aplicar a técnica em qualquer área de trabalho ou em sua casa. Pode até usar um print de entrada de pedidos, por exemplo, como o "mapa" e depois acompanhar o caminho com o cursor do computador enquanto o agente preenche um formulário. Os diagramas de espaguete não se restringem às operações que estão fisicamente espalhadas.

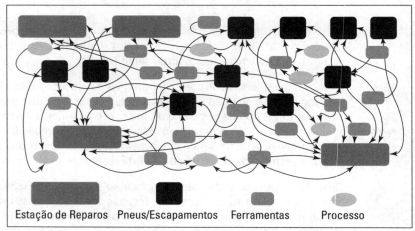

FIGURA 5-1: Um diagrama de espaguete.

© Martin Brenig-Jones e Jo Dowdall

Pense nos movimentos que você faz e na distância percorrida ao realizar tarefas como pegar sua impressão ou fazer uma xícara de chá.

O diagrama de espaguete pode trazer algumas surpresas reais sobre quanto movimento acontece em sua organização, incluindo a frequência com que as coisas andam para a frente e para trás. Essa técnica o ajuda a identificar desperdícios e fornece um catalisador visual para estimular mudanças no local de trabalho.

DICA

Os diferentes tons usados na Figura 5-1 não têm nenhum significado especial, mas é preciso distinguir entre o movimento de pessoas, materiais e informações. Quando você cria um diagrama de espaguete, pode usar a planta do escritório atual, por exemplo, mostrando onde os móveis, os equipamentos e os pontos de energia estão localizados. Certifique-se de que a planta seja atual e que inclua todos os itens adicionais, incluindo as caixas no canto que parecem ter aparecido do nada.

Ao desenvolver um diagrama de espaguete, você pode medir a distância e o motivo pelo qual as pessoas estão se movendo. Talvez possa fazer algumas mudanças simples no layout do escritório para reduzir a distância percorrida ou mesmo para evitá-la completamente. Você pode até usar uma cordinha comprida ou um pedômetro para ajudá-lo a desenvolver um diagrama mais preciso e entender melhor o movimento envolvido. Registrar a distância total percorrida na linha de base do diagrama e depois fazer o mesmo para o método novo e melhorado é uma boa prática. Você terá, então, uma medida da extensão da melhoria feita.

EXEMPLO

O proprietário de um restaurante italiano em Londres tentou o mapeamento de espaguete (sério!). Como resultado da análise de como o balcão estava sendo usado, ele conseguiu reduzir seu tamanho e encaixar outra mesa, para mais clientes, na área útil. *Che grande!*

Ao usar os diagramas Process Stapling e de espaguete juntos, você pode ver a oportunidade de uma redução significativa no desperdício de movimento e em outras etapas não agregadoras de valor. Então, no exemplo de Process Stapling descrito no box, a etapa de Brian seria necessária? Se fosse, será que colocar Ann, Brian e Clare mais perto uns dos outros faria sentido?

PROCESS STAPLING EM AÇÃO

Este exemplo reflete nossa experiência de Process Stapling em pelo menos uma de nossas organizações clientes. Ann recebe um pedido do cliente — ela precisa inserir algumas informações no sistema, imprimir um formulário interno, adicionar algumas outras informações e depois enviá-lo para Brian.

Agora você precisa "grampear" [do inglês *staple*, daí o nome da técnica, "Grampeamento de Processos"] este formulário em si mesmo e levá-lo até Brian (imagine prendendo-o em sua roupa, por exemplo). Brian está a alguma distância. Imediatamente, você tem uma noção da mobilidade envolvida.

Quando você chega a Brian, descobre que sua primeira ação é corrigir todos os erros de Ann. Você pergunta a ela se está ciente de que cometeu erros. Ela não fica feliz com isso, pois acha que estava fazendo aquilo de que Brian precisava e sempre o fez dessa maneira. Ann lhe diz que Brian nunca mencionou nada sobre os erros dela. Você descobre que Brian nunca se deu ao trabalho de contar a Ann sobre os erros, que tinham sido causados por mal-entendidos, porque ele mesmo acha mais fácil corrigi-los.

Depois que Brian corrige os erros, ele envia os papéis para Clare. Você fica consternado ao descobrir que Clare está sentada ao lado de Ann — é uma pena que os papéis não tenham ido diretamente para Clare em primeiro lugar!

Clare lhe diz que esse passo é uma completa perda de tempo. Ela disse isso ao gerente dela, mas ele diz que a etapa é um elemento importante do trabalho de Clare. Clare apenas verifica se o sistema está atualizado, se certas informações estão na seção do formulário e se Brian o assinou. Ela acha essa tarefa entediante e nunca encontrou um caso que precisasse de correção, então ela simplesmente coloca esses itens de lado, deixa o trabalho acumular e depois faz todos de uma vez em uma sexta-feira à tarde antes de ir para casa.

Movimentações e deslocamentos desnecessários desperdiçam tempo demais. Colocar pessoas e equipamentos relevantes juntos é, muitas vezes, uma maneira relativamente simples de reduzir o desperdício e o tempo de processamento. Analisamos o desperdício com mais detalhes no Capítulo 10.

É benéfico criar um diagrama de espaguete tanto para o trabalho que você não pode ver como para o que pode — sem dúvida, ainda mais. Quando o item sendo processado é intangível (por exemplo, na forma de um pedido processado eletronicamente), o mapeamento dos diferentes sistemas ou servidores que estão sendo usados no processo destaca desperdícios que, de outra forma, poderiam ser invisíveis e passar em branco.

Desenhando uma Imagem do Processo

Ao tentar entender seus processos e como o trabalho é feito, a expressão "uma imagem vale mais que mil palavras" é certamente verdadeira. Nesta seção, analisamos duas opções específicas para desenhar essa imagem do processo — um fluxograma de implementação e um Mapa do Fluxo de Valor. As duas são formas de mapas de processo, e usamos o termo "mapeamento de processo" nesta seção para descrever seu desenvolvimento.

DICA

Ao desenhar a imagem de seu processo, tenha em mente por que o está fazendo. Desenvolver a imagem o ajuda a entender como o trabalho é feito e o grau de complexidade do processo. Sua imagem pode destacar as relações ou as *interfaces* internas e externas com clientes e fornecedores, e ajudá-lo a determinar as medidas de entrada e de processamento que você precisa (veja mais informações no Capítulo 7).

Você não está desenhando essa imagem em particular como a especificação para uma mudança no sistema de computador, portanto, simplifique. A imagem é para você e o ajudará a administrar e melhorar o processo. Você está desenhando uma imagem de "estado atual" para ver como as coisas são feitas *agora*.

Um mapa do "estado futuro" mostrará como o processo poderia ser empreendido para alcançar um nível mais alto de desempenho em algum ponto futuro. Quando tiver desenhado e implementado sua imagem de um mapa de estado futuro, ele se tornará o mapa de estado atual! Com a melhoria contínua em mente, você precisará então desenvolver uma nova imagem do estado futuro.

A imagem de seu processo pode fornecer uma estrutura útil que provoca diversos tipos de perguntas:

» Quem são os clientes que têm expectativas do processo?

» Por que o processo é feito? Qual é seu propósito? Todos os envolvidos entendem o propósito?

» Quais são os passos que agregam e não agregam valor?

» Como pode desempenhar passos essenciais que não agregam valor usando recursos mínimos?

» Quais são os fatores cruciais de sucesso, ou seja, aquilo que deve fazer bem?

» Por que o processo é feito em determinado momento?

» Por que as tarefas no processo são realizadas nesta sequência? Todos os passos envolvidos no processo são necessários? Todos eles agregam valor para o cliente?

» Por que o processo é realizado por determinada pessoa ou equipe?

» Quais medidas são usadas para avaliar o desempenho e identificar possíveis oportunidades de melhoria? Pense especialmente em como pode identificar e medir as partes do processo que são repetitivas e importantes para garantir que o processo atenda aos requisitos.

» Qual é o tempo de ciclo (o tempo necessário para completar o processo para uma unidade de trabalho)? Por que ele é mais longo do que o tempo de processamento?

» Quais são as barreiras que impedem que o fornecedor produza uma saída de qualidade?

» Se é necessário tomar decisões como parte do processo, os critérios usados nas decisões são compreendidos por todos os envolvidos? As decisões são comunicadas adequadamente? Os limites de autoridade são apropriados?

» Como você e outros lidam com os problemas que ocorrem no processo?

» Quais são os erros mais comuns que ocorrem no processo? Que impacto eles têm nos clientes?

» Onde as melhorias já foram testadas no processo? Quais foram os resultados?

Não importa a pergunta, não se esqueça de continuar com o "Por quê".

Simplificando

O mapeamento de processos pode usar muitos símbolos ou *convenções* diferentes; tente usar o mínimo possível. Para criar um fluxograma de implementação, do qual falamos na próxima seção, apenas duas ou três convenções normalmente são suficientes: círculo, quadrado e losango, como mostrado na Figura 5-2:

» O círculo indica os pontos de começo e fim em seu processo.

» O quadrado significa um passo ou uma ação.

» O losango levanta uma questão, sendo que a resposta determina que rota o processo toma na sequência.

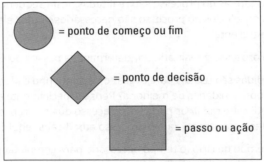

FIGURA 5-2: Simplificando com símbolos de mapeamento de processo.

© Martin Brenig-Jones e Jo Dowdall

Tomemos como exemplo um banco que subscreve um pedido de empréstimo. As etapas do processo podem ser diferentes, dependendo da quantidade de dinheiro que está sendo solicitada como empréstimo. No caso da subscrição do pedido, pode ser que casos grandes precisem ir a um subscritor sênior ou exigir documentos importantes do cliente, enquanto um empréstimo pequeno pode ser processado em um nível mais júnior ou precisar de menos documentação. Portanto, o losango indica um ponto de decisão com uma pergunta sobre o tamanho do empréstimo, como mostrado na Figura 5-3.

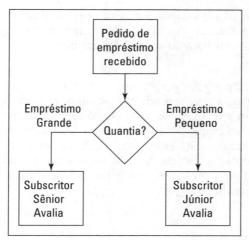

FIGURA 5-3:
Qual caminho seguir?

© Martin Brenig-Jones e Jo Dowdall

Criando um fluxograma de implementação

O fluxograma de implementação se baseia no diagrama SIPOC de alto nível descrito no Capítulo 3 e entra em um pouco mais de detalhe. Esse fluxograma identifica quem está envolvido no processo e o que cada um faz, incluindo os diferentes membros de uma equipe envolvidos em diferentes estágios do processo, e também outras equipes e departamentos, os clientes internos e fornecedores.

É mais fácil identificar momentos da verdade ao usar um fluxograma de implementação. *Momentos da verdade* são pontos de contato com o cliente (quando um cliente entra em contato com uma empresa), que consideramos na seção posterior "Identificando momentos da verdade".

DICA

Antes de começar a trabalhar em um fluxograma de implementação, verifique se tem um objetivo para o processo que reflita os CTQs (tratamos dos elementos Críticos para a Qualidade no Capítulo 4). E veja se pode responder à pergunta: "Por que você está fazendo este processo?"

Envolva as pessoas que trabalham no processo ao desenvolver um fluxograma de implementação. Como existem diferentes percepções de como o processo funciona, use uma nota autoadesiva (física ou virtual) para cada etapa do processo, para que possa mover as coisas de forma simples. Você pode muito bem descobrir que o processo é mais complexo do que pensava, e é por isso que realizar primeiro um exercício de Process Stapling pode ser tão útil.

O mapeamento do processo pode ser feito presencialmente, com papel pardo e notas autoadesivas. Também pode ser feito virtualmente usando uma ferramenta de colaboração online. Há algumas ótimas para testar, como Mural e Miro.

EXEMPLO

No box "Process Stapling em ação", anteriormente neste capítulo, apresentamos Ann, Brian e Clare. Se ainda não leu o box, dê uma rápida olhada, porque usamos o mesmo exemplo, começando com a Figura 5-4, quando desenvolvemos nosso mapa. Cada vez que uma pessoa diferente ou outra área no local de trabalho está envolvida, o trabalho se desloca para uma faixa diferente. Contar a história de Ann, Brian e Clare ajuda a dar vida ao trabalho aqui, mas é preferível incluir funções ou equipes, em vez de nomes de pessoas em seus mapas.

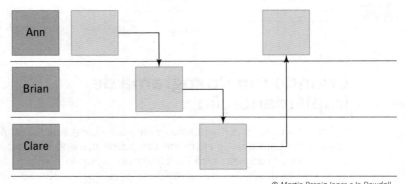

FIGURA 5-4: Fluxograma de implementação.

© Martin Brenig-Jones e Jo Dowdall

Esses diagramas geralmente têm raias entre as diferentes pessoas/funções e são normalmente chamados de fluxogramas funcionais ou fluxogramas de "faixas" [swim lanes].

DICA

Na Figura 5-4, nosso foco é Ann, Brian e Clare, mas a inclusão do cliente na figura o ajudará a identificar os momentos da verdade (veja a seção "Identificando os momentos da verdade", mais adiante neste capítulo). Os sistemas de computador também podem ser incluídos em seu elenco de personagens. É vital observar o panorama completo.

Falamos sobre a medição com mais detalhes nos Capítulos 7 e 8, mas aqui destacamos algumas das oportunidades para colocá-la em prática. A compreensão do que está acontecendo nas interfaces ou "handoffs" (onde o trabalho de processo muda de faixa) pode ser particularmente útil, pois a maioria dos problemas ocorre nesses pontos — por exemplo, quando o trabalho passa entre Ann e Brian, como mostrado na Figura 5-5. As métricas ajudariam a identificar se existem problemas, talvez causados por exigências pouco claras.

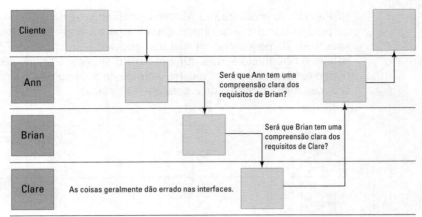

FIGURA 5-5: Destacando as interfaces.

© Martin Brenig-Jones e Jo Dowdall

O Capítulo 7 analisa a necessidade de coletar bons dados e desenvolver um plano de coleta de dados, e considera a importância de métricas "no processo". Seus resultados aqui terão um grande impacto em seu desempenho para o cliente, portanto, é essencial ter uma compreensão clara do que está acontecendo e se está acontecendo bem. Na Figura 5-4, por exemplo, é importante saber se a saída de Ann para Brian e de Brian para Clare está sempre correta, e assim por diante. Se não estiver, será importante descobrir quais erros estavam ocorrendo para poder começar a melhorar a situação.

DICA

Medir o tempo pode destacar outras oportunidades de melhoria, como mostra a Figura 5-6. Por exemplo, você pode perguntar quanto tempo cada passo leva e por quê.

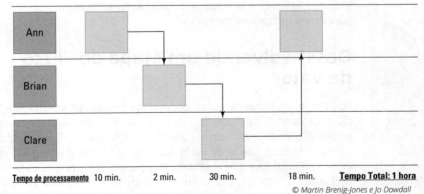

FIGURA 5-6: Medindo o tempo.

Tempo de processamento 10 min.   2 min.   30 min.   18 min.   **Tempo Total: 1 hora**

© Martin Brenig-Jones e Jo Dowdall

CAPÍTULO 5 **Entendendo o Processo**   85

Na Figura 5-6 você está simplesmente medindo o *tempo unitário* ou o tempo de processamento — o tempo que leva para completar a etapa. Embora essa medição possa suscitar algumas perguntas interessantes, observar o panorama completo é mais útil, pois inclui também o tempo *decorrido* ou o tempo total. A Figura 5-7 mostra o tempo de ciclo do processo do início ao fim, que inclui o tempo de espera entre as etapas.

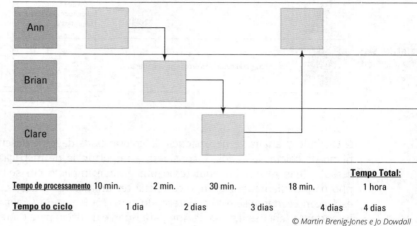

FIGURA 5-7: Tempo total mostrando o tempo ocioso experimentado pelos clientes.

© Martin Brenig-Jones e Jo Dowdall

Descobrir o tempo total ajuda a identificar o *tempo ocioso* — assim chamado porque, da perspectiva do cliente, nada está acontecendo. Na Figura 5-7, o passo número dois está causando um problema. Se a etapa de Brian puder ser retirada do processo e Ann ou Clare assumir o trabalho dele, talvez você consiga reduzir pela metade o tempo do ciclo. Possivelmente a etapa de Brian é uma etapa sem valor agregado (explicada no Capítulo 9) e não é nem um pouco necessária.

Desenvolvendo um Mapa do Fluxo de Valor

Um Mapa do Fluxo de Valor poderia ser usado como uma adição ou uma alternativa ao fluxograma de implementação como uma forma de ver como o trabalho é feito em sua organização. O Mapa do Fluxo de Valor mostra todas as tarefas, tanto de valor agregado como não agregado (mais sobre valor no Capítulo 10), que levam seu produto do conceito ao lançamento ou do pedido à entrega, por exemplo. Essas ações incluem passos para processar informações do cliente e passos para transformar o produto em seu caminho até o cliente.

Taiichi Ohno, da Toyota, em 1978, resumiu muito bem o fluxo de valor:

Tudo que estamos fazendo é observar uma linha de tempo que mostra desde quando o cliente nos faz um pedido até recebermos o dinheiro. E estamos reduzindo essa linha ao remover os desperdícios que não agregam valor.

Os Mapas do Fluxo de Valor seguem o caminho de um produto, desde o pedido até a entrega, para determinar as condições atuais.

O Mapeamento do Fluxo de Valor também é usado (alguns diriam que é mais bem usado) como uma ferramenta estratégica para visualizar o fluxo de valor na organização de ponta a ponta. Os líderes obtêm benefícios reais quando analisam essa "grande imagem" juntos, em seu estado atual, e identificam o desperdício e as oportunidades de melhoria. Eles podem ver a organização como um sistema, e não como "silos" ou funções separadas. A equipe (incluindo líderes e especialistas no assunto) pode, então, desenvolver uma imagem acordada e melhorada do "estado futuro" com base nos princípios e nos conceitos do Lean Six Sigma. As ações de melhoria necessárias para passar do estado atual para o estado futuro podem incluir, por exemplo, a eliminação do desperdício, combinando três aspectos da operação em um só, promovendo um programa de redução de defeitos ou automação. Tais melhorias poderiam formar um roteiro de transformação que poderia levar cerca de doze meses para ser concluído, e o Lean Six Sigma pode provavelmente ser utilizado para tratar de muitos elementos do trabalho.

Note que "automação" é a última coisa na lista de atividades potenciais. "Simplifique primeiro, automatize depois" é um mantra que exploraremos mais no Capítulo 13. Dito de forma simples, não adianta automatizar etapas que não agregam valor!

EXEMPLO

Uma organização com a qual trabalhamos no setor de energia mapeou seus processos "centrais" e os racionalizou de mais de setenta para cinco. Em seguida, designaram um gerente de Fluxo de Valor a cada um deles para manter a responsabilidade pelo fluxo de valor de ponta a ponta. Que brilhem cada vez mais!

DICA

Process Stapling é um primeiro passo ideal para ajudá-lo a criar um Mapa do Fluxo de Valor, e você realmente precisa ir ao Gemba para ver o que está acontecendo. Para conhecer os detalhes desses conceitos, consulte o box "Indo ao Gemba" e a seção "Praticando o Process Stapling", anteriormente neste capítulo.

O Mapa do Fluxo de Valor é semelhante ao formato de um diagrama SIPOC, do qual falamos no Capítulo 3. Idealmente, o Mapa do Fluxo de Valor inclui uma imagem de onde as várias atividades acontecem e mostra o fluxo de materiais e informações, como na Figura 5-8.

FIGURA 5-8:
Parte de um Mapa do Fluxo de Valor.

© Martin Brenig-Jones e Jo Dowdall

A Figura 5-8 simplifica bastante as coisas. Ela inclui algumas informações extras; neste caso, um triângulo que identifica o trabalho em andamento (o "i" é de inventário) — trabalho esperando para ser acionado. Na prática, os Mapas do Fluxo de Valor são simples, mas serão um pouco mais detalhados do que este exemplo (veja as Figuras 5-10 e 5-11) e usarão mais convenções do que em um fluxograma de implementação (que abordamos na seção "Criando um fluxograma de implementação", anteriormente neste capítulo). Uma seleção das convenções mais comumente usadas é mostrada na Figura 5-9.

FIGURA 5-9:
Convenções do Mapa do Fluxo de Valor.

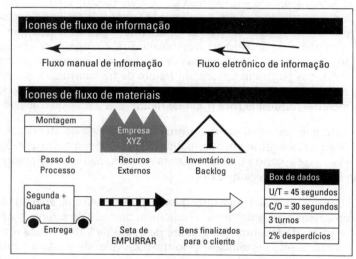

© Martin Brenig-Jones e Jo Dowdall

Para desenhar seu Mapa do Fluxo de Valor, siga estes passos:

1. **Identifique o processo que quer observar, concordando com e definindo os pontos de começo e fim.**

Descrever o produto ou o serviço que esse processo sustenta também é útil.

2. **Monte uma equipe pequena para fazer a análise.**

A equipe deve conhecer todos os passos envolvidos, desde a entrada do fornecedor até o cliente externo, então deve incluir pessoas que estão trabalhando no processo.

3. **Vá ao Gemba.**

Vá aonde a ação está e observe o que de fato acontece. O Mapeamento do Fluxo de Valor começa no ambiente de trabalho.

4. **Trabalhando em um nível bem alto, desenhe um mapa de processo do fluxo de materiais/produtos em todo o fluxo de valor.**

Alguns preferem fazer esse exercício começando na ponta do cliente e trabalhando de trás para a frente. Escreva os passos à medida que os for fazendo, em vez de tentar se lembrar de tudo. Assim como o fluxo de materiais e produtos, lembre-se de captar o fluxo de informações que faz com que o produto ou o material se mova pelo processo.

5. **Identifique os dados de desempenho que gostaria de saber.**

Informações úteis em geral incluem tempo de processamento (também referido como tempo unitário), tempo de espera entre as etapas do processo, taxas de desperdício ou retrabalho, número de pessoal/recursos, tamanhos de lotes, tempo disponível de máquina, tempo de changeover, estoque e backlog.

6. **Colete os dados necessários para cada passo do processo.**

Acrescente os dados em boxes no mapa. Por exemplo, na Figura 5-9, é possível ver um box de dados com várias informações, incluindo o tempo unitário — unit time — (U/T = 45 segundos).

"C/O = 30 minutos" se refere ao tempo de changeover. É o tempo necessário para preparar o equipamento para passar do processamento de um tipo de produto para outro ou fechar um sistema e abrir outro. O foco na redução do tempo de changeover foi um dos segredos para o sucesso da Toyota para aumentar sua participação no mercado em relação a muitos dos fabricantes de automóveis ocidentais, sendo denominado SMED — *single minute exchange of die* ou troca rápida de ferramenta.

EXEMPLO

De onde vem o "single minute"? Trabalhando como consultor na Toyota, Shigeo Shingo acreditava que a empresa poderia obter enormes ganhos se os changeovers pudessem ser acionados mais rapidamente. Ele estabeleceu uma meta para reduzir qualquer tempo de preparação em 59/60 avos. Shingo achava que muitas empresas tinham políticas destinadas a aumentar o nível de habilidade de seus trabalhadores, mas poucas tinham implementado estratégias para diminuir o nível de habilidade exigido pela própria configuração ou setup.

CAPÍTULO 5 **Entendendo o Processo**   89

Changeovers e setups não são relevantes apenas para empresas de manufatura e processos — também o são para prestadoras de serviços.

7. **Acrescente setas para mostrar os fluxos de informação.**

O Mapa do Fluxo de Valor mostra o fluxo de informações e também o de materiais, identificando separadamente se as informações são enviadas de forma manual ou eletrônica (veja os diferentes símbolos na Figura 5-9). O Mapa do Fluxo de Valor mostra o fluxo de informações na metade superior, com o fluxo de material na parte inferior.

8. **Acrescente uma linha de tempo geral para mostrar o tempo médio necessário.**

Essa linha do tempo mostra quanto tempo o item gasta em todo o processo. O exemplo na Figura 5-10 identifica as etapas de processo de A a I e indica o tempo de processamento ou unitário e o lead time. A figura mostra um processo com um tempo unitário de apenas quatro horas, mas levando 187 dias para ser concluído! O "lead time" em um Mapa do Fluxo de Valor mostra o tempo necessário para que uma unidade de trabalho passe por todo o processo. Ele considera o número de itens de trabalho na fila (inventário). O inventário identificado está nos triângulos entre as etapas do processo.

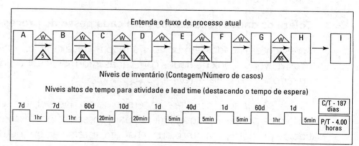

FIGURA 5-10: Identificando os atrasos.

© Martin Brenig-Jones e Jo Dowdall

Como exemplo de um Mapa do Fluxo de Valor, considere o processo de pedidos da empresa ABC. O processo começa com o atendimento ao cliente recebendo um pedido por e-mail ou telefone. O preço do produto é verificado usando-se o banco de dados de preços do produto.

A disponibilidade é verificada em termos de inventário usando-se o sistema de gerenciamento de estoque. Se o estoque não puder ser alocado, o pedido será passado para a equipe de fabricação através do sistema de pedidos de fabricação e programado para a produção no dia seguinte.

A data de entrega é determinada, o cliente é avisado, e os registros de entrada de pedidos são completados por meio do sistema de gerenciamento de pedidos do atendimento ao cliente. A imagem do "estado atual" do fluxo de valores será semelhante à mostrada na Figura 5-11.

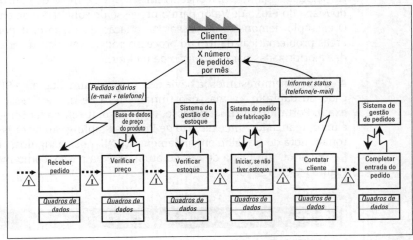

FIGURA 5-11: Processamento de pedidos da empresa ABC em um Mapa do Fluxo de Valor.

CUIDADO

Usar médias geralmente é bom, mas reconheça seu perigo e lembre-se de que os tempos reais variam para cima e para baixo da média — algo conhecido no mundo da estatística e da matemática como "variação". Falamos detalhadamente sobre a variação no Capítulo 8.

No exemplo ABC, o mapa do estado atual inclui alguns triângulos contendo a letra "i". São para os níveis de inventário ou trabalhos em andamento. Ao criar um Mapa do Fluxo de Valor para um de seus processos, você precisa se lembrar de que o mapa descreve o estado atual de sua organização — uma foto da realidade. Se as pessoas na organização sentem que o inventário não é normalmente tão alto ou baixo não é relevante; por qualquer razão, o inventário é o que é *neste momento*.

CAPÍTULO 5 **Entendendo o Processo** 91

Para ter uma visão completa das coisas, você precisa incorporar dados, tais como tempo de atividade (também conhecido como tempo de processamento ou tempo unitário), tempo de espera entre as etapas (também conhecido como lead time), tempo de changeover, inventário e tempo total de lead time.

O exemplo a seguir de um Mapa do Fluxo de Valor em uma prestadora de serviços demonstra o quanto a adição de dados se torna valiosa. Isso permite não apenas ver como o trabalho é feito, mas também se é bem feito.

As páginas seguintes se concentram em um exemplo de banco e a criação do Mapa do Fluxo de Valor para o processo de solicitação de empréstimos. O exemplo demonstra os passos na criação do mapa e, depois, como as áreas problemáticas dentro do processo podem ser identificadas, sinalizadas e priorizadas para uma ação de melhoria.

A equipe de empréstimos já havia desenvolvido um diagrama SIPOC (explicado no Capítulo 3), mas não tinha certeza de que estivesse totalmente exato. Portanto, o primeiro passo, neste caso, foi entender como o trabalho é feito, realizando um exercício de Process Stapling. Ao fazer isso, a equipe tomou nota do trabalho em andamento (o "i" nos triângulos; veja a Figura 5-9) e criou um mapa de estado atual passo a passo, como mostrado nas Figuras 5-12 a 5-18.

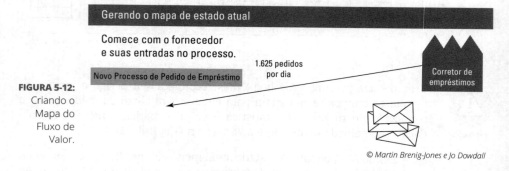

FIGURA 5-12: Criando o Mapa do Fluxo de Valor.

Os pedidos de empréstimo são enviados à empresa por corretores de empréstimo em nome de pessoas físicas. Na Figura 5-13, você pode ver que 1.625 solicitações foram recebidas neste dia em particular.

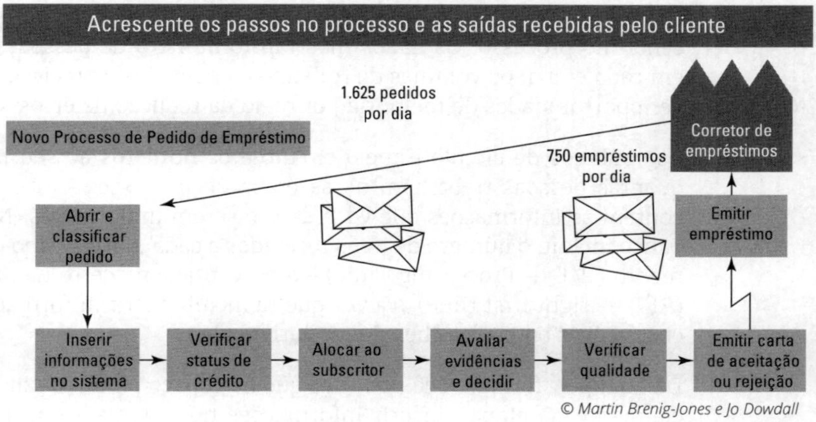

Acrescente os passos no processo e as saídas recebidas pelo cliente

FIGURA 5-13: Desenvolvendo a imagem.

Em muitos aspectos, essa imagem é semelhante ao SIPOC, mas faltam informações sobre quem são todos os diferentes clientes e fornecedores (internos e externos), as entradas e as saídas associadas. Tendo criado a imagem, é hora de adicionar alguns dados, como na Figura 5-14.

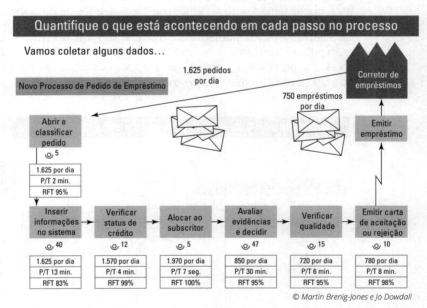

FIGURA 5-14: Coletando dados.

CAPÍTULO 5 **Entendendo o Processo** 93

Estamos começando a criar uma imagem detalhada do que está acontecendo no processo. Os dados mostram o número de pessoas trabalhando em cada etapa, os volumes de trabalho e os níveis de precisão. Já podemos ver oportunidades de melhoria por meio da redução de erros.

Os símbolos de círculo e meio círculo e os números ao seu lado indicam quantas pessoas trabalham nessa etapa do processo. As caixas de dados contêm as informações que você decide serem importantes. Nesse caso, o banco incluiu o número de itens recebidos a cada dia, o tempo de processamento (P/T — Processing Time) e a porcentagem "certo na primeira vez" (RFT — right first time). Talvez queira incluir outras informações, como o changeover ou os detalhes de produtividade.

De qualquer forma, você pode ver que há espaço para reduzir erros, especialmente na etapa "inserir informações no sistema", em que a taxa de erro é de 17%. Essa alta taxa de erro seria um problema em qualquer parte do processo, mas em uma fase tão precoce, é provável que leve a atrasos para o cliente, particularmente se os erros não forem detectados imediatamente. E pense no custo também.

Ao desenvolver o inventário (informações de trabalho em andamento), estamos recebendo pistas sobre os atrasos e gargalos, e os perigos inerentes a um sistema "push — empurrar" estão se tornando óbvios.

Na Figura 5-15, os números do trabalho em andamento — ao lado do triângulo — confirmam os atrasos no processo e ajudam a destacar as áreas que precisam ser abordadas. Os gargalos precisam ser gerenciados, ou você descobrirá que eles gerenciam você e seu processo.

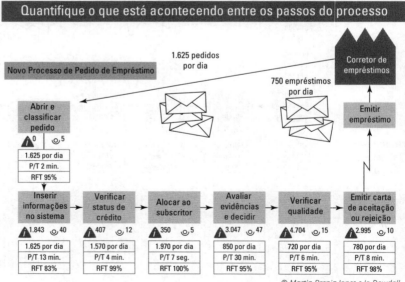

FIGURA 5-15: Analisando as interfaces.

Você pode ver que, com 4.704 itens, a etapa "verificar qualidade" tem um sério atraso, mas os problemas são evidentes durante todo o processo, algo que a adição de uma linha de tempo confirmará ainda mais.

A linha do tempo mostrada na Figura 5-16 nos permite focar o inventário — a razão pela qual existe uma diferença entre o tempo necessário para completar o processo para uma unidade e o tempo necessário para que uma unidade passe por todo o ciclo de produção (lead time).

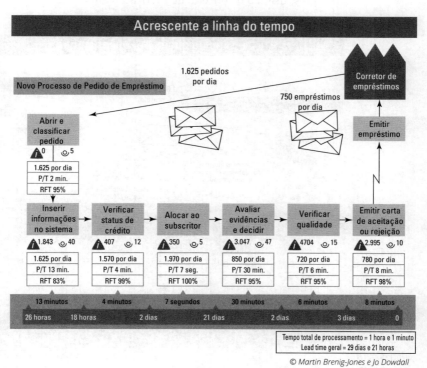

FIGURA 5-16: Então, qual é o tempo?

© Martin Brenig-Jones e Jo Dowdall

Ficam evidentes as conexões claras entre a medição do tempo e a teoria das restrições, que abordamos no Capítulo 11.

As informações da linha do tempo também o ajudarão a identificar se a linha precisa ser mais equilibrada. E, é claro, se você determinar o takt time (veja mais informações sobre isso no Capítulo 1), poderá avaliar os níveis necessários de pessoal para lidar com os volumes do cliente.

Claramente, há oportunidades de melhoria, e o próximo passo é destacá--las no Mapa do Fluxo de Valor.

Uma seleção de oportunidades e observações está incluída na Figura 5-17. Isso continua o processo de dar vida à imagem e cria a base para discutir as oportunidades de ações de melhoria. Além de resolver os gargalos, talvez haja etapas sem valor agregado que possam ser removidas, ou talvez pessoas e equipamentos que possam ser realocados em um espaço de trabalho mais eficientemente disposto. Algumas atividades também poderiam ser combinadas, e, se houver diferentes tipos de pedidos de empréstimo, pode haver a opção de criar uma equipe de processo para a família de produtos relevantes, usando o conceito de fabricação em células.

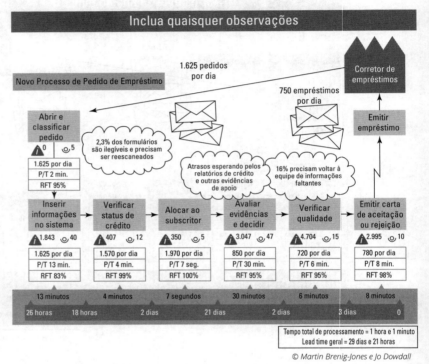

FIGURA 5-17: O mapeamento de processos e dados pode ajudar a destacar oportunidades para análise.

As ideias ou os objetivos de melhoria poderiam ser acrescentados ao mapa para posterior revisão e priorização, e isso pode ajudá-lo a desenvolver um mapa de estado futuro de acordo com o mostrado na Figura 5-18.

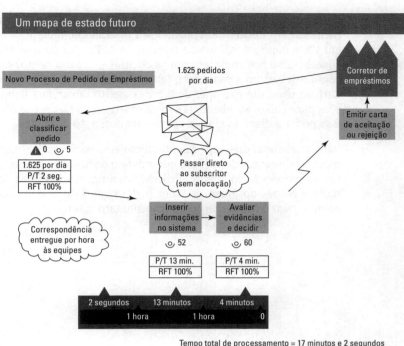

FIGURA 5-18: Mapa de estado futuro.

Desenvolver uma imagem do processo utilizando um fluxograma de implementação e/ou um Mapa do Fluxo de Valor também o ajudará a identificar os momentos da verdade.

Identificando momentos da verdade

Jan Carlzon, ex-diretor executivo da Scandinavian Air Services (SAS), desenvolveu e popularizou o conceito de momentos da verdade em seu livro *A Hora da Verdade*. Um momento da verdade ocorre toda vez que um cliente entra em contato com a empresa, pessoalmente, online, por telefone, pelo correio, ao ler os conteúdos ou ao ver um anúncio da empresa. Cada ponto de contato do cliente proporciona uma oportunidade de sucesso ou fracasso da organização, já que o cliente está satisfeito ou descontente com o resultado. Todos em sua organização são responsáveis pelo resultado dos pontos de contato com o cliente e por proporcionar uma ótima experiência a ele.

Carlzon informou a todo o pessoal da SAS que a organização precisava melhorar em 1.000%! Ele pediu a seu pessoal que melhorasse 1.000 coisas em 1% e depois continuasse fazendo isso. Ele queria que todo mundo se concentrasse nos contatos com os clientes — os momentos da verdade —, como reservar uma passagem, fazer o check-in ou embarcar em um avião. Carlzon usou um exemplo de um passageiro puxando a bandeja de refeições para baixo. Se a bandeja estivesse suja, o que o cliente pensaria? O que isso poderia dizer ao cliente sobre a manutenção do avião?

Para alcançar o que seus clientes desejam, você precisa compreender os muitos momentos da verdade que existem e encontrar maneiras de melhorar a experiência do cliente. Process Stapling, fluxogramas de implementação e Mapas do Fluxo de Valor podem ajudá-lo a identificar pontos de contato com o cliente tanto internos quanto externos.

> **NESTE CAPÍTULO**
>
> » Entendendo por que a gestão da mudança é essencial
>
> » Vendo a importância da aceitação
>
> » Dimensionando o status quo e ajudando as pessoas a superá-lo

Capítulo **6**

Gerenciando Pessoas e Mudanças

Qualquer que seja o tamanho ou o setor, a localização ou a proposta única de venda, uma organização é sobre pessoas. E a boa notícia é que as pessoas trazem potencial, riqueza de conhecimento, experiência e criatividade. Capacitar e empoderar as pessoas para cumprir seu potencial é um princípio-chave do Lean Six Sigma. Quando se trata de entender como os processos funcionam e identificar como eles poderiam ser melhorados, quem melhor para envolver do que as pessoas que operam o processo? O potencial das pessoas é tão importante, que não percebê-lo e desbloqueá-lo foi identificado como um dos oito "desperdícios mortais" encontrados nas organizações (que abordamos no Capítulo 10).

O general do Exército dos EUA George Patton viu claramente o potencial das pessoas quando disse: "Nunca diga às pessoas como fazer as coisas. Diga-lhes o que fazer, e elas o surpreenderão com sua engenhosidade."

Compreender as pessoas é o segredo para implementar o Lean Six Sigma e fazer com que as melhorias funcionem. Quase sempre, se um projeto Lean Six Sigma fracassa, os problemas das pessoas de uma forma ou de outra são a causa. Neste capítulo, oferecemos orientação e dicas para gerenciar os aspectos humanos da mudança. Estamos abordando essa importante questão perto do começo do livro porque é algo a ser abordado logo no início ao utilizar o Lean Six Sigma.

DICA

Comece com o lado "pessoal" do Lean Six Sigma na primeira oportunidade possível, como, por exemplo, no início de um projeto de melhoria ou talvez antes mesmo de o projeto começar!

Entrando na Massa Cinzenta

Sabemos que as pessoas são cheias de potencial e sua contribuição é um fator essencial para a melhoria. Mas o próprio fato de *sermos pessoas* pode causar problemas quando se trata de fazer mudanças. A neurociência está sendo cada vez mais utilizada como um meio para compreender o impacto da mudança nas pessoas, e as percepções desse campo são agora utilizadas para informar as abordagens de Gestão de Mudanças e o universo do trabalho em geral. Em seu livro *Neuroscience for Organizational Change* [Neurociência para a Mudança Organizacional, em tradução livre], Hilary Scarlett destaca o valor de trabalhar com o cérebro para apoiar a Gestão da Mudança. Isso pode reduzir os impactos negativos sobre a saúde mental e o bem-estar — uma preocupação fundamental nos dias de hoje.

Há milhares de anos, quando os seres humanos tinham acabado de começar a andar eretos e estavam começando a usar ferramentas pela primeira vez, a vida era muito diferente. Estávamos cercados por ameaças à nossa própria existência (doenças, predadores etc.) e precisávamos estar atentos. Nosso cérebro é preparado para nos proteger nessas circunstâncias — para responder a ameaças a fim de sobreviver. Isso afeta como respondemos às ameaças no mundo de hoje, portanto, estamos constantemente em alerta para mudanças e somos sensíveis aos perigos que elas podem representar.

Também lutamos com a incerteza associada à mudança. A incerteza ativa as partes de nosso cérebro que lidam com o medo e a dor. Somos menos capazes de pensar claramente quando confrontados com a incerteza, porque, à medida que a ansiedade aumenta, nos sentimos mais ameaçados e esperamos o pior. Nessas circunstâncias, é difícil manter níveis normais de profissionalismo, produtividade e positividade. Não é de se admirar que tenhamos dificuldade diante da mudança, mesmo que ela acabe melhorando as coisas. Felizmente, há algumas ferramentas para ajudar.

Ganhando Aceitação

George Eckes, um conhecido escritor sobre esse assunto, utiliza uma expressão simples, mas eloquente, para descrever a aceitação da mudança, seja para todo um programa Lean Six Sigma seja para as mudanças resultantes de parte dele:

$E = Q \times A$

E é a efetividade da mudança.

Q é a qualidade da solução. As ferramentas do Lean Six Sigma provarão que a solução funciona, quando testada.

A é a aceitação das pessoas com relação à mudança — o nível em que recebem a mudança e adotam a solução.

Uma solução ideal pode ter sido identificada, mas sua eficácia depende do nível em que é aceita. Se a aceitação for baixa, mesmo a melhor solução não trará os benefícios que ela merece. Alguns profissionais acreditam que o fator A é mais importante do que o fator Q e é a verdadeira chave para o sucesso no Lean Six Sigma. Para entender como as pessoas percebem as coisas e para ganhar apoio, você precisa pontuar bem em ambos os fatores. Se estiver nos estágios iniciais de implementação de um programa Lean Six Sigma, é provável que o fator A comece ao conseguir apoio dos gerentes seniores.

Lembre-se de Q×A como um resuminho simples para uma questão muito complicada... lidar com a mente humana.

Dimensionando o Status Quo

As respostas às mudanças são moldadas por muitos fatores. Estes podem incluir "cansaço da iniciativa", ansiedade (palavras como "eficiência" e "mudança" podem despertar respostas temerosas), desilusão ou relutância, bem como ânimo e entusiasmo. Há algumas ferramentas simples que podem ajudar a pesar a situação atual.

Usando um diagrama do campo de forças

Um diagrama do campo de forças [forcefield], mostrado na Figura 6-1, é uma representação gráfica útil das forças positivas e negativas que influenciam determinado projeto ou iniciativa. Essa ferramenta ajudará a colocar o projeto no contexto de sua organização ou situação.

» Primeiramente, faça um brainstorming com relação aos fatores (forças) que trabalham a favor e contra a mudança. As forças positivas são aquelas que trabalharão a favor da mudança. As forças negativas são aquelas que podem dificultar a mudança.

» Agora determine a "força" das forças. Você pode usar uma pontuação ou o tamanho das setas para indicar sua força (quanto mais longa a seta, mais forte).

» Discuta e chegue a um consenso sobre o que pode ser feito para aumentar as forças positivas e maximizar seu potencial, e reduzir ou remover as forças negativas.

» Tome ações apropriadas para sustentar o sucesso e volte ao diagrama do campo de forças com frequência.

FIGURA 6-1: Diagrama do campo de forças.

© Martin Brenig-Jones e Jo Dowdall

Analisando seus stakeholders

A análise dos stakeholders é outra técnica útil para identificar os "grupos de interesse" em seu projeto e níveis de apoio.

Use a matriz da Figura 6-2 para mostrar onde os stakeholders estão agora na escala positiva/negativa, e também onde devem estar para que o projeto seja bem-sucedido. Esse tipo de análise dos stakeholders precisa ser atualizado regularmente durante a vida de um projeto, e o melhor é que apenas a equipe tenha acesso a ele. Você está lidando com coisas sensíveis: como as pessoas pensam e se são a favor ou contra a mudança.

Matriz dos Stakeholders

Nomes	Totalmente contra	Moderadamente contra	Neutro	Moderadamente a favor	Totalmente a favor	Áreas com/sem tensão	Próximos passos
A	X		O				
B				X	O		
C					X O		
D			X	O			

X = onde estão   O = onde precisamos que estejam

FIGURA 6-2: Análise dos stakeholders.

© Martin Brenig-Jones e Jo Dowdall

Não importa a mudança proposta, algumas pessoas serão muito a favor, outras, completamente contra, algumas ficarão indecisas, e outras, quase indiferentes. E a vida é assim também! Não se surpreenda quando encontrar essa gama de atitudes aplicáveis ao seu projeto ou à solução que você e sua equipe desenvolverão. Descobrir no início do projeto como está a situação a favor/contra, tanto na superfície como abaixo dela, é uma boa ideia.

Stakeholder fundamental é qualquer pessoa que controla recursos cruciais, que pode bloquear a iniciativa de mudança por meios diretos ou indiretos, que deve aprovar certos aspectos da estratégia de mudança, moldar o pensamento de outras partes cruciais e é dona de um processo fundamental de trabalho que será impactado pela iniciativa de mudança. Portanto, em sua equipe Lean Six Sigma, faça estas perguntas:

» Quem são os stakeholders fundamentais?

» Qual é a atual posição deles sobre as questões associadas a essa iniciativa de mudança?

» São a favor? E em que nível?

» São contra? E em que nível?

» São amplamente neutros?

Considerando a influência dos stakeholders em seu projeto, onde você precisa que estejam? Levar alguns stakeholders para um nível mais elevado de apoio pode ser desejável e possível, portanto, descubra como fazer isso. Considere o que os motiva ou não e pense em como pode apresentar o projeto de uma maneira mais atraente e eficaz para eles.

Enfrentando a Mudança

Vários modelos ilustram as etapas pelas quais as pessoas passam ao lidar com a mudança na vida. Muitas pessoas conhecem o modelo de Kübler--Ross, que envolve as seguintes etapas: negação, raiva, barganha, depressão e aceitação.

A Figura 6-3 ilustra como as pessoas normalmente reagem às mudanças ao longo do tempo. Essa figura inclui alguns elementos adicionais baseados em observações feitas por especialistas em mudanças depois que o modelo original foi desenvolvido.

FIGURA 6-3: Reação à mudança.

Ao utilizar esse modelo, observe que os estágios não são "lineares", o que significa que algumas pessoas não experimentarão todos eles, e não necessariamente os experimentarão na sequência aqui apresentada. Observe também que as etapas se aplicam a indivíduos, e não a equipes. Um gerente ou agente de mudança que deseja empregar estratégias particulares para apoiar a equipe ao longo da mudança deve reconhecer que cada indivíduo dentro da equipe experimentará os estágios em momentos diferentes e por diferentes durações de tempo. Portanto, uma abordagem "tamanho único" não será eficaz.

A Curva da Mudança de Kubler-Ross é um ponto de referência útil porque é importante saber como as pessoas experimentam as mudanças para que possamos respondê-las e gerenciá-las de forma apropriada e eficaz.

O modelo do iceberg de Kurt Lewin (também conhecido como Change as Three Steps ou CATS — Mudança em Três Passos) data do final dos anos 1940, mas influenciou os modelos e as estruturas de sucesso associados à mudança. Veja como funciona:

1. **Descongelar.** Nesta primeira fase, nós nos afastamos da forma como as coisas estão atualmente. Claro que, dependendo das circunstâncias, isso pode ser fácil ou não, desejável ou não. Os líderes desempenham um papel importante no descongelamento quando as organizações estão mudando, pois a necessidade de mudança deve ser comunicada de forma clara e bem compreendida. Aqui eles devem estar trabalhando para criar o nível de aceitação da mudança e comunicando uma necessidade convincente.

2. **Mudar.** Tendo aceitado e compreendido a necessidade de mudança, entramos na segunda fase em um estado "descongelado", em que estamos prontos para deixar de lado os velhos caminhos. Como não estamos congelados em uma posição fixa, é possível mudar de forma. A fase de mudança não é um evento isolado, mas um *processo*, pois aqui começamos a nos acostumar a novas formas de trabalho ou de ser. Os líderes contribuem nessa fase assegurando que a comunicação seja contínua e que haja apoio, bem como fornecendo modelos para o "estado futuro". Essa fase nem sempre é fácil, e algumas tentativas e erros podem ser esperados.

3. **Recongelar.** Na fase final, essas novas formas de trabalho são incorporadas e aceitas como o status quo. Da mesma forma como aplicamos a fase Controlar em um projeto DMAIC no Lean Six Sigma, o foco está em cimentar a mudança e evitar o retorno aos velhos hábitos. Reforçar os aspectos positivos e reconhecer os esforços pode apoiar a sustentabilidade, assim como lidar com os velhos e inúteis hábitos do estado anterior.

O modelo de Lewin mostra que é impossível mudar se você estiver congelado ou preso firmemente a velhos hábitos, e é difícil sustentá-los se ainda estão sendo formados e não estão totalmente fixados no lugar.

É útil entender que o recongelamento provavelmente não será permanente. Precisaremos mudar de novo e de novo. Provavelmente não ficaremos congelados no novo estado por muito tempo. (Esse é o espírito da Melhoria Contínua! As coisas continuarão a mudar, e precisaremos descongelar e mudar com elas.)

Criando a Visão

Em seu livro best-seller *Comece pelo porquê*, Simon Sinek descreve como o "porquê" é tão importante para os seres humanos. E isso retoma o ponto de partida deste capítulo: como nosso cérebro é programado.

Sinek usa o Círculo Dourado mostrado na Figura 6-4 para ilustrar por que as abordagens "típicas" de comunicação não funcionam tão bem quanto poderiam. Usando a abordagem típica, uma mensagem começaria com *o que* acontecerá, seguida de *como* acontecerá e, por fim, *por que* acontecerá.

FIGURA 6-4: O Círculo Dourado mostra como nossas comunicações deveriam funcionar de dentro para fora.

© Martin Brenig-Jones e Jo Dowdall

Mas Sinek diz que esse método, que se move de fora para dentro, é ineficaz. Os comunicadores inspirados começam de dentro, com o *porquê*, e trabalham para fora. Se você observasse um diagrama do cérebro humano de cima para baixo, veria uma imagem bem parecida com a que é mostrada aqui. A parte do cérebro que lida com sentimentos e emoções (o cérebro límbico) está bem no meio. É essa parte que processa as mensagens do porquê e do como. A parte de nosso cérebro que nos ajuda a lidar com o que, ao nos concentrarmos no pensamento analítico e racional (nosso neocórtex), está do lado de fora.

Então, Sinek diz que começar pelo porquê e mover-se de dentro para fora é de longe o método mais eficaz de comunicação, porque você está falando diretamente com a parte do cérebro que controla o comportamento.

Clientes, líderes empresariais e funcionários veem o futuro sob diferentes perspectivas. Imaginar uma máquina do tempo é uma maneira ideal de desenvolver uma visão: você pode acelerar e descobrir de verdade como será quando a mudança for concluída. O que está diferente? Do que há mais ou menos? Estando no futuro, você pode descobrir como a mudança afetou as atitudes e os comportamentos das pessoas. Qual é a sensação agora? Como se sente sob o ponto de vista do cliente, do líder e do funcionário?

Uma máquina do tempo está fora do escopo até mesmo do kit mais completo de ferramentas Lean Six Sigma do Master Black Belt, por isso, usamos uma técnica simples chamada *visão para trás*. Essa técnica ajuda a criar uma imagem do futuro expressa em termos comportamentais, ou seja, como será a cultura no futuro. A equipe de melhoria (a equipe Lean Six Sigma) imagina que sua mudança foi concluída com sucesso, então considera o que esperava ver, tanto interna quanto externamente, o que pode incluir o seguinte:

» Satisfação do cliente

» Comportamentos

» Resultados

» Recompensas

» Reconhecimento

Ao determinar as percepções da equipe sobre essas questões, você pode começar a entender as ações que talvez sejam necessárias como parte de seu progresso em direção ao estado desejado — o futuro após a mudança ter sido feita. Tais ações incluem as atividades e os comportamentos que você precisa reduzir e remover e aqueles que precisa introduzir e aumentar.

É importante ter uma cultura mais solidária, na qual as pessoas se ajudem mais umas às outras, trabalhem melhor em equipe e operem menos de acordo com suas próprias agendas privadas. Criar uma visão trata-se de liderança, de assumir responsabilidade e trabalhar no melhor interesse da empresa.

Escrever uma declaração de visão para trás fornece uma estrutura útil para o desenvolvimento de estratégias de influência. Por exemplo, uma boa visão de futuro para um funcionário do aeroporto que trabalha na redução de filas e no aumento da segurança é:

> *Nosso objetivo é transformar a experiência de segurança do passageiro viajante ao: (a) superar as expectativas, eliminando filas de espera, e (b) criar um ambiente altamente profissional supervisionado por pessoal de segurança rigoroso, profissional, prestativo e proativo.*

Uma visão clara fornece clareza sobre os resultados do esforço de mudança e ajuda a identificar pelo menos alguns dos elementos que a mudança visa transformar. Uma visão assegura o compromisso e o apoio de todos os envolvidos na prestação desse serviço, ajudando as pessoas a entender o que você quer mudar — e por quê.

Quebrando Premissas

"Suas premissas são as janelas para o mundo", escreveu Isaac Asimov. "Limpe-as de vez em quando ou a luz não entrará." *Quebrar premissas* é uma ferramenta útil para desafiar por que as coisas são feitas como são. Sempre pergunte "Por que as coisas são feitas assim?" para ir além das respostas iniciais, geralmente superficiais.

EXEMPLO

Um projeto para acelerar os pedidos de registro de imóveis no Reino Unido é um bom exemplo. Os registros eram sempre enviados ao departamento jurídico para que avaliasse se o valor da propriedade excedia determinado

CAPÍTULO 6 **Gerenciando Pessoas e Mudanças**   107

valor. Verificou-se que nenhuma lógica estava envolvida nessa decisão, pois o valor do imóvel não fazia diferença para a complexidade do título — mas acrescentava três meses ao tempo de conclusão!

A quebra de premissas é feita em três passos simples, mas muito eficazes:

1. **Identifique as premissas** (e não deixe de lado as óbvias).
2. **Desafie-as.** Não pode ser feito? Por que não?
3. **Identifique como *pode* ser feito.** Perguntar "e se?" pode ser útil aqui.

Veja algumas falsas premissas comuns.

- É impossível fazer isso.
- As regras não permitem tal abordagem.
- Nunca conseguiremos levar isso para o TI a tempo (tudo bem, talvez essa seja justa!).
- O departamento A, B, C (escolha um) nunca concordará.
- Isso tudo precisa de autorização antes de ser processado.
- Todos os projetos precisam de todos os 164 documentos prontos antes de receberem permissão (até os projetos pequenos?).
- Não temos dinheiro, equipamentos, espaço físico ou funcionários.
- O escritório central nunca concordaria com isso.
- Não se ensina truques novos a um cachorro velho.
- É uma mudança muito radical.
- Isso está além da nossa responsabilidade.
- Os funcionários rejeitarão totalmente isso.

Trabalhe com sua equipe para ver se consegue quebrar tais premissas e desafiar o status quo.

Para lidar com as questões relacionadas a pessoas, que descrevemos neste capítulo, e compreender os elementos fundamentais na gestão da mudança, usamos os elementos do modelo de mudança mostrado na Figura 6-5, baseado no trabalho de John Kotter, para ajudá-lo na implementação da abordagem geral e em projetos locais e entre empresas.

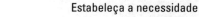

FIGURA 6-5: Elementos do modelo de mudança.

Estabeleça a necessidade
O que estamos tentando mudar?
Crie uma sensação de emergência
Defenda o que, por que e por que agora

Crie engajamento com os stakeholders
Quem precisa estar envolvido?
Quem pode defender isso para mim?
Convença as pessoas importantes

Desenvolva a visão e o plano
Como será quando o projeto/mudança tiver ocorrido?
Dê a todos uma imagem clara sobre 'O que ganho com isso?'
Esclareça estados atuais, transitórios e futuros: o que devemos fazer para entregar essa visão?

Faça a mudança acontecer
Mantenha todos ao seu lado
Enfrente a resistência e o conflito
Apoie a equipe
Implemente o plano

Comunique-se
Mantenha todos adequadamente informados
Mantenha o momentum
Venda a mudança

Incorpore a mudança
Quais práticas existentes podem reforçar ou impedir a mudança?
Alinhe sistemas e estruturas
Reforce novos comportamentos
Torne a mudança sustentável

Monitore e atualize
Onde estamos agora?
Monitore seu progresso
Identifique mais melhorias
Atualize o programa de mudança de cultura

© Martin Brenig-Jones e Jo Dowdall

Esse modelo pode ser usado como uma ferramenta simples, mas eficaz, para avaliar como está indo em relação aos elementos da Gestão de Mudanças de projetos individuais e também do programa geral de implementação. Você pode usar o gráfico que se parece com um radar, mostrado na Figura 6-6, para realizar avaliações regulares do progresso.

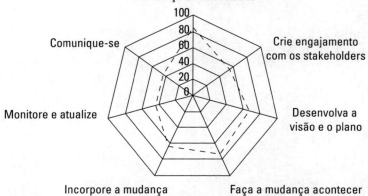

FIGURA 6-6: Gráfico para avaliar o progresso da equipe.

© Martin Brenig-Jones e Jo Dowdall

CAPÍTULO 6 **Gerenciando Pessoas e Mudanças** 109

Pontuar 100% significa a perfeição, enquanto as pontuações mais próximas do centro indicam áreas em que mais trabalho precisa ser feito. Esse gráfico é uma ótima ferramenta a ser usada em sua equipe; cada um pode inicialmente realizar sua própria avaliação e depois compartilhar com os outros para ver onde existem temas comuns ou diferenças de opinião.

Você também descobrirá que algumas características organizacionais são inerentes a uma cultura particular. Por exemplo, algumas organizações são muito mais rápidas em utilizar novos métodos de comunicação interna do que outras. Algumas são boas em fazer uma mudança acontecer, mas têm dificuldades na incorporação dessa mudança.

DICA

Considere o uso de storyboards para captar e comunicar a essência e os elementos-chave da atividade de melhoria de uma equipe, incorporando, idealmente, fotos e vídeos.

Um fator central comum para o sucesso da Gestão de Mudanças é a comunicação eficaz. Para garantir que as mensagens certas cheguem às pessoas certas no momento correto e por meio apropriado, você precisa desenvolver um plano de comunicação como parte de seu plano geral de implementação. Tente pensar nos diferentes públicos e vê-los como equipes e indivíduos. E lembre-se, todos nós vemos e ouvimos as coisas de maneira diferente.

A mudança está entrelaçada no âmago do Lean Six Sigma. É por isso que a fazemos! Portanto, a Gestão de Mudanças é uma parte intrínseca da abordagem.

3 Entendendo o Desempenho e Analisando o Processo

NESTA PARTE...

Use um conjunto equilibrado de medidas para entender em que nível seu processo atende às exigências do cliente e quais variáveis-chave estão impulsionando o desempenho.

Mensure eficazmente usando um processo de coleta de dados em cinco passos.

Desenvolva uma abordagem de amostragem que o ajudará a ter uma compreensão sensata do desempenho ao usar quantidades comparativamente pequenas de dados representativos.

Decida como apresentar e interpretar dados e use gráficos de controle para identificar variações no processo para que possa saber quando agir ou não.

Identifique e verifique as causas raiz de problemas no processo usando diversas ferramentas e técnicas.

Identifique etapas que não agregam valor e o desperdício em seu processo.

Melhore o fluxo de processo com diversos conceitos, incluindo *"produção" puxada* e a *teoria das restrições*.

> **NESTE CAPÍTULO**
>
> » Identificando o que, por que, como, onde, quando e quem na coleta de dados
>
> » Familiarizando-se com o processo de cinco passos para coletar dados
>
> » Tendo sucesso com as amostras

Capítulo **7**

Coletando Dados

Gerenciar com base em fatos é um dos princípios fundamentais do Lean Six Sigma. Para isso, você precisa de dados relevantes, precisos e confiáveis, que são produzidos por um sistema de medição que seja consistente. Este capítulo se concentra no desenvolvimento de um processo de coleta de dados para garantir que os dados coletados atendam a esses critérios.

Você deve ver sua coleta de dados como um processo que precisa de gestão e melhoria, assim como todos os outros processos.

Gerenciando com Base em Fatos

Quer você administre um processo, quer lidere um projeto de melhoria, você precisa de dados precisos para ajudá-lo a tomar as decisões corretas. A citação a seguir resume a importância dos fatos:

> A menos que possa obter fatos e dados precisos sobre o local de trabalho, não pode haver nenhum controle ou melhoria. É tarefa da média gerência e dos gerentes abaixo dela garantir a precisão de seus dados, o que permite à empresa conhecer os fatos verdadeiros.

Kaoru Ishikawa, *Controle da Qualidade Total no Estilo Japonês.*

As próximas seções destacam a importância de bons dados e o ajudarão a desenvolver um plano eficaz de coleta de dados para compreender, melhorar e gerenciar seus processos.

Percebendo a importância de bons dados

Bons dados apoiam uma boa tomada de decisão. Eles podem incitá-lo a implementar um projeto de melhoria, destacando o mau desempenho em relação aos CTQs (veja o Capítulo 3) ou mostrar oportunidades para enfrentar o desperdício (veja o Capítulo 10). Eles permitem que você compreenda os níveis atuais de desempenho de um processo e fornecem os meios para comparar esse desempenho e priorizar as ações de melhoria.

Ao empreender um projeto de melhoria, você precisa identificar e abordar as causas do problema que está enfrentando, a fim de evitar que o problema se repita. Bons dados ajudam a quantificar e verificar essas possíveis causas para que você possa desenvolver soluções eficazes e apropriadas.

Você provavelmente já ouviu a expressão "lixo entra, lixo sai", que muitas vezes é aplicada aos dados. É preciso garantir que tenha bons dados em seus vários relatórios e análises de informações gerenciais. Para isso, você deve ter um bom plano de coleta de dados, e descrevemos os elementos--chave mais adiante neste capítulo. Primeiro, é preciso considerar o que você está medindo.

Avaliando o que você mede atualmente

Muitas organizações têm dados até o pescoço! Infelizmente, esses dados nem sempre são certos. Às vezes as organizações medem as coisas porque *podem* medi-las — mas essas coisas não são necessariamente as certas a serem medidas, e os dados resultantes não ajudam a gerenciar seu negócio e processos.

Às vezes os dados não são exatos, e mesmo que sejam, podem ser apresentados de uma forma que leve a conclusões erradas. Por exemplo, os dados em geral são apresentados como médias ou porcentagens, de modo que você não consegue entender a gama de desempenho do processo ou sua variação, que é o que seus clientes estarão experimentando (o que abordamos nos Capítulos 4 e 8). Os resultados podem ser apresentados como uma página de números para incentivar comparações com os resultados da semana anterior ou mesmo os resultados desta semana do ano passado, mas isso é simplista e, novamente, pode levar a conclusões e ações erradas.

A Figura 7-1 apresenta um formato eficaz para ajudá-lo a avaliar suas métricas. Ela serve como um lembrete para medir os aspectos dos processos que mais interessam aos clientes.

FIGURA 7-1:
Tirando as medidas dos CTQs.

		Saída das Medidas			
○ Métrica Forte	**Exigências dos Clientes (CTQs)**	% em 5 horas	Tempo de ciclo	Número de erros	Tipos de erros
● Métrica Média	Emitir informações sobre as exigências do cliente dentro de 5 horas após receber sua ligação	●	○	▲	▲
▲ Métrica Fraca	Sem erros nas informações registradas			○	●

© Martin Brenig-Jones e Jo Dowdall

Decidindo o que medir

Você já sabe que escolher o que medir e como apresentar seus dados é importante. Mas também é importante decidir o que *não* deve ser medido. O Lean Six Sigma exige que você administre com base em fatos e que tenha bons dados — mas isso não significa que precisa de mais dados do que aqueles que produz atualmente. Isso significa que você precisa ter os dados *certos*.

Analise os dados que você tem atualmente e decida se realmente o estão ajudando a gerenciar seu processo. Os dados agregam valor? Quem os utiliza? Como e por que são utilizados? Os CTQs devem fornecer a base para suas métricas de processo, e você deve considerar se as métricas atuais descrevem o nível em que os está atendendo. A Figura 7-1 utiliza símbolos para identificar a força de suas métricas de desempenho em relação aos CTQs.

Se observar o CTQ para entrega dentro de cinco horas, verá que a primeira métrica na matriz, a porcentagem emitida dentro de cinco horas, é classificada apenas como uma "força média". Essa medida informa a porcentagem de casos processados dentro do CTQ para o padrão de serviço, mas não informa nada sobre os resultados individuais ou a faixa de desempenho. Alguns casos serão concluídos em uma hora, e outros, em dez horas, por exemplo. Essa informação importante é fornecida pela segunda métrica, o "tempo de ciclo", na qual você registra os resultados de cada caso (ou, pelo menos, uma amostra representativa). Com essas informações, é possível entender muito mais. É possível determinar o desempenho médio, o intervalo de desempenho, e, claro, pode extrair a informação sobre "porcentagem dentro de cinco horas", porque pode ver quantos casos levaram cinco horas ou menos.

Neste capítulo e no próximo, mostramos como compreender a variação e criar um equilíbrio de métricas podem ajudá-lo a entender e prever o desempenho. A primeira etapa desse processo é rever suas métricas e criar um plano de coleta de dados que o ajude a garantir a coleta certa de dados corretos.

Criando um Plano de Coleta de Dados

A coleta de dados é um processo que precisa ser projetado, gerenciado e melhorado, assim como qualquer outro processo. Seus dados terão o mesmo nível de qualidade do processo que os coleta. A coleta de dados envolve cinco etapas:

1. Concordar sobre as métricas ligadas às saídas do processo que são mais importantes para os clientes (os CTQs).

2. Desenvolver definições operacionais (analisadas posteriormente neste capítulo) e procedimentos que ajudam a garantir que todos saibam o que está sendo medido, por que e como.

3. Validar o sistema de medição para garantir que os dados coletados sejam de boa qualidade.

4. Desenvolver o plano de amostragem.

5. Gerenciar o processo de coleta de dados.

Passo 1: Concordando sobre as métricas

Neste primeiro passo, começamos com o fim em mente, considerando as métricas de saída. Ao ligar os dados às suas principais saídas, você pode garantir que está medindo as coisas que mais importam para os clientes. Após as métricas de saída terem sido acordadas, é preciso desenvolver algumas métricas adicionais para ajudá-lo a entender como as entradas em seu processo e suas diversas atividades influenciam os resultados de saída.

DICA

Chegar a um acordo sobre metas e saídas é geralmente simples se você descreveu as exigências CTQ do cliente de forma claramente mensurável (explicamos como fazê-lo no Capítulo 4). Use os símbolos sugeridos na Figura 7-1 para verificar se tem um conjunto apropriado de métricas. Você precisa de pelo menos uma métrica forte para cada CTQ.

Quando já tiver um conjunto de métricas de saída, use a Figura 7-1 para verificar se são apropriadas. Isso pode ser particularmente relevante se você só determinou os CTQs recentemente. Talvez não tenha medido esse aspecto particular do processo antes se acabou de identificar o quanto ele é importante para seus clientes. Após utilizar a Figura

7-1 dessa forma, pode considerar abandonar algumas métricas e criar outras mais apropriadas.

DICA

O tempo é muitas vezes uma métrica útil. Entretanto, apenas medindo se cada item atende ou não ao padrão de serviço, você não sabe a faixa de desempenho que está sendo entregue. Por exemplo, pode ver que a organização processa 80% dos pedidos dentro do padrão de serviço de 5 horas, mas talvez não consiga ver que alguns pedidos levam uma 1, outros levam 2 ou 3 horas, e os 20% que falham levam 10 horas. Com uma métrica de tempo de ciclo ou lead time, você pode compreender plenamente esse aspecto do desempenho.

Esse é um exemplo de pensamento sobre *tipos de dados*. Os dados produzidos como resultado da medição de algo em uma escala (como tempo, comprimento, peso) são chamados de *dados contínuos*. Aqueles que são produzidos por contagem (quantas páginas há neste livro ou quantos pedidos não atendem ao padrão de serviço) são conhecidos como *dados discretos* (ou *dados de atributos*). Você pode ver pelo exemplo anterior que, em geral, preferimos usar dados contínuos onde possível.

Na Figura 7-2, mostramos um processo que tenta atender às exigências do cliente. O feedback do cliente e o processo destacam duas lacunas que precisam ser fechadas. Primeiro, temos a diferença entre o que o cliente quer (a voz do cliente) e como o processo está realmente funcionando (a voz do processo). Há a necessidade de alguma ação de melhoria aqui. Segundo, há uma lacuna entre o que a organização está medindo (a *média* de seis dias) e a gama completa de cada instância de desempenho do processo, conforme experimentado pelo cliente.

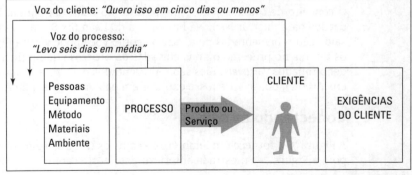

FIGURA 7-2: Alinhando a voz do cliente e a voz do processo.

© Martin Brenig-Jones e Jo Dowdall

Obtendo um equilíbrio de métricas

Começamos analisando as métricas de saída. Mas se isso for tudo o que você tiver, poderá entender como é o desempenho, mas não o que o causou.

CAPÍTULO 7 **Coletando Dados** 117

Para entender o que está causando o desempenho das saídas do processo, você precisa de um equilíbrio de métricas no seu plano de coleta de dados. Não apenas de saída, mas métricas a partir das entradas do processo e do próprio processo. A ligação entre as variáveis de entrada e as variáveis do processo influenciará a saída dele, como mostrado na Figura 7-3.

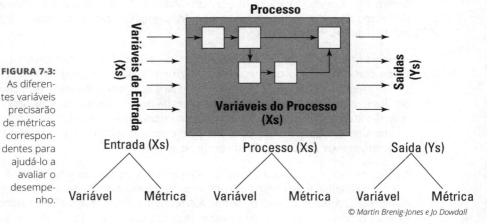

FIGURA 7-3: As diferentes variáveis precisarão de métricas correspondentes para ajudá-lo a avaliar o desempenho.

© Martin Brenig-Jones e Jo Dowdall

Alguns utilizam os termos *tendência* e *resultado* para descrever esse equilíbrio de métricas. Métricas de resultado são as de saída (visto que descrevem o que aconteceu), e métricas de tendência são as de entrada e do processo (porque podem ajudar a prever e influenciar).

O conceito de *causa* e *efeito* é importante no Lean Six Sigma. Xs e Ys são usados para ilustrar isso. Na linguagem do Lean Six Sigma, as métricas de saída são representadas pela letra Y, como você pode ver na Figura 7-4. E os fatores no processo ou nas entradas do processo que influenciam Y são denominados *variáveis*. Eles são representados pela letra X. Isso é expresso em Y = f(x), ou, se você fosse explicar em palavras, "Y é uma função de X".

Conectando as coisas

A Figura 7-4 fornece um lembrete de como os CTQs são agrupados e incorpora a Figura 7-1 mostrada anteriormente neste capítulo.

Voz do Cliente	Questão principal	CTQ Mensurável
Para cumprirmos o cronograma, precisamos saber sobre as exigências de um novo serviço	A velocidade é fundamental, pois o serviço deve ser concluído dentro do cronograma acordado	Emitir informações sobre as exigências dentro de 5 horas após a ligação do cliente
Precisamos ter os detalhes e as informações certas	A precisão é vital para evitar desperdício e tempo perdido	Sem erros nas informações registradas

○ Métrica Forte
● Métrica Média
▲ Métrica Fraca

Métricas de Saída

Exigências do Cliente (CTQs)	% em 5 horas	Tempo de ciclo	Número de erros	Tipos de erros
Emitir informações sobre as exigências do cliente dentro de 5 horas após receber sua ligação	●	○	▲	▲
Sem erros nas informações registradas			○	●

Quais são as variáveis X da entrada e do processo?

○ Métrica Forte
● Métrica Média
▲ Métrica Fraca

Métricas de Saída					
% em 5 horas					
Tempo de ciclo					
Número de erros					
Tipo de erros					

© Martin Brenig-Jones e Jo Dowdall

FIGURA 7-4: Juntando os CTQs na mistura.

Passo 2: Criando definições operacionais claras

Ao saber o que medir, é necessário criar uma descrição suficientemente detalhada, clara e inequívoca da métrica, e como ela é obtida. Isso se chama *definição operacional*. Ela ajuda todos na equipe a entender quem, o que, onde, quando e como no processo de medição, o que ajuda a produzir dados confiáveis. Por exemplo, ao medir o tempo de ciclo, você definirá quando a contagem de tempo começa e termina, qual relógio é usado, se mede em segundos, minutos ou horas e se arredonda para cima ou para baixo, de modo que possa dizer aos outros *como* fazer a medição.

EXEMPLO

O lançamento em 1999 do Mars Lander da NASA é um exemplo famoso de definições obscuras. Esse veículo de US$125 milhões foi projetado para investigar se havia existido água no planeta vermelho. Infelizmente, o veículo desapareceu, e ninguém ouviu nada mais sobre ele. A causa foi bastante embaraçosa: a equipe que construiu a espaçonave e gerenciou

CAPÍTULO 7 **Coletando Dados** 119

seu lançamento trabalhou usando pés e polegadas, mas a equipe responsável pelo pouso da nave em Marte trabalhou usando o sistema métrico — e ninguém pensou em converter os dados. Como resultado, o ângulo de entrada em Marte era muito acentuado, e o veículo queimou.

Passo 3: Validando seu sistema de medição

A definição operacional nos diz *como* fazer a medição, mas isso não prova que *podemos* fazê-la com sucesso, o que nos leva à terceira etapa do plano de coleta de dados.

CUIDADO

Não existe um sistema de medição perfeito, porque os valores obtidos nem sempre terão o "tamanho" exato das coisas que você está medindo. Portanto, quando vemos dados de nosso processo, na verdade, eles são compostos de variações reais do processo e "erros" do sistema de medição imperfeito.

Isso pode complicar muito a vida, mas o caminho prático é assegurar que a variação do sistema de medição seja tão pequena a ponto de ser irrelevante e poder ser ignorada. Em outras palavras, ela não faria diferença para nossa compreensão do que estamos medindo.

Análise do Sistema de Medição (Measurement System Analysis — MSA) é uma família de técnicas que fornece uma maneira de estabelecer quanto da variação dos dados que obtivemos se dá por causa do sistema de medição. *Gage R e R* e *Análise de Concordância de Atributos* são as técnicas usadas para avaliar a capacidade dos sistemas de medição que produzem dados contínuos e discretos (de atributos), respectivamente. Vamos começar com Gage R e R.

"Gage R e R" significa Medidor de Repetibilidade e Reprodutibilidade. Gage é apenas outro nome para um dispositivo medidor, como uma régua ou uma balança.

> » **Repetibilidade** é uma medida da variação observada quando um operador mede a mesma coisa várias vezes usando o mesmo dispositivo de medição. Se você usasse uma régua para medir a largura deste livro várias vezes, poderia facilmente obter um resultado diferente cada vez devido a como segura o livro e a régua, como alinha a marca zero da régua até a borda do livro, sua visão, as condições de luz, e assim por diante. Tal variação nessas medidas é chamada de repetibilidade do sistema de medição. Afinal, é o mesmo livro, e ele não muda, portanto, as diferenças devem ser por causa do sistema de medição. Note que o sistema de medição consiste na régua, no ambiente, em você e na definição operacional que lhe diz como fazer a medição.

» **Reprodutibilidade** é uma medida da variação observada quando pessoas diferentes usam o mesmo dispositivo para medir a mesma coisa. Para avaliar a reprodutibilidade, você pede a outra pessoa para medir o mesmo livro com o mesmo dispositivo de medição e as mesmas condições, e vê se os resultados são diferentes, em média, dos resultados da primeira pessoa. O tamanho da diferença é chamado de reprodutibilidade.

Se a repetibilidade ou a reprodutibilidade forem muito altas, nossos dados de processo conterão muitos erros do sistema de medição e, portanto, não serão confiáveis. Para decidir se são aceitáveis ou se precisamos melhorar o sistema de medição, podemos fazer um cálculo simples, como mostrado no exemplo a seguir.

Na Figura 7-5, duas pessoas — Cronometrista A e Cronometrista B — medem o mesmo lote de produtos em uma sequência aleatória. Fazendo a média da diferença das duas leituras sobre o número de produtos no lote, podemos determinar o Gage R e R.

Métrica	Cronometrista A	Cronometrista B	Tolerância
Verificar formulário	45	41	9,30%
Acrescentar informações	90	89	1,12%
Atualizar registros	175	177	1,14%
Imprimir contrato	100	95	5,13%
Emitir ao cliente	66	72	8,70%
Tempo Total	**476**	**474**	**0,42%**

© Martin Brenig-Jones e Jo Dowdall

FIGURA 7-5: Conferindo o sistema de medição.

Na Figura 7-5, o Gage R e R parece ser bom para o tempo total a 0,42%, mas não tão bom para os subprocessos.

A tolerância é calculada dividindo-se a diferença nas leituras pela média delas e multiplicando o resultado por 100 para transformá-la em porcentagem. Assim, por exemplo, se observarmos "Verificar formulário", a diferença entre os Cronometristas A e B é de 4 segundos, a média é de 43 segundos, e a tolerância resultante é de 9,30% (4/43 × 100%).

Determinar o que é bom em termos de Gage R e R é um tanto subjetivo, e não existem respostas verdadeiramente corretas. Podemos oferecer algumas diretrizes gerais, mas quando você decide se deve ou não agir, muito depende do processo e das consequências de dados imprecisos. Geralmente, se o Gage R e R excede 10%, você deve procurar melhorar o sistema de medição, talvez concentrando-se em uma melhor definição operacional, por exemplo, ou usando equipamentos de medição mais precisos.

CUIDADO

Descrevemos aqui o conceito de Gage R e R, bem como uma abordagem simples para avaliar o desempenho do sistema de medição. Em muitas situações na fabricação, em laboratórios etc., será necessário um estudo mais formal do Gage R e R envolvendo cálculos estatísticos. Estes estão além do escopo deste livro — mas os conceitos não são diferentes.

À medida que nos aprofundamos nos aspectos de Medição e Análise do Lean Six Sigma, o tipo de dados utilizados para medir e compreender o desempenho torna-se importante, pois diferentes tipos de dados são utilizados de maneiras distintas. Lembre-se de que os *dados contínuos* são medidos em uma escala contínua, como, por exemplo, o tempo de processamento ou o tamanho de um componente. Os *dados de atributos* são usados para entender se algo está ou não presente, se está certo ou errado, para categorizar itens, tais como tipos de pedidos de indenização, reclamação e situação financeira. Os dados de atributo são o resultado da classificação dos itens e depois da contagem do número em cada classificação.

Usamos o Gage R e R para avaliar os sistemas de medição que produzem dados contínuos. Para verificar a precisão e a consistência dos dados discretos (atributos), usamos a *Análise de Concordância de Atributos*. Assim, por exemplo, você pede a várias pessoas da equipe de processo que classifiquem os itens de um lote em diversas categorias. Você pode então comparar suas avaliações tanto umas com as outras como com as avaliações de um especialista. Isso garante uma classificação consistente pela equipe de processo e, às vezes, destaca padrões ou definições ineficazes, bem como as necessidades de treinamento.

Na Figura 7-6, você pode ver como os avaliadores Ann e Brian classificam as reclamações de forma consistente entre si, mas não estão de acordo com a avaliação do especialista. As reclamações precisam ser codificadas por categoria como AA, AB, AC ou BB. Essa descoberta indica a necessidade de melhorar as definições operacionais que especificam como classificar corretamente as reclamações e o treinamento dado aos avaliadores para que sua classificação esteja de acordo com a opinião do perito.

FIGURA 7-6: Dados de atributos em ação.

Nº da Reclamação	Classificação do Especialista	Ann	Brian
1	AA	AA	AA
2	AB	AA	AA
3	AA	AB	AB
4	AC	AC	AC
5	BB	BB	BB

© Martin Brenig-Jones e Jo Dowdall

Passo 4: Desenvolvendo o Plano de Amostras

Uma das decisões importantes a tomar na coleta e na análise de dados é sobre quais dados precisamos coletar e quantos são necessários. É aqui que entra a amostragem. Amostragem significa decidir qual subconjunto de todos os dados possíveis na população de interesse precisamos usar para tirar conclusões (fazer inferências) sobre a população de forma justa.

A Figura 7-7 ilustra isso de forma simples. Uma amostra é retirada da população, essa amostra é analisada, e os resultados da análise são usados para fazer inferências sobre a população. Essa amostra precisa ser escolhida cuidadosamente; caso contrário, as inferências não serão corretas.

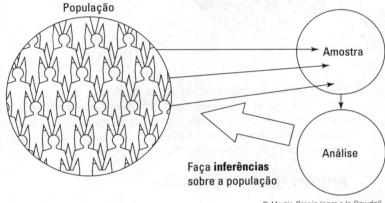

FIGURA 7-7: Fazendo inferências.

© Martin Brenig-Jones e Jo Dowdall

A amostragem é utilizada quando a coleta e a análise de todos os dados disponíveis não é apropriada, talvez por consumir muito tempo ou ser cara. Às vezes a coleta de dados destrói o que está sendo medido, como no caso dos telefones celulares com testes de queda. É importante que conclusões válidas possam ser tiradas de uma quantidade relativamente pequena de dados se a amostragem é bem feita. Para que as conclusões sejam válidas, as amostras devem ser representativas (de modo que os dados coletados representem a população de interesse).

Amostragem populacional

Como o nome sugere, a amostragem populacional analisa as populações — o grupo inteiro. Isso pode significar uma base de clientes ou uma população de algo que foi processado (por exemplo, solicitações de empréstimo ou pedidos), intenções de voto ou padrões de compra. Usar dados de toda a população geralmente só é possível quando ela é pequena e os dados são fáceis de obter.

Para a amostragem populacional, é importante utilizar uma abordagem aleatória ou segmentada aleatória. Ou seja, não deve haver diferenças sistemáticas entre os dados que você coleta e não coleta, para que cada item tenha a mesma chance de ser incluído. Se este não for o caso, sua amostra será tendenciosa (veja a Figura 7-8).

FIGURA 7-8: É vital entender os fatores de segmentação.

Se não entender os fatores de segmentação da população, você poderá obter uma amostra inadequada.

© Martin Brenig-Jones e Jo Dowdall

Os fatores de segmentação (às vezes chamados de "fatores de estratificação") podem incluir fatores demográficos (idade, sexo, etnia etc.), fatores geográficos, fatores baseados nos comportamentos e hábitos das pessoas, ou qualquer outro aspecto da população de dados em que você esteja interessado, tais como o tamanho ou o tipo de produto.

Amostragem do processo

O objetivo da amostragem do processo é entender não apenas uma "foto" do desempenho, como foi o caso da amostragem populacional, mas o que está acontecendo ao longo do tempo. É importante usar uma abordagem sistemática, em vez de uma aleatória, para a amostragem de processo, pois é necessário coletar seus dados em sequência temporal para poder exibi-los nessa sequência, o que precisamos fazer para entender o comportamento do processo.

Como mostra a Figura 7-9, você poderia tirar uma amostra regular e sistemática (por exemplo, a cada três ou dez itens) ou tirar uma amostra em intervalos regulares de tempo (por exemplo, a cada hora). Isso pode ser relativamente fácil de fazer, mas esteja ciente do risco de introduzir viés, como, por exemplo, se cada terceiro item for processado pela mesma pessoa ou se o intervalo de uma hora coincidir com os horários de intervalo do pessoal. Os dados obtidos poderiam ser exibidos em um tipo de gráfico de controle conhecido como o gráfico X e MR (valores individuais e amplitude móvel), descrito no Capítulo 8.

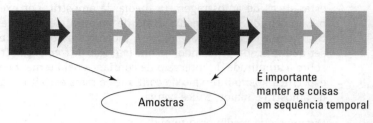

FIGURA 7-9: Usando uma abordagem sistemática.

A amostragem do processo envolve a amostragem de subgrupos (veja a Figura 7-10), exigindo que você obtenha uma amostra regular e representativa dos itens. Esse tipo de amostragem é usado para processos de alto volume (por exemplo, onde milhares de chamadas estão chegando ao help desk ou milhares de componentes estão sendo fabricados). Aqui, são determinados um tamanho de subgrupo e frequência adequados, como, por exemplo, cinco itens por hora. Os dados obtidos das amostras no subgrupo também podem ser exibidos em um gráfico de controle. Assim, a média e o alcance dos cinco pontos de dados medidos no subgrupo poderiam ser plotados em um gráfico de controle Xbarra e R (que abordamos no Capítulo 8).

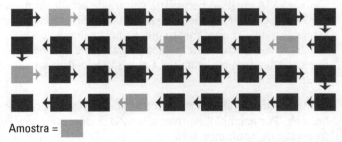

FIGURA 7-10: Amostragem dos subgrupos de um processo.

A amostragem de subgrupos também é utilizada quando temos dados discretos. Podemos contar o número de erros por dia e plotá-los em um gráfico C ou podemos medir a proporção de itens que falham na inspeção a cada hora em um gráfico P.

CAPÍTULO 7 **Coletando Dados** 125

Determinando o tamanho da amostra

É benéfico coletar apenas um subconjunto de todos os dados, mas há uma consequência que precisa ser gerenciada. Sempre que forem calculadas estatísticas de amostragem (a média da amostra, por exemplo), embora o valor obtido seja a média exata da *amostra*, será apenas uma estimativa para a média da *população*. A incerteza associada à estimativa pode ser quantificada utilizando-se um *intervalo de confiança*. Temos influência sobre a amplitude do intervalo de confiança pelo tamanho da amostra que especificamos: o intervalo de confiança é mais estreito quando o tamanho da amostra é maior, e vice-versa.

Digamos que medimos o tempo para 50 pedidos e a média da amostra foi de 30 dias. Dependendo do tamanho da amostra e do desvio-padrão, você pode terminar com um intervalo de confiança com limites inferior e superior em 27 e 33. Você diria: "Estou 95% confiante de que o tempo médio da população está entre 27 e 33 dias." Isso é ser honesto sobre a extensão do que você realmente sabe. Se esse intervalo for muito amplo, você precisaria coletar mais dados. Se for mais estreito do que precisa, já coletou mais do que o necessário.

Portanto, antes de coletarmos os dados, o que precisamos fazer é determinar a largura do intervalo de confiança de que gostaríamos e depois coletar a quantidade correspondente de dados, o que é praticamente começar com o fim em mente.

Quando fazemos o cálculo para determinar o tamanho da amostra, o que realmente introduzimos é a *precisão* (também conhecida como *margem de erro*). A precisão é simplesmente a metade da largura do intervalo de confiança.

Por exemplo, você pode querer entender o tempo de ciclo do processo com uma margem de erro de 2 horas (precisão = 2 horas) ou entender a proporção de produtos defeituosos sendo produzidos com uma margem de 3% (precisão = 3%). A precisão necessária variará de acordo com suas necessidades. Por que você quer os dados? Que decisões tomará como resultado? Talvez esteja usando o conhecimento que adquiriu ao medir a amostra para determinar as necessidades de pessoal, estabelecer planos ou configurar orçamentos. Quanto mais exata for a precisão necessária, maior será o tamanho da amostra.

O *intervalo de confiança* é determinado pelo valor de precisão que você estabeleceu. Por exemplo, se tiver ajustado o valor de precisão em 2 horas, o intervalo de confiança será de 4 horas. Digamos que os dados medidos mostram que o tempo médio do ciclo do processo é de 50 horas, então seu intervalo de confiança será de 48 a 52 horas (em outras palavras, dentro de +/- 2 horas da média).

O *nível de confiança* é outro elemento importante na amostragem. Esse é um valor percentual que mostra o quão confiante você pode estar se retira repetidamente amostras aleatórias do mesmo tamanho. Em geral, um nível de confiança de 95% é usado na maioria das situações de amostragem empresarial. Voltando ao exemplo anterior, com um nível de confiança de 95%, você poderia dizer que estava 95% confiante de que a média da população da qual a amostra foi retirada está em algum ponto entre 48 e 52 horas. Há 5% de chance de estar errado. Quer ter 99% de confiança? Isso resultaria em uma amostra maior.

Agora que começamos a entender os elementos básicos dos cálculos de tamanho da amostra, vejamos um exemplo. Esse exemplo utiliza dados contínuos e a fórmula de tamanho da amostra mostrada na Figura 7-11.

FIGURA 7-11: Fórmula para Dados Contínuos.

Tempo de ciclo médio estimado $n = \left(\dfrac{2s}{d}\right)^2$

© Martin Brenig-Jones e Jo Dowdall

Imagine que sua equipe queira entender o tempo médio de resposta a dúvidas de clientes e 15 mil dúvidas foram processadas. Quantas devemos amostrar? Comece estabelecendo a precisão necessária. Você quer compreender o tempo médio de resposta dentro de 10 minutos, 5 minutos ou 5 segundos? O tempo de 10 minutos não lhe dá a precisão necessária, e 5 segundos é demais. Digamos que você queira entender o tempo médio de processo com o limite de 1 minuto. Na fórmula, o valor da precisão é representado por d. Às vezes é representado por delta ou Δ.

Em seguida, você precisa entender quanta variação existe dentro dos tempos de ciclo do processo. Precisa conhecer o desvio-padrão da amostra (sobre o qual falamos no Capítulo 1, caso precise de uma recapitulação). Isso é importante na amostragem porque, quanto maior for a variação, maior será o tamanho da amostra.

DICA

Isso pode parecer bastante estranho! Você ainda não mediu nada, então como pode saber o desvio-padrão? Se tiver alguns dados "históricos", poderia dar uma olhada nisso ou poderia pegar um pequeno número de pontos de dados e calcular seu desvio-padrão. Você também poderia usar o desvio-padrão de um processo similar ou obter uma estimativa com os operadores do processo, pedindo-lhes os valores mais altos e mais baixos que normalmente observam (o intervalo) e dividindo isso por 6.

Neste exemplo, vamos supor que você saiba o desvio-padrão e que são 3 minutos.

A Figura 7-12 utiliza esses valores e nos diz que o tamanho da amostra necessária é 36. Se, então, medirmos 36 dúvidas e calcularmos a média,

CAPÍTULO 7 **Coletando Dados** 127

estaremos 95% confiantes de que a média real de toda a população estará dentro de +/- 1 minuto desse valor.

$$n = \left(\frac{2 \times 3}{1}\right)^2 = 6^2 = 36$$

$$n = \left(\frac{2 \times 3}{0,5}\right)^2 = 12^2 = 144$$

FIGURA 7-12:
A fórmula na prática.

$$n = \left(\frac{2 \times 3}{0,125}\right)^2 = 48^2 = 2304$$

© Martin Brenig-Jones e Jo Dowdall

Agora veja o que acontece se quisermos aumentar a precisão. Mudar o valor de precisão (d) para meio minuto (0,5) resulta em um tamanho de amostra de 144. Se quisermos ser ainda mais precisos (nos 7,5 segundos mais próximos, que é 0,125 de um minuto), precisaríamos de um tamanho de amostra de 2.304.

A propósito, o 2 na fórmula é o que faz dele um intervalo de confiança de 95%, já que 95% dos itens em uma distribuição normal estão dentro de 2 desvios-padrão da média. A rigor, isso lhe dá 95,40%, e o valor correto deve ser 1,96, em vez de 2. No entanto, achamos que, se você está apenas entrando neste assunto, é mais fácil usar 2, e as respostas estarão próximas o suficiente!

Vejamos agora a fórmula do tamanho da amostra para dados "discretos", como na Figura 7-13.

FIGURA 7-13:
Fórmula para dados discretos.

Proporção estimada (por exemplo, % de defeitos) $n = \left(\frac{2}{d}\right)^2 (p)(1-p)$

n = Tamanho necessário de amostra
d = Precisão
p = Proporção

Esta fórmula presume que estamos usando um nível de confiança de 95%.

© Martin Brenig-Jones e Jo Dowdall

Como nos dados contínuos, a convenção "usual" é usar um nível de confiança de 95%.

Com esse tipo de dados, estamos trabalhando com proporções, tais como a proporção de itens defeituosos que são gerados pelo processo. A parte complicada nessa fórmula é determinar o valor disso, caso ainda não tenha medido nada. Como no exemplo anterior (em que estávamos usando dados contínuos e querendo saber o desvio-padrão), você precisará analisar os dados históricos ou coletar uma pequena amostra previamente e usá-la para obter um valor para p.

O valor de p terá um impacto sobre o tamanho da amostra que você precisa coletar. O maior tamanho de amostra ocorre quando p = 0,5, ou 50%. Se não faz ideia de qual é o p, use 50%, mas pode acabar com um tamanho de amostra maior do que o necessário.

A propósito, proporção defeituosa é uma expressão que usamos para esse tipo de cálculo de tamanho da amostra, mas que não descreve apenas itens defeituosos. Ela pode estar relacionada à proporção de clientes que provavelmente adquirirão um novo produto ou serviço, por exemplo.

A Figura 7-14 dá um exemplo da fórmula em ação. Neste exemplo, começamos com uma expectativa de que a proporção defeituosa seja de 0,10 ou 10%, e queremos que a estimativa esteja dentro dos 3%. Para termos 95% de certeza de que a porcentagem defeituosa em nossa amostra está dentro de mais ou menos 3% da porcentagem de toda a população de dados, precisaríamos medir 400 itens. Agora veja o que acontece com o tamanho da amostra quando a precisão é "apertada" para 1%.

FIGURA 7-14: Precisão é um fator fundamental no tamanho da amostra.

A resposta com uma precisão de 3%

$$n = \left(\frac{2}{d}\right)^2 (p)(1-p)$$

$$n = \left(\frac{2}{0,03}\right)^2 (0,10)(1-0,10)$$

$$n = 4444,4 \times 0,10 \times 0,90 = 400$$

A resposta fica muito maior com uma precisão de 1%

$$n = \left(\frac{2}{d}\right)^2 (p)(1-p)$$

$$n = \left(\frac{2}{0,01}\right)^2 (0,10)(1-0,10)$$

$$n = 40000 \times 0.10 \times 0,90 = 3600$$

© Martin Brenig-Jones e Jo Dowdall

Amostrando a partir de uma população finita

As fórmulas de tamanho de amostra que examinamos presumem que o tamanho da amostra (n) é pequeno em relação à população (N). Se a amostragem for superior a 5% da população, n/N será maior que 0,05. Isso pode ser mais do que você precisa, e é possível ajustar o tamanho da amostra com a fórmula mostrada na Figura 7-15.

FIGURA 7-15: Ajustando o tamanho da amostra.

Amostrando a partir de uma população limitada (finita)

$$^n\text{finito} = \frac{n}{1 + \frac{n}{N}}$$

© Martin Brenig-Jones e Jo Dowdall

Veja como isso reduz o tamanho da amostra de 2.304 que calculamos anteriormente nesta seção. Lembre-se de que o tamanho da população neste exemplo era de 15.000. Como pode ver, podemos reduzir o tamanho da amostra para pouco menos de 2.000, como mostrado na Figura 7-16.

FIGURA 7-16: Reduzindo o tamanho da amostra.

$$^n\text{finito} = \frac{2304}{1 + \frac{2304}{15.000}} = \frac{2304}{1,1536} = 1997$$

© Martin Brenig-Jones e Jo Dowdall

Seu cálculo do tamanho da amostra necessária para a precisão que gostaria está feito, mas qual tamanho de amostra você pode se dar ao luxo de observar? Se for menor do que o tamanho da amostra necessário, qual será o tamanho da amostra viável em termos de precisão? E isso será suficientemente preciso? Ao mexer na fórmula, como mostra a Figura 7-17, você pode calcular a precisão fornecida pelo tamanho da amostra e tomar uma decisão empresarial em relação a ela ser suficiente.

FIGURA 7-17: O que precisamente é viável?

Calculando a precisão a partir do tamanho viável de amostra

- Para uma média dentro de ± d unidades

$$d = \frac{2s}{\sqrt{n}}$$

- Uma proporção dentro de ± d%

$$d = 2\sqrt{\frac{(p)(1-p)}{n}}$$

© Martin Brenig-Jones e Jo Dowdall

Observe que os cálculos anteriores foram desenvolvidos para a amostragem populacional, mas também podem ser usados para a amostragem de processo, desde que o processo seja estável.

Passo 5: Coletando os dados

O quinto passo do processo de coleta de dados abrange como você realmente coleta os dados. Isso pode incluir a coleta manual de alguns deles. Folhas de coleta de dados simplificam o processo e garantem a consistência. Uma folha de coleta de dados pode ser tão simples quanto uma folha de verificação que você usa para registrar o número de vezes que algo ocorre.

É melhor completar a folha de verificação em sequência temporal, como mostrado na Figura 7-18. Este exemplo real mostra os dados da nova equipe comercial de uma seguradora que processa os pedidos de indenização pessoal de clientes individuais. Ela capta as principais razões pelas quais os pedidos não podem ser processados imediatamente: o registro diário do número de vezes que esses diferentes problemas ocorrem. Em uma base diária, podemos ver o número de "erros" e o número de formulários de solicitação, e na Figura 7-18 calculamos a taxa de erros por formulário. Adicionando a estratificação (ou seja, decompondo-a por dia da semana) desta forma, podemos obter algumas informações adicionais sobre as causas potenciais dos problemas. Além disso, cada dia forma um subgrupo (veja a amostragem do processo anteriormente neste capítulo), assim, poderemos avaliar qualquer padrão relacionado ao tempo durante o período de duas semanas, tal como uma tendência ascendente.

FIGURA 7-18: Examinando a folha de verificação.

Ref.	Característica	S	T	Q	Q	S	S	T	Q	Q	S	Total	%
A	sem assinatura	2	1	0	1	0	1	1	0	0	1	7	8,3
B	sem nº de peça	1	0	2	1	1	2	0	0	0	0	7	8,3
C	sem endereço	5	2	3	2	3	4	3	5	3	3	33	39,4
D	sem info. financeira	1	0	1	1	1	0	1	1	1	1	8	9,5
E	quantia errada	3	4	1	3	1	2	3	3	4	5	29	34,5
	Total de erros	12	7	7	8	6	9	8	9	8	10	84	100
	Total de formulários	24	20	21	18	18	24	16	20	14	22	197	
	Defeitos por formulário	0,5	0,35	0,33	0,44	0,33	0,37	0,5	0,45	0,57	0,45	0,43	

© Martin Brenig-Jones e Jo Dowdall

Olhando a folha de verificação da esquerda para a direita, você pode ver que registramos o total de erros por tipo e determinamos sua porcentagem em relação ao todo. Essa folha de verificação se liga perfeitamente a uma análise de Pareto, que mostramos no Capítulo 8.

DICA

Mesmo que você use um sistema de computador para medir e gerar automaticamente seus dados, pode ser útil projetar primeiro um formulário de coleta de dados no papel. Isso o ajuda a pensar em todos os detalhes necessários, por exemplo, como levar em conta os fatores de estratificação (veja o Capítulo 3) e até que ponto, que poderiam incluir diferentes tipos de clientes ou produtos.

CAPÍTULO 7 **Coletando Dados** 131

Um *diagrama de concentração* de defeitos fornece outra forma simples de coleta de dados. Essa técnica é boa para identificar danos nas mercadorias em trânsito, por exemplo, registrando onde ocorrem marcas e furos no produto ou na embalagem. As locadoras de veículos frequentemente pedem aos clientes que completem os diagramas de concentração de defeitos. Em uma foto do carro, os clientes têm que destacar os danos existentes, tais como amassados e arranhões. Ao devolver o veículo, a locadora verifica se ocorreu algum dano adicional, como mostrado na Figura 7-19.

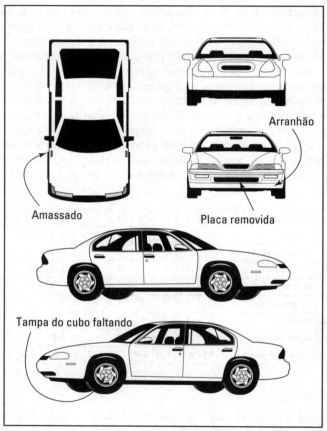

FIGURA 7-19: Arranhões no diagrama de concentração.

© *Martin Brenig-Jones e Jo Dowdall*

132 PARTE 3 **Entendendo o Desempenho e Analisando o Processo**

EXEMPLO

Um colega norte-americano alugou recentemente um carro e, ao preencher o formulário de identificação de danos existentes, perguntou sobre um amassadinho na lataria. O agente respondeu "US$0,25". Quando perguntado o que isso significava, o agente explicou que, se fosse maior que uma moeda de US$0,25, era um amassado; caso contrário, não importava. Em relação a arranhões, eles não eram considerados, a menos que fossem mais longos que uma nota de US$1. Portanto, aqui vemos definições operacionais na prática, com referências prontamente disponíveis tanto para o cliente quanto para o agente.

Identificando maneiras de melhorar sua abordagem

A quinta etapa do processo de coleta de dados relembra que a coleta de dados é um processo e precisa ser gerenciado e melhorado como qualquer outro.

A Figura 7-20 apresenta um resumo da coleta de dados. Use-o para garantir que abordou todos os aspectos de seu plano de coleta de dados; como resultado, isso deve lhe dar dados precisos, consistentes e válidos.

FIGURA 7-20: Juntando os itens do plano de coleta de dados.

Resumo da Coleta de Dados						
Tipo de métrica	O quê? O que estamos medindo?	Por quê? Por que estamos medindo isso?	Como? Como coletamos e registramos os dados?	Quando? Quando coletamos os dados?	Onde? Onde no processo?	Quem? Quem os coletará?
Saída						
Em processo						
Entrada						

© Martin Brenig-Jones e Jo Dowdall

DICA

Melhore seu resumo de coleta de dados usando ícones para mostrar como apresenta seus dados. Por exemplo, você pode usar imagens de diagramas de Pareto ou gráficos de controle que mostram a variação em seu desempenho. Descrevemos esses diagramas detalhadamente no próximo capítulo.

> **NESTE CAPÍTULO**
>
> » Investigando a variação usando gráficos de controle
>
> » Introduzindo a capacidade do processo
>
> » Vendo maneiras diferentes de demonstrar os dados

Capítulo **8**

Apresentando Seus Dados

Este capítulo destaca a importância de compreender e identificar as variações. Se puder identificar que tipo de variação você está vendo nos resultados de seu processo, conseguirá determinar se é ou não necessária uma ação e evitar a tomada de ações inadequadas e o desperdício de esforços.

Apresentamos os gráficos de controle neste capítulo. Eles podem ser usados para identificar tipos de variação em seu processo e fornecer uma maneira eficaz de exibir os dados para sintonizar a "Voz de seu Processo". Nossa ênfase é no tipo mais comumente usado, o X e MR, ou gráfico de controle de "valores individuais e amplitude móvel".

Também incluímos algumas outras ferramentas de exibição de dados: histogramas e diagramas de Pareto.

Mergulhando nos Tipos de Variações

Raramente as coisas são exatamente as mesmas, mesmo que à primeira vista pareçam ser assim. A variação está em toda parte! Por exemplo, ela existe na altura das pessoas, nas muitas tonalidades da cor verde, no número de palavras em cada frase deste livro e no tempo que as pessoas levam para lê-lo.

Há dois tipos de variação: de causa comum e de causa especial.

> » **De causa comum ou variação natural** é exatamente isso — natural. Você deve esperar que esse tipo aparecerá; não deve se surpreender com ele nem reagir a exemplos individuais dele.
>
> » **A variação de causa especial** não é o que você normalmente esperaria ver, portanto, no contexto de seus processos, algo incomum aconteceu que está influenciando os resultados. A variação de causa especial também pode resultar de uma mudança de processo que você fez para melhorar o desempenho. Nesse caso, será a evidência que você está procurando para confirmar que a melhoria teve um impacto sobre o desempenho.

Você pode usar o controle estatístico de processos (CEP) e os gráficos de controle para identificar e definir variações em seus processos empresariais, e na seção "Reconhecendo a Importância dos Gráficos de Controle" explicamos exatamente o que são e como utilizá-los.

CUIDADO

É importante identificar o tipo de variação, pois isso garante que você aja apenas quando necessário. Confundir um tipo de variação com outro cria problemas.

Entendendo a variação natural

A variação natural é o que você espera ver como resultado de como projeta e gerencia seus processos. Quando um processo exibe apenas variação natural, ele está em *controle estatístico* e *estável*. Estar em controle estatístico não significa necessariamente que os resultados do processo atendam aos CTQs de seu cliente, os elementos Críticos para a Qualidade de sua oferta, que abordamos no Capítulo 4, mas que os resultados são estáveis e previsíveis. Se os resultados não atenderem aos seus CTQs, você poderá melhorar o processo usando o DMAIC (Definir, Medir, Analisar, Melhorar e Controlar), que abordamos no Capítulo 2.

DICA

Para determinar se a variação é natural ou especial, faça o seguinte experimento com alguns colegas.

Primeiro, peça à equipe que escreva a letra A cinco vezes. Isso por si só forma a base para uma discussão interessante ao dar instruções claras para que todos entendam a exigência. Você pode descobrir que algumas pessoas escrevem seus As da esquerda para a direita e outras de cima para baixo. Algumas usam letras maiúsculas, e outras, letras minúsculas. Uma ou duas podem até escrever a frase "a letra A cinco vezes"!

Agora, observe as letras e pergunte se elas são todas iguais. Cada letra A é provavelmente um pouco diferente, mas em geral há chances de que sejam bastante semelhantes e possam ser claramente identificadas como a letra A.

A diferença entre as letras de cada colega é a variação natural, e o processo de produção delas é estável e previsível. Se você repetir o exercício, é provável que veja o mesmo tipo de variação. Para reduzir a variação, você precisa melhorar o processo, talvez automatizando sua escrita ou mostrando um modelo. Continuamos esse exercício na seção "Evitando adulterações", posteriormente neste capítulo.

Destacando a variação de causa especial

A variação de causa especial é a que você não espera. Algo incomum está acontecendo e é significativo o suficiente para afetar os resultados. A variação de causa especial é às vezes chamada de *variação de causa atribuível*. É uma ocorrência inesperada.

Quando há uma causa especial, o processo não é mais estável, e seu desempenho se torna imprevisível. É necessário tomar medidas para identificar a causa raiz da causa especial e, então, evitar que a causa ocorra novamente se ela degrada o desempenho, ou incorporar a causa no processo se ela o melhora.

DICA

Nem todas as causas especiais são ruins. Algumas vezes elas melhoram o desempenho ou fornecem provas de que uma melhoria funcionou. Descreveremos como você pode identificar causas especiais mais adiante neste capítulo, mas primeiro precisamos enfatizar por que fazer isso é tão importante.

Diferenciando os tipos de variação

Você precisa conseguir diferenciar os dois tipos de variação. Se acha que algo é variação natural quando é realmente uma causa especial, você pode perder uma oportunidade ou demorar para aproveitá-la para melhorar o processo. Se acha que algo é uma variação de causa especial quando de fato é natural, as mudanças que faz em resposta podem inadvertidamente aumentar a quantidade de variação. Isso é conhecido como adulteração (ou tampering, em inglês).

Evitando adulterações

Na seção "Entendendo a variação natural", anteriormente neste capítulo, pedimos que você fizesse uma experiência com os colegas escrevendo a letra A cinco vezes como um exemplo de variação natural. Nesta seção, mostramos o que acontece se você mexe no processo reagindo a um exemplo individual de variação de causa comum.

Imagine que seu gerente não compreenda a importância de diferenciar a variação de causas naturais e causas especiais. Ele caminha pela área de trabalho para ver a produção e sente que sua letra A mostra demasiada variação. Quando você começa a demonstrar o processo, ele pede que pare de escrever e diz que usar sua outra mão é muito melhor — afinal de contas, é a mão que eles usam!

Se você tentar escrever com a outra mão, seus resultados provavelmente mostrarão uma variação maior, e provavelmente demorará mais para produzir a saída.

Infelizmente, a adulteração acontece o tempo todo em diversas organizações. Os gerentes muitas vezes sentem que seu papel é responder a mudanças de desempenho, quando, na verdade, a variação que está sendo vista é de causa natural.

A adulteração e a discussão inútil muitas vezes andam de mãos dadas. É comum observar relatórios com páginas repletas de números que alguém espera que você compreenda e nos quais baseie as decisões. Na Figura 8-1, mostramos um conjunto típico de informações que é praticamente inútil.

FIGURA 8-1: Um típico conjunto de dados que não revela muito.

	\multicolumn{10}{c	}{Desempenho de Vendas — **Maio**}
	\multicolumn{5}{c	}{Localização A}	\multicolumn{5}{c	}{Localização B}
PRODUTO	Mês anterior	Meta	Mês atual	Meta	% de variação desde o ano passado	Mês anterior	Meta	Mês atual	Meta	% de variação desde o ano passado
1	34	30	37	30	-5,4	59	50	56	55	-7,6
2	260	250	230	250	3,3	226	250	267	250	12,8
3	75	75	65	70	0,4	125	130	133	135	5,9
4	3	2	4	2	2,7	16	15	18	15	-6,7
5	4678	4750	4978	5000	10,6	1657	1600	1753	1700	5,9
6	930	950	1006	975	2,9	975	1000	952	1000	-1,5
7	950	975	1100	1050	-3,9		975	950	975	-6,2
8	43	45	48	45	-2,8	75	75	78	85	8,4

© Martin Brenig-Jones e Jo Dowdall

Os números relativos à atividade de vendas frequentemente fornecem bons exemplos de dados inúteis. Você pode ouvir declarações como "os números desta semana foram melhores que os da semana passada, mas não tão bons quanto os da semana anterior". Quase certamente as diferenças nos números semanais são uma medida da variação natural do processo, e não devido a causas especiais.

O uso de gráficos de controle pode ajudá-lo a dar sentido aos números, permitindo-lhe diferenciar a variação natural e a variação especial.

Exibindo os dados de forma diferente

Os dados da Figura 8-1 não lhe dizem muito. Mas se apresentá-los de uma forma mais visual, você poderá começar a entender o que está acontecendo. A Figura 8-1 mostra um conjunto típico de dados exibidos em linhas e colunas, destacando o desempenho de vendas para duas unidades diferentes no mês de maio. A figura se refere a oito produtos diferentes. Você pode ver o número de vendas reais, juntamente com algumas metas.

Em vez de dar os números de apenas um mês, um método mais útil é traçar um gráfico, chamado *gráfico de tendência* ou *série temporal* (run chart, em inglês), usando números para uma série de meses. Um gráfico de tendência ou série temporal plota os dados em ordem cronológica, o que facilita detectar quaisquer padrões ou tendências, tais como mudanças sazonais e quando esperar "picos". Esse tipo de gráfico é um método simples e útil para a exibição dos dados, mas não diz se a variação é natural ou especial, portanto, para saber isso, você usa um gráfico de controle.

Na Figura 8-2, usamos os números da Localização A e do Produto 3 para criar um gráfico de tendência que apresenta os dados até o mês de março seguinte.

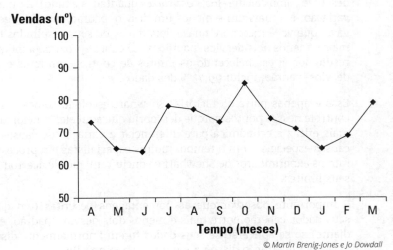

FIGURA 8-2: Apresentando dados em um gráfico de tendência.

Reconhecendo a Importância dos Gráficos de Controle

Os gráficos de controle fornecem a única maneira definitiva de identificar o tipo de variação em um processo, o que é essencial para entender realmente o que está acontecendo.

Walter Shewhart desenvolveu gráficos de controle na década de 1920. Ele achava que as empresas perdiam muito tempo confundindo os tipos de variação e tomando medidas inadequadas. Shewhart imaginou o gráfico de controle como uma forma de simplificar a identificação da variação. Ele queria exibir os dados na forma modificada de um gráfico de tendência, mostrando a média geral e também os limites de controle superior e inferior (UCL e LCL, das siglas em inglês). Esses limites superiores e inferiores de controle mostram o alcance natural dos resultados do processo, mas ele não sabia onde colocá-los.

Shewhart conduziu milhares de experimentos para determinar a posição mais apropriada para os limites de controle. Ele descobriu que as melhores posições estavam em mais e menos três desvios-padrão da média do processo. Explicamos os desvios-padrão no Capítulo 1, mas essencialmente, um desvio-padrão indica a diferença média entre qualquer resultado de um processo e a média geral de todos os resultados do processo (o Capítulo 1 descreve como calculá-los, com raízes quadradas e tudo). É uma medida de variação, e a mais um e menos um desvio-padrão da média geral, é provável que você incorpore quase dois terços de seus resultados totais. Com mais e menos dois desvios-padrão, você cobre aproximadamente 95% dos resultados e, estabelecendo os limites de controle em mais e menos três desvios-padrão, inclui 99,73% dos dados.

Essa é apenas parte da história. Shewhart escolheu colocar os limites de controle nesses pontos porque descobriu que aqui eles funcionam de forma mais eficaz e econômica para diferenciar a variação de causas naturais e causas especiais. Com o tempo, muitos especialistas em processos revisaram os experimentos de Shewhart e concluíram que ele acertou totalmente seus limites.

É importante observar que as porcentagens descritas (em que 95% de seus dados caberão entre mais e menos dois desvios-padrão, e assim por diante) só se aplicarão se seus dados forem "normalmente distribuídos". Veja uma ilustração disso na Figura 1-3 no Capítulo 1.

Criando um gráfico de controle

Os *limites de controle* são calculados utilizando-se os resultados reais de seus processos. Os limites de controle não são o que seu gerente gostaria que fossem ou o que o cliente está procurando. Eles representam a voz do processo e permitem que você veja o que está acontecendo de verdade.

Usando os resultados de um processo, é possível calcular a média dos primeiros vinte pontos, representados por uma linha central no gráfico de controle, juntamente com os limites de controle, indicados pelas siglas UCL e LCL. Esses limites de controle representam a variação natural das leituras. Mostramos os detalhes para o cálculo dos limites de controle na Figura 8-7, mais adiante neste capítulo.

Com base em nosso exemplo das Figuras 8-1 e 8-2, incluímos mais alguns dados da Localização A e do Produto 3 para desenvolver o gráfico de controle para o desempenho de vendas na Figura 8-3. O gráfico mostra que o processo de vendas apresenta variação, mas que a variação se situa dentro do limite superior de controle e do limite inferior de controle mostrados no gráfico. Usamos as regras de controle estatístico de processo (CEP) para diferenciar os tipos de variação. Analisamos as regras do CEP mais adiante neste capítulo, mas por enquanto, trabalhamos com o fato de que, como todos os dados estão dentro dos limites de controle, as leituras refletem a variação natural. Este não será sempre o caso, e você precisará procurar padrões incomuns nos dados. Esses padrões fazem parte das regras que descrevemos na seção "Identificando causas especiais".

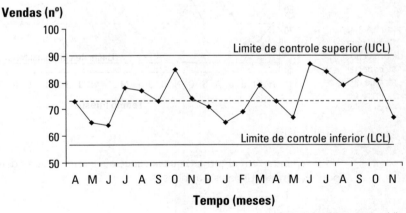

FIGURA 8-3: Gráfico de controle para um processo exibindo a variação natural.

© Martin Brenig-Jones e Jo Dowdall

Se um processo apresenta apenas variação natural, então está em controle estatístico e é *estável*. Ser estável significa que os resultados do processo são previsíveis e você continuará a obter resultados que exibem variação dentro dos limites de controle. O segredo é não reagir a itens de dados individuais.

CUIDADO

Só porque todas as leituras refletem um processo que está sob controle, é estável e previsível, não significa que seus resultados sejam necessariamente bons. Por exemplo, você pode encontrar uma grande lacuna entre a voz do processo e a voz do cliente (consulte o Capítulo 4 para saber mais sobre essas vozes). Talvez não perceba, mas seus processos estão tentando lhe dizer algo, e você precisa ouvir! Os gráficos de controle fornecem uma maneira eficaz de entender a voz do processo.

Como o processo é estável, você pode ao menos revê-lo todo para encontrar oportunidades de melhoria.

Ao tomar medidas para melhorar o processo, você deve atualizar seu gráfico de controle para mostrar as mudanças. Os gráficos devem fornecer um registro "em tempo real" do que acontece. Você pode adicionar notas e comentários ao gráfico para refletir isso. Alguns dizem que um gráfico de controle "limpo" provavelmente não está sendo usado corretamente!

Identificando causas especiais

Você pode identificar as causas especiais de variação de muitas maneiras. Uma muito óbvia é notar quando um ponto de dado aparece fora dos limites de controle, como mostramos na Figura 8-4.

FIGURA 8-4: Ocorrência de uma causa especial fora de um limite de controle.

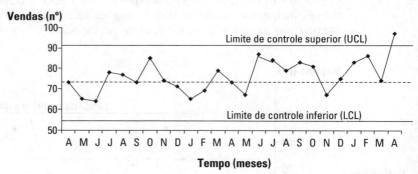

© Martin Brenig-Jones e Jo Dowdall

Você também tem algumas causas especiais a enfrentar se detecta que sete pontos consecutivos estão todos:

» Subindo

» Descendo

» Acima da média

» Abaixo da média

142 PARTE 3 **Entendendo o Desempenho e Analisando o Processo**

Fique de olho também em outras duas anormalidades:

> » A regra do terço médio, que se baseia na suposição de que aproximadamente dois terços dos dados aparecerão no terço médio de seu gráfico de controle. Isso nos leva de volta aos desvios-padrão. O terço médio do gráfico de controle cobre mais e menos um desvio-padrão, aproximadamente dois terços dos dados de sua população. Se a propagação dos dados estiver fora de linha com esse padrão, uma causa especial poderá ser responsável.
>
> A maioria das causas especiais resulta em um ponto fora dos limites de controle ou uma sequência de sete pontos acima ou abaixo da média.
>
> » Padrões ou tendências incomuns, nas quais, por exemplo, algo cíclico está ocorrendo, ou os dados estão se deslocando para cima ou para baixo ao longo do tempo, mas não está, por si só, quebrando nenhuma das outras regras.

Ao identificar a variação de causa especial, você precisa encontrar a causa raiz e, então, evitar que a causa especial ocorra novamente (se o resultado for ruim) ou incorporar a causa especial no processo (se o resultado for bom). Se você puder fazer isso sistematicamente, seu processo se tornará mais estável com o tempo.

DICA

Controle estatístico do processo é um assunto amplo, e neste capítulo, fornecemos apenas os pontos principais. Poderíamos dizer, por exemplo, que alguns especialistas em processos utilizam uma regra de oito pontos de dados acima ou abaixo da média para indicar causas especiais, em vez de sete! Para obter mais detalhes, confira um destes livros: *Six Sigma For Dummies* ou *Six Sigma Workbook For Dummies* (ainda sem publicação no Brasil).

Na Figura 8-4, você pode ver um ponto fora dos limites de controle. Isso provavelmente indica uma causa especial, e você precisa investigá-la, mas esteja ciente de que muito ocasionalmente encontrará um ponto fora dos limites de controle, que é uma parte natural do processo e reside na pequena proporção de dados fora dos 99,73% cobertos pelos limites de controle. Isso é conhecido como alarme falso, embora você não saiba, é claro, até que tenha investigado.

Talvez você saiba por que o valor das vendas de abril é excepcionalmente alto. Pode ser que tenha feito uma promoção especial, resultando em um número de vendas fora dos valores esperados anteriormente e, portanto, fora do limite de controle.

Às vezes você encontra uma razão para um sinal fora de controle que pode ser integrado em seu programa de melhoria. Como nesse exemplo, se tiver um número de vendas muito alto e souber o porquê, poderá integrar esse motivo ao sistema e usá-lo como parte de uma estratégia de melhoria. (Claro, se for o resultado de uma promoção especial, isso não deve ser feito.)

Uma causa especial que a maioria das pessoas está satisfeita em ver é a prova de que uma mudança no processo foi bem-sucedida. A Figura 8-5 mostra uma situação em que uma revisão do processo foi realizada e uma ação de melhoria foi tomada. No gráfico, os números no eixo vertical se referem ao número de erros produzidos em documentos sequenciais — talvez os formulários de pedidos de venda.

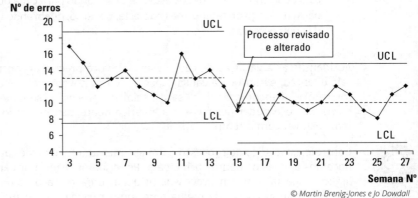

FIGURA 8-5: Novos limites de controle são estabelecidos após uma revisão do processo e uma ação de melhoria.

© Martin Brenig-Jones e Jo Dowdall

Os resultados que seguem a mudança no processo estão todos abaixo da média original (a linha pontilhada), refletindo uma melhoria no processo. O gráfico de controle nos dá evidências de uma mudança para melhor — nesse caso, sete pontos consecutivos abaixo da média original. Agora você pode recalcular os limites de controle. A redução da variação é um dos princípios-chave do Lean Six Sigma — e é exatamente isso que você está vendo na Figura 8-5.

Escolhendo o gráfico certo de controle

Você pode usar vários gráficos de CEP diferentes, dependendo do tipo e do volume de dados que possui, mas, de modo geral, todos seguem os mesmos conceitos e regras. Os *gráficos variáveis* exibem dados que foram medidos em uma escala contínua, tais como tempo, volumes ou quantias de dinheiro, enquanto os *gráficos de atributos* mostram dados que são contados ou se determinada característica está presente, certa ou errada. Cada tipo de gráfico tem sua própria fórmula padrão para calcular os limites de controle, mas geralmente as mesmas regras para interpretar os resultados, e a presença de uma linha central, a média geral, se aplica a todos.

Dos gráficos de controle disponíveis, o gráfico X e MR, I e MR ou de *valores individuais*, em que nos concentramos neste capítulo, é o mais versátil. Nele, "X" representa cada um dos pontos de dados registrados — talvez uma série de volumes de vendas ou o tempo necessário para processar cada pedido. "MR" — moving range ou amplitude móvel — descreve a faixa móvel, que é a diferença absoluta entre cada par consecutivo de Xs, como mostrado na Figura 8-6.

FIGURA 8-6: Determinando a amplitude móvel.

X	47	38	7	57	45	59
MR (amplitude móvel)		9	31	50	12	14

© Martin Brenig-Jones e Jo Dowdall

Esse gráfico é ideal para medir uma variedade de coisas, tais como desempenho de tempo de ciclo e volumes, e apresentar dados de atributos como proporções ou porcentagens, tratando-os como leituras individuais.

A Figura 8-7 mostra as fórmulas para os limites de controle do gráfico X e MR. O UCL e o LCL representam os limites de controle superior e inferior para os dados de X. O X com a pequena barra acima é a média geral de todos os Xs nos dados que você está usando para construir seu gráfico; mR barra (mR com uma pequena barra acima) é a média dos valores da amplitude móvel que você calcula, e que se pode ver na Figura 8-7.

Fórmula para o gráfico de controle:

$$UCL = \bar{X} + (2{,}66\,\overline{mR})$$
$$LCL = \bar{X} - (2{,}66\,\overline{mR})$$

$\bar{X}$ = X barra = Média dos valores X
$\overline{mR}$ = mR barra = Média dos valores de amplitude móvel

Fórmula para a parte Amplitude Móvel do gráfico:

$$UCL = 3{,}267\,\overline{mR}$$
$$LCL = 0$$

FIGURA 8-7: Fórmula para o gráfico X e MR.

Para a parte de amplitude móvel do gráfico, o LCL (limite de controle inferior) será sempre 0.

© Martin Brenig-Jones e Jo Dowdall

Além do gráfico de controle para os valores X, você também pode criar um gráfico para os valores da amplitude móvel. As fórmulas do gráfico de controle fazem uso de valores de "constante padrão", nesse caso, 2,66 para o gráfico de controle X e MR, e 3,267 para o gráfico de Amplitude Móvel. Esses valores foram calculados usando-se estatísticas para fornecer atalhos nos cálculos.

LEMBRE-SE

Os gráficos de controle são uma técnica fundamental na análise, no controle e na melhoria dos processos.

Examinando o estado de seus processos

Você pode usar gráficos de controle para avaliar o desempenho e ajudar a tomar decisões mais eficazes.

Um processo pode estar em um dos quatro estados. Compreender o estado de seu processo pode fornecer a base para discussões e ações mais efetivas, como mostra a Figura 8-8. Aqui, sobrepomos as exigências do cliente no gráfico de controle para entender não apenas se os processos estão em controle estatístico, mas se estão atendendo aos CTQs. Os CTQs são representados como limites de especificação superiores e inferiores. Talvez nem sempre haja um limite superior e um limite inferior — talvez apenas um limite superior.

» Em um **estado ideal**, o processo está em controle estatístico e atende às exigências do cliente. Se usar um sistema de semáforo ou VAV (vermelho, amarelo, verde), você poderá pensar nesse estado como "verde", o que significa que não precisa discutir por que os números desta semana são diferentes daqueles da semana passada. Ao continuar usando o gráfico de controle, você pode monitorar o processo e garantir que ele permaneça no estado ideal. Talvez também queira melhorar o ideal — encantando o cliente, reduzindo a variação ou os custos associados ao processo —, mas para isso é necessário implementar um projeto de melhoria que considere todo o processo.

» Um **estado limiar** — ou "amarelo" — descreve um processo que está em controle estatístico, mas que não atende às especificações do cliente. Sua discussão pode se concentrar na ação que precisa tomar para levar o processo a um estado ideal. Novamente, você não precisa discutir a variação entre os números desta semana e os da semana passada, porque o processo é previsível. Considerando que um projeto DMAIC de melhoria seja iniciado (veja o Capítulo 2), suas discussões em andamento dirão respeito ao progresso feito. Ao continuar usando o gráfico de controle, você poderá monitorar a eficácia de seus esforços de melhoria e, no devido tempo, fornecer provas de que estão funcionando, talvez com a identificação de uma causa especial, semelhante à da Figura 8-5.

» Quando um processo está no **estado prestes a se romper**, ele atende às exigências do cliente, mas não está em controle estatístico. O processo tem causas especiais e é imprevisível. Aqui, o semáforo ficaria vermelho, o que significa que a qualquer momento o processo pode cair no caos.

» O caos — o perigoso **estado vermelho** — descreve um processo que não está em controle estatístico e não atende às especificações do cliente. Ao continuar usando o gráfico de controle, é possível monitorar a remoção de causas especiais e a futura melhoria e estabilidade do processo. A remoção dessas causas especiais do processo antes de começar a mudar é importante; se não o fizer, será altamente provável que elas impeçam seus esforços de melhoria.

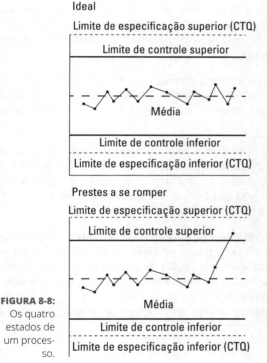

FIGURA 8-8: Os quatro estados de um processo.

© Martin Brenig-Jones e Jo Dowdall

DICA

Em uma cultura de melhoria contínua, a mudança para um estado ideal por meio de um desempenho limiar é boa. Os esforços de melhoria devem sempre se concentrar em levar o processo a um estado de controle estatístico em primeiro lugar, pois causas especiais podem confundir seus esforços de melhoria se você não entende as interações que eles estão causando.

CAPÍTULO 8 **Apresentando Seus Dados** 147

Adote uma abordagem que considere partes pequenas de cada vez, monitorando à medida que você avança. Conforme seu uso e sua compreensão dos gráficos de controle aumentam, talvez queira incorporar informações adicionais relativas à capacidade de seus processos. Os índices de capacidade ajudam a compreender melhor como seus processos estão se saindo em termos de cumprimento dos CTQs.

Considerando a capacidade de seu processo

Como vimos, um processo sob controle estatístico não necessariamente atende ao CTQ do cliente. Dois *índices de capacidade* podem ser usados para ajudar a avaliar seu desempenho.

Os índices de capacidade comparam o desempenho e a variação do processo com os CTQs (ou limites de especificação) e fornecem tanto uma medida teórica quanto uma medida real para demonstrar a relação. Eles dizem exatamente como o processo é capaz de atender aos CTQs.

Esses índices são relevantes somente quando seu processo está sob controle e o processo é previsível. O primeiro índice de capacidade — o *índice* C_p — analisa a variação no processo em comparação com os limites de especificação dos CTQs.

Usar o índice C_p é como medir se você pode ou não fazer seu carro passar por uma abertura. Imagine que a largura dos limites de controle em seu gráfico de controle seja representada pela largura do carro na Figura 8-9 e que o arco represente a largura dos limites de especificação de seu cliente, o CTQ. Considere se pode passar pelo arco.

Na Figura 8-9, você pode ver que é possível passar pelo arco — mas bem justinho. Você precisa dirigir com muito cuidado e "centralizar" o carro. Em outras palavras, precisa alinhar a média do gráfico de controle com o ponto médio da especificação do cliente. O índice C_p nos diz quantas vezes o carro pode, em teoria, caber dentro do arco. Em nosso exemplo, o carro cabe dentro do arco apenas uma vez, sem espaço de sobra, portanto, o valor C_p é 1,0.

O processo é "inerentemente capaz"?

A largura do carro representa os limites de controle para "o processo".

A abertura do arco representa os limites de especificação do cliente.

O processo é "inerentemente capaz", mas só se está "centralizado".

FIGURA 8-9: Fazendo o teste teórico de direção.

© Martin Brenig-Jones e Jo Dowdall

C_{pk} é o segundo índice de capacidade e inclui informações sobre a localização do processo *versus* os limites de especificação. Esse índice lhe diz se está "dirigindo" bem ou não, ou seja, quão bem administra seu processo. A localização descreve a posição do desempenho de seu processo conforme apresentado pelos limites de controle, quando comparado com a especificação CTQ.

Na Figura 8-10, a condução precisa de algumas melhorias. O carro poderia caber no arco, em teoria, mas na prática, está fora do centro. Aqui, o valor C_{pk} é menor do que o valor C_p. Se C_{pk} for inferior a 1,0, não atenderá ao CTQ. Em termos de processo, você precisa mudar a média, melhorando esse processo de limiar. Reduzir a variação também torna o "ajuste" do carro no arco um pouco mais fácil.

CAPÍTULO 8 **Apresentando Seus Dados** 149

O carro está sendo bem conduzido?
Se o processo está descentralizado, ele não consegue.

FIGURA 8-10:
A condução precisa de melhorias.

© Martin Brenig-Jones e Jo Dowdall

Para avaliar completamente um processo, você precisa dos valores C_p e C_{pk}. O processo precisa estar no controle para que esses índices sejam significativos. O valor C_{pk} nunca é maior do que o valor C_p. Quando a média do processo está no "nominal" — o ponto médio da especificação do cliente —, C_{pk} e C_p têm o mesmo valor. Isso envolve uma boa administração do processo, ou, continuando nossa analogia com o carro, uma condução cuidadosa.

A Figura 8-11 mostra a fórmula para calcular os valores C_p e C_{pk} para o gráfico X e MR (explicado na seção "Escolhendo o gráfico certo de controle", anteriormente neste capítulo). A diferença entre os limites de controle, UCL e LCL em seu gráfico de controle abrange seis desvios-padrão (três acima da média e três abaixo). A diferença entre a especificação superior e inferior do cliente (USL-LSL) é normalmente referida como *tolerância*. USL e LSL representam o alcance do CTQ do cliente. Por exemplo, ele pode querer um produto entregue dentro de cinco dias, mas descreve a exigência como uma especificação superior de cinco dias e uma especificação inferior de um dia. Três dias seria o valor nominal dessa especificação, o ponto médio, e a tolerância, a diferença entre os limites da especificação, seria de quatro dias.

> **Índice Cp**
>
> $$C_p = \frac{USL - LSL}{UCL - LCL} = \frac{\text{Tolerância}}{6 \text{ desvios-padrão}}$$
>
> - Para que o processo seja inerentemente capaz, o índice Cp precisa ser no mínimo 1,0.
>
> - Ele pode ser inerentemente capaz, mas está bem localizado? Você precisa usar outro índice de capacidade, Cpk, para descobrir isso com precisão.
>
> **Você precisa usar uma destas duas fórmulas: depende da posição da média no gráfico de controle.**
>
> - Se a média está mais próxima do limite superior de especificação do cliente, use
>
> $$C_{pk} = \frac{USL - \overline{X}}{3 \text{ desvios-padrão}}$$
>
> - Se a média está mais próxima do limite inferior de especificação do cliente, use
>
> $$C_{pk} = \frac{\overline{X} - LSL}{3 \text{ desvios-padrão}}$$
>
> - Três desvios-padrão é a distância a partir da média do gráfico de controle até o limite de controle superior; seis desvios-padrão é a distância entre os limites de controle superiores e inferiores.

FIGURA 8-11: Fórmula de capacidade.

© Martin Brenig-Jones e Jo Dowdall

Dividindo a tolerância pela distância entre seus limites de controle (seis desvios-padrão), você tem o valor C_p — o número teórico de vezes em que pode colocar o carro dentro do arco. Seu valor C_p deve ser de pelo menos 1,0 para que possa atender ao CTQ, embora esse seja realmente o mínimo. Algumas organizações especificam que seus fornecedores mantenham uma meta mínima de 1,33 ou superior para os bens ou as peças fornecidas.

A Figura 8-11 descreve como a fórmula para calcular seu C_{pk} depende da posição da média no gráfico de controle.

DICA

Para contextualizar os índices de capacidade, pense em localização, localização e localização! Você precisa gerenciar seus processos de modo a controlar rigorosamente a variação e *localizar* a média de seu gráfico de controle no nominal da especificação do cliente. A Figura 8-12 mostra os efeitos de fazer isso.

CAPÍTULO 8 **Apresentando Seus Dados** 151

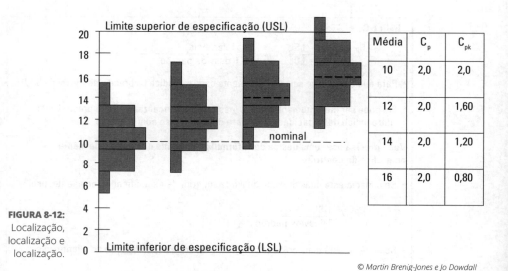

FIGURA 8-12: Localização, localização e localização.

© Martin Brenig-Jones e Jo Dowdall

Média	C_p	C_{pk}
10	2,0	2,0
12	2,0	1,60
14	2,0	1,20
16	2,0	0,80

Na Figura 8-12, o processo tem um valor C_p de 2,0. Em teoria, ele pode caber duas vezes dentro do arco. Se C_{pk} também for 2,0, o processo será muito capaz de atender à especificação do cliente e caberá dentro do arco duas vezes. Por outro lado, se sua condução não for tão boa, ou seja, se você não administra seu processo suficientemente bem, poderá ver o efeito à medida que o valor C_{pk} se reduz, passando da esquerda para a direita na figura. Quando o C_{pk} está abaixo de 1,0, você não é capaz de atender consistentemente à especificação do cliente.

Os índices de capacidade ajudam a dar uma visão completa do desempenho. Eles também podem ajudá-lo a priorizar as ações de melhoria. Ao comparar os valores C_p e C_{pk} de diferentes processos, você pode decidir onde concentrar seus esforços de melhoria, talvez focando os processos para os quais os valores são inferiores a 1,0.

EXEMPLO

Encontramos isso na prática quando recebemos a entrega de encomendas. A entrega de itens desde os centros de distribuição até nossa casa é planejada e gerenciada com C_p (em teoria, podemos entregar a encomenda dentro desse período de tempo) e C_{pk} (quando a encomenda foi realmente entregue).

Trabalhando com um histograma

Como explicamos neste capítulo, os dados do processo podem ser apresentados em gráficos de controle, permitindo que você determine o estado do processo e sua capacidade de atender aos CTQs. Essas informações lhe fornecem uma imagem clara da ação necessária, se houver.

Junto com o gráfico de controle, você pode usar outros gráficos para examinar os dados. O histograma, mostrado na Figura 8-13, é um gráfico frequentemente usado para exibir dados contínuos para entender a "forma" e a "distribuição" para analisar em amostras grandes (>50).

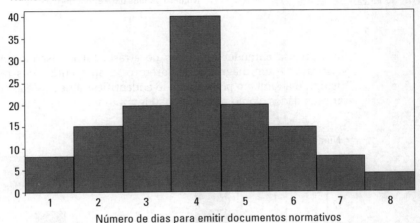

FIGURA 8-13: Exemplo de um histograma.

© Martin Brenig-Jones e Jo Dowdall

Os histogramas podem ser úteis para fornecer uma imagem da média e da amplitude do desempenho, e até mesmo da distribuição dos dados; no entanto, eles não ajudam a determinar o *tipo* de variação que você está vendo, e é por isso que usamos um gráfico de controle. Na Figura 8-13, os dados parecem estar distribuídos simetricamente, (informações sobre distribuições são fornecidas no Capítulo 1), mas nem sempre é o caso.

Às vezes você pode ver exemplos de dados enviesados, em que, talvez, muitos itens são processados rapidamente, mas uma longa cauda de dados reflete itens que estão atrasados por alguma razão (veja o gráfico na Figura 8-14). Esses itens atrasados podem estar criando reclamações de clientes ou aumentando seus custos de processamento de alguma forma — ou ambos! Com uma distribuição enviesada, a média é puxada para a direita ou a esquerda.

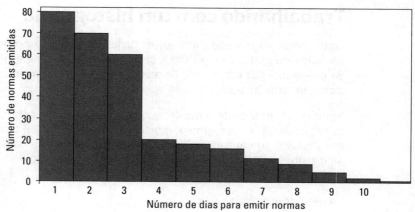

FIGURA 8-14: Observando uma cauda longa.

© Martin Brenig-Jones e Jo Dowdall

Você precisa entender as razões do atraso, talvez usando uma folha de verificação e um diagrama de Pareto para apresentar seus resultados. O histograma também pode ajudá-lo a identificar a necessidade de segmentar seus dados, como mostrado na Figura 8-15.

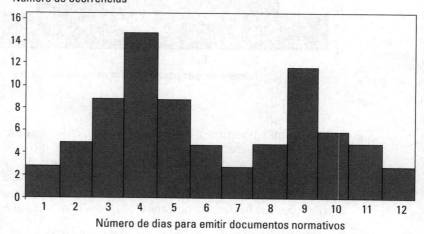

FIGURA 8-15: Dois picos.

© Martin Brenig-Jones e Jo Dowdall

Parecendo um camelo com duas corcovas, essa *distribuição bimodal* (dois picos) contém duas "populações", e para entender plenamente o que os resultados estão mostrando, é necessário separá-las. As duas populações podem muito bem ser duas linhas de produtos diferentes, em que uma leva mais tempo para processar por causa de sua maior complexidade, por exemplo, ou os resultados podem ser de locais diferentes lidando com processos diferentes.

Usando diagramas de Pareto

Um diagrama de Pareto pode ajudá-lo a identificar os "poucos e vitais" casos significativos em seus dados. Você pode ter se deparado com a regra 80:20, também conhecida como *Princípio de Pareto*. Ele afirma que 80% de todos os resultados (ou saídas) vêm de 20% de todas as causas. Isso é o que estamos analisando aqui: é típico que 80% dos erros sejam causados por 20% dos tipos de erros. Um diagrama de Pareto foi desenvolvido a partir dos dados que examinamos na Figura 7-18 do capítulo anterior. No exemplo, as principais causas do problema, C e E, são responsáveis por quase 75% dos erros cometidos. O diagrama de Pareto, na Figura 8-16, destaca isso.

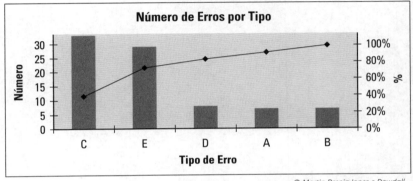

FIGURA 8-16: Observando os "poucos e vitais" com Pareto.

© Martin Brenig-Jones e Dowdall

O diagrama de Pareto é um gráfico com as barras exibidas em ordem decrescente (barras mais longas do lado esquerdo e barras mais curtas do lado direito). Ele inclui uma porcentagem cumulativa (o eixo vertical do lado direito do gráfico) para ajudar a identificar a porcentagem do total que cada categoria contribui. A linha percentual cumulativa no diagrama de Pareto é traçada da esquerda para a direita, terminando em 100%, claro. Sua análise nem sempre resultará em uma divisão precisa de 80:20. Aqui, se você abordar erros do tipo C, abordará 39,4% do problema, mas se também abordar erros do tipo E, abordará 73,9%. Você pode resolver os erros dos tipos A, B e D mais tarde. Note que reformular o diagrama de Pareto segundo o custo por tipo de erro, em vez de segundo o tipo de erro, pode lhe dar uma imagem diferente!

DICA

Apresentar seus dados como um gráfico ou uma tabela facilita a compreensão. Uma imagem vale mil palavras, portanto, sempre visualize seus dados.

> **NESTE CAPÍTULO**
>
> » Entendendo a causa e o efeito em seus processos
>
> » Identificando e limitando a lista de suspeitos
>
> » Usando dados para provar um argumento

Capítulo **9**

Identificando as Causas Raiz

Se você está administrando uma operação diária, envolvido em um projeto de melhoria DMAIC (Definir, Medir, Analisar, Melhorar e Controlar) ou procurando resolver um problema eficazmente, é preciso entender quais fatores estão afetando o desempenho, especialmente se você encontra problemas para atender às exigências dos clientes. Neste capítulo, apresentamos uma seleção de ferramentas e técnicas para ajudá-lo a identificar os "culpados".

Revelando os Suspeitos

As pessoas em geral tiram conclusões precipitadas sobre as causas dos problemas. Em organizações onde prevalece uma cultura de "apagar o fogo", há um sentimento de urgência tal, que as pessoas não acham que têm tempo para chegar às verdadeiras causas dos problemas. Tudo o que podem fazer é enfrentar os efeitos. E às vezes chegar ao fundo de algo significa que as pessoas precisam admitir que ainda não conhecem a solução, o que pode ser difícil para alguns. Entretanto, chegar à causa raiz de um problema significa que ele pode ser enfrentado de forma eficaz e não será preciso "apagar o fogo" de novo. Normalmente, uma série de suspeitos influencia o desempenho e afeta sua capacidade de atender aos CTQs (requisitos Críticos para a Qualidade — Critical To Quality) dos clientes, mas há grandes chances de que apenas poucos vitais sejam realmente "culpados". Tirar um tempo para descobrir e investigar as causas raiz é algo inestimável.

EXEMPLO

Um Faixa Verde (Green Belt) em Lean Six Sigma (veja uma explicação sobre as faixas do Lean Six Sigma no Capítulo 2) estava investigando o tempo ocioso em uma linha de produção. A equipe identificou que parte desse tempo era devido à necessidade recorrente de substituir um sensor. Como o sensor era de baixo custo, ninguém havia questionado por que ele precisava ser substituído com tanta frequência, pois era assim que as coisas funcionavam. Um membro da equipe de melhoria que não tinha muito conhecimento do processo chegou a uma pergunta brilhante que ninguém mais tinha pensado em fazer: "Por que o sensor está localizado em uma parte móvel da máquina?" A equipe investigou e descobriu que o sensor precisava ser substituído com tanta frequência por causa da fadiga causada pelo movimento. Ao recolocar o sensor em uma posição fixa, a frequência de substituição foi reduzida, e o tempo ocioso diminuiu. Um olhar de fora e uma mentalidade questionadora são grandes vantagens quando se trata da análise de uma causa raiz.

Gerando Sua Lista de Suspeitos

Para encontrar o culpado (ou culpados; às vezes há mais de um), você gera uma lista de causas possíveis, explora cada uma e reduz a lista gradualmente. Nesta seção, analisamos os métodos disponíveis para ajudá-lo a erradicar os suspeitos.

Criando um diagrama de causa e efeito

O diagrama de espinha de peixe ou de causa e efeito (veja a Figura 9-1) foi desenvolvido pelo Dr. Ishikawa e é uma forma útil de agrupar e apresentar ideias resultantes de uma sessão de brainstorming.

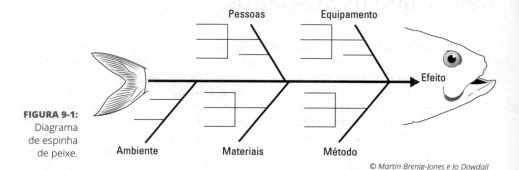

FIGURA 9-1: Diagrama de espinha de peixe.

© Martin Brenig-Jones e Jo Dowdall

A cabeça do peixe contém uma pergunta que descreve o efeito que você está investigando. (Escolha uma pergunta estritamente focada ou acabará com uma espinha de baleia!) Por exemplo, você pode perguntar: "Quais são as possíveis causas dos atrasos na entrega dos pedidos dos clientes?" ou "Por que existem tantos erros em nossas faturas?" Você pode agrupar as possíveis causas levantadas em um brainstorming sob quaisquer títulos que escolher. Na Figura 9-1, usamos Pessoas, Equipamento, Método, Materiais e Ambiente como os cabeçalhos nas espinhas de peixe. Você pode achá-los úteis para dar ideias durante a sessão de brainstorming, ou talvez prefira usar outros que considere mais relevantes para o problema que está investigando.

Após ter construído sua espinha de peixe e adicionado cabeçalhos, a equipe apresenta ideias sobre as possíveis causas. Escrevê-las em notas autoadesivas é uma boa ideia para poder movê-las facilmente durante o processo de classificação subsequente.

Para cada causa possível, faça a pergunta "Por que achamos que esta é uma causa possível?" e liste as respostas como espinhas menores saindo da causa principal. Talvez tenha de perguntar "Por quê?" várias vezes para identificar a razão provável, embora ainda possa precisar validar isso com dados.

Aplicando um diagrama de afinidade

Diagrama de afinidade (ou mapeamento de afinidade) é uma técnica útil se você não quer usar os cabeçalhos PEMMA (Pessoas, Equipamento, Método, Materiais, Ambiente) em sua espinha de peixe e não sabe por onde começar.

Comece com um brainstorming silencioso de todas as respostas possíveis para a pergunta escrita na cabeça do peixe. Essas diretrizes são úteis para o mapeamento de afinidade e brainstorming em geral:

» Escreva uma ideia por nota autoadesiva.

» Escreva afirmações, em vez de perguntas.

» Escreva claramente.

» Não use caixa-alta (é mais fácil ler em caixa-baixa).

» Evite afirmações monossilábicas (seus colegas não saberão o que você quer dizer).

» Inclua um substantivo e um verbo em cada afirmação.

» Não escreva um textão.

Uma vez que todos tenham terminado de escrever suas notas autoadesivas, mantenha o silêncio e coloque-as na parede (ou espaço de colaboração/quadro branco virtual), como mostrado na primeira parte da Figura 9-2. Em seguida, mova as notas para temas ou grupos apropriados. Por fim, dê a cada tema ou grupo um título para descrever seu conteúdo. Esse título pode agora formar o título em seu diagrama de espinha de peixe. Você pode mover suas notas autoadesivas sob os títulos e continuar a considerar mais causas possíveis até que sua espinha de peixe esteja completa.

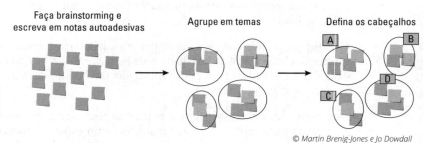

FIGURA 9-2: Criando um diagrama de afinidade.

© Martin Brenig-Jones e Jo Dowdall

DICA

Pode haver muitas situações em um projeto Lean Six Sigma em que o mapeamento de afinidade é benéfico. Por exemplo, você poderia usá-lo para coletar informações dos clientes sobre seus CTQs. Ou poderia utilizá-lo logo no início de sua jornada Lean Six Sigma, quando poderia fazer um brainstorming sobre "quais são os problemas envolvidos na introdução do Lean Six Sigma em nossa organização?"

Indo mais fundo com os Cinco Porquês

Fazer a pergunta "Por que" é extremamente eficaz quando se trata de entender mais sobre o que está causando o efeito que você está vendo. Lembre-se de deixar suas suposições do lado de fora e estar preparado para voltar ao básico. Cinco Porquês geralmente são suficientes para ajudá-lo a passar pela superfície de um problema e chegar até a causa subjacente, embora possa precisar de mais ou de menos.

Veja a seguir um exemplo dos Cinco Porquês em ação, em que um cliente precisou esperar muito tempo para que algumas informações fossem fornecidas. Você pode ter presumido que o fornecedor estava em falta, mas com o benefício dos Cinco Porquês, podemos ver que esse não é o caso.

Por que foram necessárias três semanas para fornecer as informações solicitadas? Nós tínhamos muitas informações para ler e redigir antes que o arquivo pudesse ser fornecido ao cliente.

Por que levou tanto tempo? Havia 43 páginas de informações.

Por que havia tantas páginas quando o cliente foi bastante específico sobre aquilo de que precisa? Quando solicitamos as informações do fornecedor, ele enviou o arquivo inteiro, e não apenas os itens específicos de que precisávamos.

Por que o fornecedor enviou o arquivo inteiro? Ele deixou para nós separarmos o que era necessário.

Por que ele deixou para vocês separarem? Quando pedimos as informações, estávamos com pressa e, de fato, não especificamos os itens de que precisávamos.

Entendendo os principais causadores

Um diagrama de inter-relação pode ajudar a analisar e priorizar os itens em seu diagrama de espinha de peixe, permitindo-lhe compreender as relações entre eles.

Na Figura 9-3, os principais suspeitos da espinha de peixe foram dispostos em círculo. Agora se esforce para observar a relação entre os pares de itens. Ao fazer isso, você precisa considerar se uma relação existe ou não e, quando existir, determinar qual tem um efeito maior sobre a outra. Por exemplo, "A faz B acontecer?"

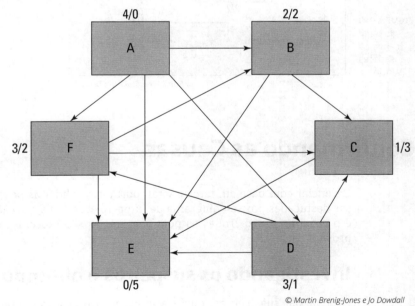

FIGURA 9-3: Os diagramas de espinha de peixe e de inter-relações se encontram.

© Martin Brenig-Jones e Jo Dowdall

CAPÍTULO 9 **Identificando as Causas Raiz** 161

Se houver uma relação, conecte-a com uma linha. Uma relação existe ou não, então não use linhas pontilhadas nem uma seta de duas pontas.

Após ter determinado o item "causal", desenhe uma seta para o item "efeito". Na Figura 9-3, você pode ver que "A" causa "B", mas "B" é o causador de "C". Os números acima de cada suspeito representam o número de setas para fora em relação ao número de setas para dentro. O suspeito A tem 4 setas para fora e nenhuma para dentro.

O diagrama acabado pode ser apresentado como na Figura 9-4, e você pode ver claramente que o causador principal é "A", enquanto "E" é provavelmente apenas um resultado do problema. Você precisa se concentrar particularmente em "A" para abordar os problemas ou os efeitos que está enfrentando. Essa é a causa raiz do problema.

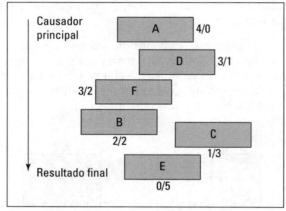

FIGURA 9-4: Identificando os causadores principais.

© Martin Brenig-Jones e Jo Dowdall

Confirmando as Causas

Gerenciar com base em fatos é vital, portanto, validar as possíveis causas destacadas por seu diagrama de inter-relação (veja a seção anterior) é o próximo passo. Todas as possíveis causas são inocentes até que se prove o contrário.

Investigando os suspeitos e obtendo fatos

Para validar suas causas, talvez seja necessário observar o processo e ir ao Gemba (o local onde o trabalho é feito, que abordamos no Capítulo 2) ou verificar os dados para ver se eles confirmam suas suspeitas. Você provavelmente precisará coletar alguns dados adicionais para fazer isso. O Capítulo 4 abrange o desenvolvimento de CTQs mensuráveis, que fornecem a base para o conjunto de medições de seu processo, e o Capítulo 7 apresenta a importância de um processo de coleta de dados.

No Capítulo 7, examinamos como Y = f(x) pode ajudá-lo a compreender as variáveis (Xs) que influenciam os resultados (Ys) em seu processo. Isso é causa e efeito. Individual e coletivamente, os vários Xs influenciam seu desempenho para atender aos CTQs do cliente, as variáveis Y. Algumas vezes, Xs são referidos como "variáveis independentes", e Ys, como "variáveis dependentes". Claramente, os resultados de Y dependem do gerenciamento muito cuidadoso dos Xs.

DICA

Um diagrama SIPOC (veja detalhes no Capítulo 3) fornece uma estrutura ideal para ajudá-lo a pensar sobre todas as medidas de seu processo. Agora você precisa reunir um conjunto de medidas X, caso ainda não as tenha. Uma gama de variáveis X entrará em seu processo — as variáveis de entrada. Elas afetam o desempenho dos Ys e podem incluir, por exemplo, o número e o tipo de novos pedidos. As variáveis de entrada podem muito bem estar relacionadas ao desempenho de seus fornecedores, talvez em termos do nível de precisão, integridade e pontualidade dos vários itens enviados a você.

Uma gama de variáveis X existirá no próprio processo: as variáveis de processo. Aqui, seu fluxograma de implementação ou mapa de fluxo de valor (veja detalhes no Capítulo 5) pode ajudá-lo a destacar os Xs potenciais, incluindo tempos de atividade e ciclo, níveis de retrabalho, disponibilidade das pessoas ou tempo ocioso da máquina, por exemplo. Mais uma vez, esses Xs afetarão seu desempenho. Ao identificar as medidas X de que precisa, estará desenvolvendo um equilíbrio de medidas para ajudá-lo a gerenciar seu processo. Muito provavelmente, perceberá que o SIPOC e o fluxograma de implementação são especialmente úteis aqui.

Tendo sucesso com diagramas de dispersão

Usar um *diagrama de dispersão* (às vezes referido como gráfico de dispersão) pode ajudá-lo a fortalecer seu caso. Um gráfico de dispersão ajuda a identificar se existe uma relação ou uma possível correlação entre duas variáveis e permite que você dê um valor e quantifique essa relação. As variáveis são a causa e o efeito potenciais — X e Y. Você pode usar esse método para explorar as causas raiz potenciais de um problema ou, por exemplo, para validar a relação entre uma entrada ou medidas em processo e suas medidas de saída. Se sua causa suspeita (X) for importante, então quaisquer mudanças em X produzirão uma mudança no efeito (Y). Tenha cuidado, pois correlação nem sempre significa causalidade, e você precisa usar o bom senso ao tirar suas conclusões.

Em um gráfico de dispersão, a variável Y dependente é sempre plotada no eixo vertical e a variável X independente é plotada no eixo horizontal. Os dados são plotados em pares, então, quando X = "este valor", então Y = "aquele valor". Mostramos três desses pares no primeiro exemplo da Figura 9-5. No exemplo, parece existir uma relação entre velocidade e taxa de erro: quanto mais rápido o fazemos, mais erros obtemos. Tal correlação é positiva porque os valores de Y aumentam à medida que os valores de X aumentam.

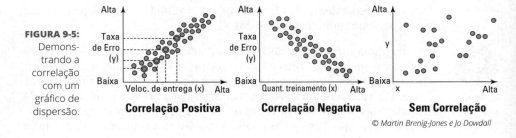

FIGURA 9-5: Demonstrando a correlação com um gráfico de dispersão.

© Martin Brenig-Jones e Jo Dowdall

O segundo exemplo na Figura 9-5 mostra uma correlação negativa: os valores de Y diminuem conforme os valores de X aumentam e, com isso, parecem confirmar nossa teoria de que o investimento em treinamento reduz as taxas de erro.

No terceiro exemplo da Figura 9-5, não existe correlação, portanto, a teoria que está sendo explorada aqui não é necessariamente válida. Qualquer que seja o valor de X, ele não influencia os resultados de Y. Certifique-se, porém, de que os dados tenham sido segmentados ou "estratificados"; caso contrário, um padrão pode ficar escondido. O Capítulo 4 abrange a segmentação.

Medindo a relação entre X e Y

A simples visualização do diagrama ou do gráfico que você desenvolveu pode ser suficiente para demonstrar que encontrou ou não a causa raiz de seu problema, mas para fortalecer seu caso, você pode colocar um valor na relação entre as variáveis, calculando o *coeficiente de correlação* ou o valor r. Esse valor quantifica a relação entre X e Y, o que significa que informa a força da relação, positiva ou negativa, em termos da quantidade de variação que X está causando nos resultados de Y.

Em uma correlação perfeitamente positiva, r = +1. Em uma correlação perfeitamente negativa, r = –1. Normalmente, o coeficiente de correlação é inferior a um, pois a possibilidade de apenas um X afetar o desempenho de Y é improvável. Geralmente, vários serão evidentes, e é provável que você determine o valor do coeficiente de correlação para cada um deles.

O coeficiente de correlação se torna mais claro com um pouco mais de cálculo. (Não se preocupe, softwares como Excel, JMP ou Minitab podem fazer a conta para você.) O valor R² (o coeficiente de determinação) mostra o percentual de variação em Y explicado por X. Por exemplo, se $r = 0,7$, a variável está causando 49% da variação em Y; se $r = 0,8$, o valor aumenta para 64%. Em qualquer uma dessas circunstâncias, você parece ter encontrado a importante causa potencial do problema, já que esses valores são particularmente altos, sobretudo considerando que uma série de outros Xs também está influenciando os valores de Y. Com um valor inferior, por exemplo, onde $r = 0,2$ ou $0,3$, o impacto é relativamente pequeno, respondendo por 4% e 9%, respectivamente.

A Figura 9-6 mostra a linha de melhor ajuste, que pode ajudá-lo a ver os valores prováveis de dados que você não tem atualmente. Desenhar uma linha nos dados altamente correlacionados, como nos dois primeiros exemplos da Figura 9-5, é fácil. Você pode fazer isso com régua e lápis. É possível calcular a linha de forma mais precisa usando a equação de regressão, $Y = b_0 + b_1 x_1$, em que $b_0 =$ interceptação (o ponto em que a linha cruza o eixo vertical, $X = 0$) e $b_1 =$ inclinação (a mudança em Y por mudança de unidade em X).

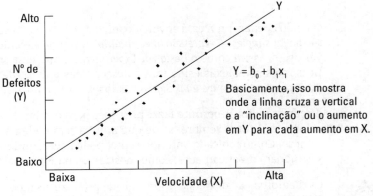

FIGURA 9-6: Desenhando a linha de melhor ajuste.

Você pode usar os dados aqui para ajudá-lo a prever as coisas, mas lembre-se do potencial de um ponto-limite que muda a situação.

© Martin Brenig-Jones e Jo Dowdall

Você verá essa equação apresentada de várias maneiras, mas quaisquer que sejam as letras usadas, a inclinação parecerá a mesma! A Figura 9-6 identifica a necessidade de estar atento a um ponto-limite porque a linha reta de melhor ajuste pode nem sempre continuar no futuro à medida que as circunstâncias mudam.

Embora você possa estar um pouco confiante ao prever os valores Y entre os valores X menores e maiores, não é boa prática extrapolar, ou seja, ir além dos valores de dados disponíveis e presumir qual será o próximo. Como mostra a Figura 9-7, as relações entre X e Y podem ser lineares em uma amplitude curta, mas em uma amplitude maior, podem se tornar curvas em qualquer direção ou simplesmente quebrar totalmente.

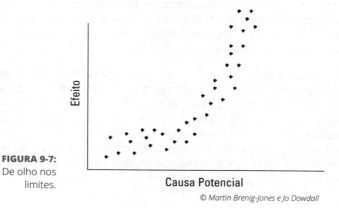

FIGURA 9-7: De olho nos limites.

© Martin Brenig-Jones e Jo Dowdall

Quando apenas um X está envolvido, esse cálculo é conhecido como *regressão linear simples*. A *regressão linear múltipla* estende a técnica para abranger vários Xs, assim como o *Design de Experimentos*, mas essas técnicas estatísticas mais complexas estão fora do escopo deste livro (dê uma olhada em *Six Sigma For Dummies* e *Six Sigma Workbook For Dummies*).

A regressão linear permite fazer previsões para o valor de Y com diferentes valores de X, mas lembre-se de que a linha reta pode não continuar para sempre. Como indicado anteriormente, pode haver um limite onde as coisas mudam drasticamente, como mostramos na Figura 9-7.

DICA

Os diagramas de dispersão são fáceis de produzir usando programas como JMP, Excel ou Minitab. Entretanto, esteja ciente dos erros e das armadilhas comuns associados a eles, tais como misturar as variáveis e os eixos X e Y ou fazer a suposição de que a correlação significa causalidade. *A correlação nem sempre significa causalidade*, e você precisa usar o bom senso para tirar suas conclusões.

O exemplo na Figura 9-8 mostra dados da vila alemã de Oldenberg, para os anos de 1930 a 1936. Como se pode ver, a figura mostra que a velha lenda é verdadeira; as cegonhas realmente trazem bebês! Existe uma relação nesses dados, mas os eixos X e Y estão invertidos. A vila se expandiu nesse período, as pessoas construíram novas casas, e o aumento do número de chaminés altas provou ser uma atração para o ninho de cegonhas. De forma mais útil, poderíamos traçar o número de casas no eixo X e o número de cegonhas no eixo Y.

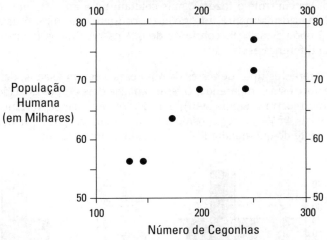

FIGURA 9-8: Entendendo o aumento do número de bebês.

Usando testes de hipóteses

De tempos em tempos, e particularmente onde você segmentou seus dados de processo, é preciso saber se existe uma diferença estatisticamente significativa entre os conjuntos de dados. Os dados podem mostrar, por exemplo, os resultados de diferentes equipes ou talvez de diferentes locais. Isso pode ajudá-lo a identificar se a equipe que opera o processo é um X significativo no Y = f(x) de seu processo. Ou talvez você tenha testado ideias de melhoria e queira saber se a aparente melhoria em seus resultados é real.

Talvez perceba uma diferença ao visualizar a forma dos dados em um histograma, por exemplo, ou ao comparar a média ou o desvio-padrão, ou mesmo a quantidade de variação em um gráfico de controle. Mesmo que pareça haver uma diferença, talvez queira determinar se a diferença é "real" ou apenas resultado de uma variação natural. Você pode usar um teste de hipóteses para ajudá-lo a descobrir.

Os testes de hipóteses ajudam a descobrir se existe ou não uma diferença estatisticamente significativa. Este capítulo fornece apenas uma breve visão geral dos testes, que são bem suportados por softwares como o Minitab ou o JMP, por exemplo. Consulte os sites desses programas para obter mais detalhes sobre os testes de hipóteses.

O primeiro passo é criar duas hipóteses para os testes, a hipótese nula e a hipótese alternativa. A *hipótese nula*, geralmente expressa por H_0, propõe que não há diferença entre os grupos. A *hipótese alternativa*, H_A, afirma que há uma diferença. Às vezes a hipótese alternativa é expressa por H_1.

Os testes de hipótese não analisam dados em andamento (como os gráficos de controle o fazem), mas coletam uma amostra em um ponto no tempo. Normalmente, um nível de confiança de 95% é usado, ou seja, você pode estar 95% confiante de que os resultados identificam ou não uma diferença estatística.

Há diferentes tipos de testes de hipóteses a serem usados, dependendo do que você está comparando. O *teste t* analisa dois grupos de dados contínuos (como mostra a Figura 9-9), e a ANOVA (Análise de Variância, do inglês ANalysis Of VAriance) considera três ou mais grupos de dados contínuos. Um teste do qui-quadrado é usado para dados discretos.

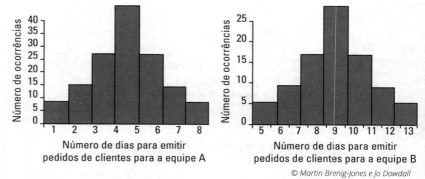

FIGURA 9-9: Às vezes, a diferença fica clara.

© Martin Brenig-Jones e Jo Dowdall

Um exemplo de utilização de um teste t é determinar se uma variável de entrada (por exemplo, uma bateria nova) faz diferença no desempenho do equipamento. Você também poderia usá-lo para testar se uma mudança de processo realmente melhorou o desempenho, assim analisaria os resultados antes e depois. Um exemplo de uso da ANOVA é comparar os resultados de várias equipes a fim de identificar se alguma está tendo um desempenho diferente das outras, o que talvez forneça um exemplo de melhor prática a seguir.

Nos testes de hipóteses, um *valor-p* determina se existe uma diferença estatisticamente significativa. Ele representa a probabilidade de obter os resultados que temos se a hipótese nula é verdadeira. Se o valor-p for inferior a 5% (valor-p < 0,05), você poderá estar 95% confiante de que há uma diferença, bem como uma chance de 5% de ver falsamente uma diferença quando ela não existe, mas as probabilidades são esmagadoramente contra esse caso (19 para 1). Se o valor-p for igual ou superior a 5% (valor-p ≥ = 0,05), você poderá concluir que não existem provas suficientes para rejeitar a hipótese nula: não há evidência de uma diferença significativa.

DICA

CUIDADO

Para ajudá-lo a se lembrar das regras, você pode usar esta frase: "Se o valor-p for pequeno, a hipótese nula sairá do terreno."

Quando uma diferença estatisticamente significativa ficar evidente, digamos, no desempenho das equipes em filiais diferentes, não tire conclusões precipitadas sobre o motivo. A diferença pode estar relacionada à forma como os dados são coletados, ao tamanho da filial, ao número de funcionários, à experiência deles, à segmentação do mercado, e assim por diante. Por meio de discussão e análise do processo, você precisa encontrar as razões para que possa incorporar melhores práticas ou encontrar maneiras de eliminar as causas dos problemas. Há debates nos círculos científicos sobre o uso de valores-p e a significância estatística. Encorajamos você a buscar o apoio de um Black Belt experiente ou de um Master Black Belt caso pretenda usar essas ferramentas. É um assunto amplo que vai além do escopo deste livro *Para Leigos*. Também vale a pena lembrar que você pode fazer uma melhoria importante em seu processo sem utilizar análises estatísticas avançadas.

Seguindo em frente

É útil juntar suas descobertas para que você possa chegar a algumas conclusões sobre a causa de qualquer diferença significativa. A Figura 9-10 apresenta uma matriz simples para mostrar como as várias partes da análise destacam qual dos suspeitos é o culpado.

Evidência	Suspeito A	Suspeito B	Suspeito C
Dados de desempenho da filial	√	×	√
Análise de reclamações	√	×	×
Análise de Pareto	√	×	×
Coeficiente de correlação	√	×	×

© Martin Brenig-Jones e Jo Dowdall

FIGURA 9-10: Usando a lógica.

Essa matriz é, às vezes, chamada de *teste de causa lógica*, em que você resume as possíveis causas do problema e mostra se as várias evidências coletadas a partir de seu processo e análise de dados se associam logicamente com os suspeitos. Esse processo é semelhante à forma como um processo jurídico prova ou refuta a culpa do acusado: todas as provas são reunidas e testadas em relação às causas finais (suspeitas).

É quase sempre possível realizar uma análise mais aprofundada, mas estas duas perguntas podem ajudá-lo a decidir se isso seria sensato:

» Você sente que entende o suficiente o processo, o problema e a(s) causa(s) de modo a conseguir desenvolver soluções eficazes?

» O valor dos dados adicionais compensa os custos extras em tempo, recursos e momentum?

Se responder "sim" à primeira pergunta e "não" à segunda, você entende o suficiente sobre as causas e pode seguir em frente. Você também pode considerar realizar uma análise baseada em processos — para isso, confira a Parte 4 e descubra algumas ferramentas de análise de processos.

> **NESTE CAPÍTULO**
>
> » Determinando se os passos no processo agregam valor
>
> » Identificando o desperdício
>
> » Minimizando os impactos ambientais negativos

Capítulo **10**

Identificando o Desperdício e o que Não Agrega Valor

Quando Taiichi Ohno descreveu o Sistema Toyota de Produção, ele falou sobre reduzir o tempo dos processos por meio da "remoção de desperdícios que não agregam valor". Tal remoção é claramente benéfica de muitas maneiras, mas como saber o que significa "agregar valor" e como identificamos um desperdício?

Este capítulo se concentra no desperdício. Descrevemos como dizer se uma etapa do processo agrega valor e apresentamos os "oito desperdícios" popularizados por Taiichi Ohno (hoje, são muitas vezes chamados de desperdícios TIM WOODS, e explicaremos esse acrônimo mais adiante no capítulo). Lidar com o desperdício não ajudará apenas a reduzir o tempo dos processos, mas também reduzirá custos, removerá frustrações e melhorará o atendimento ao cliente. Não vamos desperdiçar essa oportunidade!

Definindo "Agregar Valor"

O Lean Six Sigma concentra-se em fornecer valor para o cliente, então é crucial saber o que valor realmente significa em sua organização. O Capítulo 4 fala sobre os CTQs, os requisitos do cliente críticos para a qualidade que sua organização precisa atender. Ao examinar como seus processos tentam atender a esses CTQs, você precisa avaliar se todas as etapas envolvidas são realmente necessárias e se elas ocorrem na melhor sequência. Para determinar se cada etapa agrega valor ao processo, uma definição padrão que todos em sua organização possam usar e compreender é um pré-requisito.

Oferecendo uma definição comum

Para que uma etapa agregue valor, ela deve atender a estes três critérios:

» O cliente precisa se importar com a etapa.

» A etapa deve mudar o produto ou o serviço fisicamente de alguma forma ou ser um pré-requisito essencial para outra etapa.

» A etapa deve ser realizada "corretamente já na primeira vez".

O primeiro critério dessa lista é bastante subjetivo. Coloque-se no lugar do cliente: se ele soubesse que você estava fazendo essa etapa em particular, estaria disposto a pagar por ele? Ao fornecer valor para o cliente, você precisa dar a ele a coisa certa, no momento certo e pelo preço certo (veja os Capítulos 2 e 4, que tratam de como atender aos CTQs).

DICA

Você precisa ver seu processo sob a perspectiva do cliente. Você pode estar processando pedidos em lotes, por exemplo, e esperando até que tenha concluído o lote inteiro antes de despachar os produtos. A etapa de colocar um pedido individual de um cliente de lado enquanto termina de processar outros dificilmente agrega valor do ponto de vista dele.

Considere outro exemplo. Você precisa encaminhar o pedido de financiamento residencial de seu cliente a um subscritor sênior para aprovar o empréstimo. O cliente não ficará feliz em pagar por essa etapa, especialmente se ela envolver o envio da documentação para outro local e tiver que esperar mais tempo como resultado.

O segundo critério — a etapa deve mudar o produto ou o serviço — significa que atividades como arquivamento, cópia, verificação, revisão, expedição e rastreamento claramente não agregam valor. Desafiar suas etapas de processo com esse critério ajuda a evitar a verificação desnecessária e o movimento de itens para a frente e para trás nas diferentes etapas do processo. Como diz o ditado, "não confunda movimento com progresso".

O Capítulo 5 descreve um exercício de Process Stapling para destacar as etapas que não agregam valor. Algumas etapas de seu processo podem ser completamente desnecessárias, portanto, remova-as. No entanto, certifique-se de que a remoção não causará um efeito inesperado em outro lugar do processo. Se você executar o Process Stapling completamente, poderá ver todos os elementos vitais no processo e como eles se inter-relacionam, podendo também fazer uma simples melhoria sem efeitos adversos imprevistos.

DICA

Muitas vezes, as pessoas (com as melhores intenções) inserem etapas desnecessárias como uma reação apressada a algo que corre mal em um processo — por exemplo, a criação de uma etapa de verificação ou um escalonamento. Sem dúvidas, foi a coisa errada a fazer, mas em pouco tempo foi percebida como uma etapa importante no processo. Nossa experiência nos diz que o trabalho de verificação para evitar erros pode ser algo que funciona às vezes e outras não, por isso recomendamos sempre que procure aplicar a qualidade por meio da prevenção e de um sistema à prova de erros, em vez de ficar "inspecionando" em busca de falhas.

O terceiro critério na verificação do valor agregado é garantir que uma etapa seja realizada corretamente na primeira vez. O retrabalho custa tempo, esforço e dinheiro e é definitivamente uma atividade que não agrega valor. O Capítulo 13 fala sobre como abordar erros por meio da prevenção e de um sistema à prova de erros.

Fazendo uma análise do que agrega e não agrega valor

Com essa definição comum sobre o que é agregar valor, você pode avaliar seus processos e ver se alguma etapa que não agrega valor pode ser removida. Esta seção descreve como fazer uma análise sobre o que agrega ou não agrega valor (ou análise VA/NVA), mas tenha em mente que é provável que você precise manter algumas das etapas que não agregam valor que descobriu. Por exemplo, alguns requisitos regulatórios podem estar em vigor e não são do interesse do cliente, mas você deve cumpri-los. Esses são geralmente descritos como "NVAs essenciais". Algumas organizações consideram apropriado acrescentar uma categoria adicional à sua análise VA/NVA para captar isso. Na Tabela 10-1, ela poderia ser incluída na coluna "NVA Essencial".

TABELA 10-1 **Análise sobre o que Agrega Valor**

Passo do Processo	Tempo Unitário ou de Atividade	Tempo que Agrega Valor	Tempo que Não Agrega Valor	NVA Essencial
Análise do pedido				
Entrada no sistema				
Fazer verificação de crédito				
Emitir oferta				
Atualizar registro				
Confirmação do cliente				
Emitir fundos				
Tempo Total				
Percentual de Tempo	100%			

Você precisa analisar seu processo, então pode ser útil usar um mapeamento de processo (analisado no Capítulo 5). No entanto, uma análise de valor agregado é realmente tão simples quanto parece. Basta analisar cada etapa do processo com base nos três critérios delineados antes (veja "Oferecendo uma definição comum" anteriormente neste capítulo) para determinar se agrega valor. Use a matriz da Tabela 10-1 para captar seus dados. Completar e analisar os detalhes pode criar algumas surpresas; tipicamente, poucas etapas agregam valor.

Como parte de sua análise, será sensato avaliar a unidade ou o tempo de atividade (também conhecido como tempo de processamento) para cada uma das etapas do processo. O tempo unitário é o tempo necessário para completar uma etapa do processo (abordamos esse conceito com mais detalhes no Capítulo 5). O tempo unitário ou de atividade é a soma do tempo que agrega e não agrega valor, incluindo o "NVA Essencial", se você optar por mostrá-lo em uma coluna separada.

Se souber quanto tempo uma etapa leva para ser concluída, os custos salariais e outros custos associados com as pessoas que trabalham no processo, você poderá calcular o custo aproximado dessa atividade que não agrega valor, o que pode muito bem encorajá-lo a melhorar a etapa ou eliminá-la.

Entender o tempo unitário é relevante para todas as etapas que não agregam valor, mas talvez especialmente em termos de atividade de retrabalho. O Capítulo 5 analisa o mapeamento de seus processos. Muitas vezes, os mapas de processo são produzidos sob a premissa de que o trabalho é realizado corretamente na primeira vez. Infelizmente, nem sempre é o caso, como você pode ver na Figura 10-1 (em que as linhas pontilhadas representam o retrabalho).

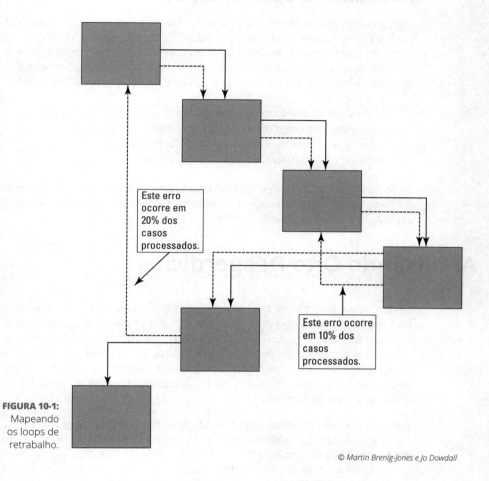

FIGURA 10-1: Mapeando os loops de retrabalho.

© Martin Brenig-Jones e Jo Dowdall

Mapear os loops de retrabalho em seu processo (talvez em uma cor diferente para que se destaquem) e registrar a frequência com que são usados pode ser muito revelador. Em posse das informações de custo, você pode então começar a priorizar seus esforços para evitar tais erros dispendiosos (consulte o Capítulo 13 para saber mais sobre como evitar os erros que ocorrem na primeira vez).

Uma vez identificadas, muitas tarefas que não agregam valor podem provavelmente ser eliminadas. Entretanto, algumas continuarão a ser necessárias por razões de saúde, segurança, ambientais ou regulatórias. Chamadas de "atividades essenciais que não agregam valor", elas precisam ser realizadas da forma mais rápida e eficiente possível. Garanta que seu processo permita que isso aconteça.

Avaliando a oportunidade

Tipicamente, apenas de 10% a 15% do tempo do ciclo de um processo são gastos em atividades que agregam valor. Esses números podem parecer surpreendentes, mas a margem para melhorias é enorme, especialmente na redução do tempo necessário para entregar os produtos ou serviços que os clientes desejam. Como disse Taiichi Ohno (e repetimos do Capítulo 1),

> *Tudo o que estamos fazendo é analisar uma linha do tempo desde o momento em que o cliente nos faz um pedido até o ponto em que coletamos o dinheiro. E estamos reduzindo essa linha do tempo ao remover os desperdícios que não agregam valor.*

Se reduzir a linha do tempo entre o pedido de um cliente e o recebimento do pagamento é sua missão, a análise de valor agregado descrita neste capítulo é um bom ponto de partida.

Analisando Oito Desperdícios

Muda é uma palavra em japonês que significa desperdício. Em qualquer processo, é provável que você encontre algumas etapas que agregam valor e outras que não o façam. Porém, algumas das etapas que não agregam valor precisam ficar, talvez por causa de limitações na tecnologia ou recursos disponíveis. Outras podem ser eliminadas imediatamente, quem sabe por um projeto DMAIC (Definir, Medir, Analisar, Melhorar e Controlar — que abordamos no Capítulo 2).

Taiichi Ohno desenvolveu uma lista de sete desperdícios para identificar todas as formas de *muda* que poderiam ocorrer em uma fábrica. Desde então, mais um desperdício foi incluído em uma lista de oito que se aplicam a qualquer tipo de processo em qualquer tipo de organização. Usamos o mnemônico TIM WOODS — a partir das palavras em inglês — para resumi-los e facilitar sua memorização:

» **T**ransportation — Transporte
» **I**nventory — Inventário
» **M**otion — Movimentação
» **W**aiting — Espera
» **O**verproduction — Superprodução

» **O**verprocessing — Superprocessamento

» **D**efects — Defeitos

» **S**kills Waste — Habilidades Desperdiçadas

Nas próximas seções, analisaremos cada uma dessas categorias de desperdício.

Transportando

Desperdícios com transporte envolvem a movimentação de coisas (pessoas, materiais, informações etc.) de um lugar para outro. O transporte pode contribuir para os tempos de espera (por exemplo, para receber uma peça), consome recursos e pode aumentar o risco de que os itens em trânsito sejam perdidos ou danificados. Exemplos de desperdício de transporte incluem a movimentação de produtos de uma área para outra, a movimentação de informações entre os sistemas e viagens entre os locais para participar de reuniões.

A superprodução (abordada mais adiante neste capítulo) pode resultar em desperdício de transporte. Você pode desenvolver a necessidade de mover as coisas para encontrar espaço para outras coisas, por exemplo (o Capítulo 11 abrange os sistemas de produção puxada, em que os itens só são requisitados quando realmente necessários).

Investigando o inventário

O inventário poderia tomar a forma de estoques e provisões, como, por exemplo, materiais que foram requisitados antecipadamente para garantir que um pedido futuro possa ser atendido, ou itens que foram pedidos em grande quantidade para garantir um preço com desconto. Mesmo que tenha sido acumulado por bons motivos, o inventário pode ser problemático. Por exemplo, foi necessário encomendar os materiais com antecedência porque o fornecedor não é confiável? Será que os itens pedidos em quantidade serão realmente necessários? O inventário nessa forma amarra o dinheiro da organização. Também ocupa espaço. Os itens armazenados podem ficar danificados ou obsoletos se guardados por muito tempo. Talvez você não consiga ver seu inventário. O armazenamento de dados e informações na nuvem também ocupa espaço, custa dinheiro e tem um impacto ambiental.

O inventário também pode tomar a forma de "trabalho em andamento". Onde o trabalho em lote estiver sendo realizado, haverá mais inventário. O

Capítulo 5 analisa o uso de triângulos para representar o inventário (trabalho em andamento ou WIP — work in progress) entre as etapas do processo ao desenvolver um Mapa do Fluxo de Valor. A quantidade de trabalho na fila pode ter um grande impacto sobre quanto tempo o cliente tem que esperar para receber a saída do processo.

Movendo a movimentação

É hora de um pouco de ergonomia. O desperdício de movimentos envolve movimentos desnecessários, talvez devido à localização do equipamento, resultando em excesso de flexão, torção, esforço ao alcançar ou caminhada, ou na necessidade de clicar em muitos links para acessar as informações necessárias.

O desperdício de movimento inclui o movimento causado por um espaço de trabalho mal projetado, como o posicionamento de telas de computador ou a altura de uma mesa ou bancada de trabalho, por exemplo. É um foco particular nas fábricas de montagem, onde a economia de alguns segundos nas várias etapas de montagem de um produto de alto volume pode ser vital para permitir a redução de custos e o aumento da produção.

EXEMPLO

Alguns anos atrás, pesquisadores compararam as posições relativas dos controles de um torno com o tamanho de um trabalhador médio do sexo masculino. Eles descobriram que o operador do torno tinha que se abaixar e se mover de um lado para o outro para operar os controles. A pessoa "ideal" para caber no torno teria 1,40m de altura, 60cm de ombros e um braço de 2,4m!

As pessoas têm diversas formas e tamanhos, e a ergonomia leva tal variabilidade em consideração no processo de design. Ergonomia é garantir um bom ajuste entre as pessoas, as coisas que fazem, os objetos que usam e os ambientes em que trabalham, viajam e se divertem. Uma gama de diretrizes de melhores práticas está disponível na internet, abrangendo áreas como manipulação de cargas e o design ideal das estações de trabalho.

Um objetivo da ergonomia é projetar trabalhos que se adaptem às pessoas. O design de trabalhos em ergonomia reconhece que todos são diferentes. A variabilidade em altura, peso, comprimento dos braços, tamanho das mãos etc. precisa ser levada em consideração, e o estudo do corpo humano (*antropometria*) fornece dados sobre como isso tudo varia na população.

DICA

Aplicar os princípios da ergonomia envolve seguir um processo lógico:

1. **Analise o trabalho.**

   O que é necessário para fazê-lo de forma adequada e segura?

2. **Identifique qualquer elemento estressante do trabalho, com foco nas questões relacionadas ao movimento físico.**

   O acesso à máquina é muito apertado para o trabalhador maior? Os trabalhadores mais baixos têm que esticar o pescoço para ler os painéis? Os trabalhadores precisam alcançar acima dos ombros ou abaixo dos joelhos?

3. **Determine as dimensões corporais relevantes associadas aos problemas identificados.**

   Altura, peso, comprimento do braço ou tamanho da mão podem ser fatores de atenção, por exemplo.

4. **Decida quanta variabilidade é preciso acomodar no design.**

   Você pode usar dados de vários estudos antropométricos (estudos do corpo humano) para ajudá-lo a determinar as especificações apropriadas em seu projeto. Muitos deles estão disponíveis na internet ou em departamentos governamentais relevantes. Você pode criar o projeto com base nas medidas reais de seu pessoal, por exemplo, usando os pontos extremos de altura e/ou peso.

5. **Envolvendo operadores e usuários, reprojete a estação de trabalho conforme for adequado.**

   Desenvolva uma capacidade de ajuste para acomodar diferenças de tamanho ou comprimento de braço entre os membros da equipe. Considere se trabalham sentados ou de pé e deixe espaço necessário para as operações de manutenção ao redor do equipamento.

Os benefícios da aplicação desse processo de cinco passos são maior eficiência, qualidade e satisfação no trabalho. Os custos de falhas incluem taxas de erro e fadiga física ou ausência de funcionários como resultado de ferimentos.

Excluindo a espera

Esperar significa essencialmente que as pessoas não conseguem continuar e processar seu trabalho. Tal atraso pode ser causado por falha do equipamento, por exemplo, ou porque as pessoas estão esperando pelos itens de que necessitam em sua parte do processo.

A espera pode resultar da entrega tardia por fornecedores externos ou internos, ou talvez da entrega incompleta de um pedido. O excesso de processamento também pode resultar em espera. Por exemplo, se uma etapa de aprovação ou autorização tiver sido incorporada ao processo, é provável que o item a requerer fique em uma caixa de entrada até que o autorizador tenha tempo para fazê-lo. Isso pode acrescentar horas ou dias à linha de tempo do processo e chatear seriamente o cliente.

Suprimindo a superprodução

Superprodução é produzir itens demais antes do próximo processo ou das necessidades do cliente. Esse tipo de desperdício contribui para outros desperdícios.

EXEMPLO

Trabalhando com uma organização de serviços, descobrimos um exemplo clássico de *subotimização* do processo: melhoria ou metas inadequadas em uma parte do processo causando problemas em outras partes. O gerente do Departamento A estabeleceu uma meta de produção ambiciosa e atingiu níveis extremamente altos de produtividade que mereceram elogios da alta administração. Infelizmente, esse aumento na produção criou problemas na etapa imediatamente posterior do processo, fazendo com que o trabalho fosse armazenado como um backlog de duas semanas porque o Departamento B simplesmente não tinha a capacidade de acompanhar o ritmo. Pior, o gerente do Departamento B recebeu a culpa e foi pressionado pela gerência sênior e por aqueles que trabalham nas etapas do processo ainda mais a jusante. A superprodução atacou novamente!

Um exemplo clássico de superprodução envolve material impresso. Quando você percebe como o preço unitário de folhetos ou brochuras, por exemplo, diminui drasticamente à medida que o volume aumenta, o excesso de pedidos é realmente tentador. Encomendar um volume maior e pagar muito menos por unidade faz sentido. Será mesmo? Você tem uma grande quantidade de material impresso que é pouco provável que seja utilizado, ocupando um espaço de armazenamento valioso e que vai ficando desatualizado a cada dia que passa? Quanto dele acaba no lixo?

Superando o superprocessamento

O desperdício de superprocessamento abrange a execução de etapas de processamento desnecessárias, envolvendo, por exemplo, informações irrelevantes em um formulário ou demasiados campos a serem preenchidos. Criar passos de checagem e autorização também são exemplos de superprocessamento.

Considere situações nas quais os clientes que preenchem formulários de pedidos, e as pessoas que os processam, precisam fornecer ou inserir mais informações do que realmente é necessário. Mais cedo ou mais tarde, a equipe de processamento identifica os "campos-chave" e, desde que sejam preenchidos, o pedido pode ser processado. Então, para que serviam as outras informações?

Os "jeitinhos" são um exemplo de superprocessamento. Pense no esforço envolvido para criar planilhas separadas para compensar um sistema de TI que não é adequado ao seu propósito. A adulteração é outro exemplo, como discutimos no Capítulo 8, em que as pessoas podem estar respondendo desnecessariamente à variação da causa natural.

Desaparecendo com os defeitos

O defeito é o sétimo desperdício e trata de retrabalho causado pelo não atendimento dos CTQs (os requisitos do cliente Críticos para a Qualidade, que examinamos no Capítulo 4), fornecendo respostas incompletas ou simplesmente cometendo erros.

A Figura 10-1, na seção "Fazendo uma análise do que agrega e não agrega valor", anteriormente neste capítulo, é um mapa de processo que mostra os níveis de retrabalho. Você pode usar as informações de tempo unitário para colocar um custo no retrabalho. O guru norte-americano de qualidade Phil Crosby se referiu ao PONC — *price of non-conformance*, ou *preço da não conformidade*. Essa simples medida mostra quanto custa fazer coisas erradas ou não atender às exigências do cliente. Quando você incluir o custo de retrabalho e correção, descartes, custos de recall, notas de crédito emitidas etc., poderá ver como o preço da não conformidade pode ser significativo — para não mencionar o efeito da perda de produtividade em outro lugar e o impacto em sua reputação. O Capítulo 13 se concentra em como evitar erros.

Percebendo o potencial nas pessoas

O desperdício de habilidades tem a ver com o fracasso no uso do potencial das pessoas no processo. O "desperdício" do potencial humano pode ser visto sob duas perspectivas: mal usado ou não aproveitado.

> » O **potencial mal usado** pode resultar de não estruturar adequadamente a forma como o trabalho é distribuído e descrito. Então, por exemplo, com que frequência você vê o desalinhamento de objetivos individuais e departamentais, fazendo com que as pessoas trabalhem com objetivos cruzados? E com que frequência você ouve ou diz as palavras: "Não foi bem isso que eu quis dizer"? O tempo investido para descrever e concordar com as exigências da tarefa é tempo bem gasto — presumindo que a tarefa agregue valor!

» O **potencial não aproveitado** é em geral o resultado de os gerentes presumirem que seus funcionários deixam o cérebro em casa quando vão ao trabalho. Pense em todas as coisas que as pessoas fazem em seu tempo livre, como dirigir clubes ou sociedades, atuar como tesoureiro, organizar eventos sociais, levantar fundos para caridade, ser membros de equipes ou corais, ser pais, e assim por diante. Tais atividades exigem habilidades e talentos. E esses talentos e habilidades nem sempre são reconhecidos no local de trabalho. É um desperdício enorme!

DICA

Na busca de oportunidades para reduzir ou eliminar desperdícios, você pode encontrar uma pista em palavras que começam com "re". Embora muitas palavras "re" sejam boas — reciclar é uma delas —, muitas indicam fazer as coisas mais de uma vez. Cuidado com retrabalho, reprogramação, redesenho, rechecagem e rejeição!

Cuidando do ambiente com o Lean Six Sigma

O Lean Six Sigma pode ser usado para lidar com todos os tipos de problemas e oportunidades de processo, incluindo aqueles baseados na redução de impactos ambientais negativos ou na promoção de formas mais sustentáveis de trabalho. Alguns dos projetos que orientamos incluem a redução de embalagens e o uso de plástico e a exploração de sistemas de eficiência energética para resfriamento de um armazém. A utilização das ferramentas Lean Six Sigma para medir a diferença entre "antes" e "depois" faz com que algumas histórias de sucesso impressionantes possam ser compartilhadas dentro e fora de sua organização.

EXEMPLO

Quando compra roupas da marca Patagônia, além de ver as especificações e as características dos produtos principais, você também pode ver todos os impactos ambientais associados à sua produção. A Patagônia também lidera uma série de campanhas ambientais para consertar e reciclar itens para evitar serem descartados em aterros sanitários e doa 1% de suas vendas a organizações ambientais.

Outros exemplos de desperdício são edifícios superaquecidos, máquinas deixadas ligadas ou em modo de espera, iluminação noturna de instalações vazias e viagens. A mudança para home office que muitas pessoas fizeram durante a pandemia da COVID resultou em economias ambientais significativas. A Global Workforce Analytics estima que trabalhar em casa durante metade da semana pode reduzir as emissões de gases de efeito estufa em 54 milhões de toneladas por ano.

DICA

Quando você estiver quantificando os benefícios de seu projeto Lean Six Sigma, inclua os benefícios ambientais.

Considerando as perspectivas do cliente

Os vários desperdícios descritos neste capítulo são todos vistos sob uma perspectiva interna. Mas, dado que um dos princípios-chave do pensamento Lean é fornecer valor ao cliente, como os clientes são impactados pelo desperdício em seu processo?

Certamente, eles experimentarão atrasos; considere filas de espera, entregas tardias ou respostas lentas. Espera e atrasos também resultarão quando eles encomendarem produtos que estão atualmente fora de estoque ou quando o produto errado for entregue e for necessário um reenvio. Pense também nos efeitos da má comunicação ou de instruções inadequadas, erros e produtos defeituosos. Todos eles criam desperdício.

Os clientes também podem se sentir frustrados com a quantidade de duplicação que experimentam. Ter que fornecer novamente ou repetir informações e detalhes, em formulários ou em conversas telefônicas, especialmente nas situações em que são transferidos de uma pessoa para outra, é uma perda de tempo para o cliente — e para a organização.

Adquirir novos negócios é um processo caro, contudo, parece que algumas organizações estão bastante preparadas para deixar clientes insatisfeitos saírem pela porta dos fundos. Que desperdício!

Todas as formas de desperdício, internas ou externas, são caras.

Participando da Caminhada do Desperdício

Ir ao Gemba (onde o trabalho é feito) e Process Stapling são abordados no Capítulo 5. Participar de uma "Caminhada do Desperdício" ao longo do processo, equipado com uma checklist de desperdícios a serem observados, é uma variação desse tema. Usar dados para quantificar os desperdícios torna o exercício ainda mais convincente. Alguns dos desperdícios

CAPÍTULO 10 **Identificando o Desperdício e o que Não Agrega Valor** 183 identificados poderiam ser resolvidos com algumas mudanças rápidas e simples. Outros podem exigir um projeto DMAIC.

Use a Tabela 10-2 para registrar os desperdícios observados. Após refletir sobre o processo e discuti-lo com especialistas, você pode acrescentar sugestões de melhoria.

TABELA 10-2   **Caminhada do Desperdício**

Desperdício	Observações	Sugestões de melhoria
Transporte		
Inventário		
Movimentação		
Espera		
Superprodução		
Superprocessamento		
Defeitos		
Habilidades desperdiçadas		

Considere organizar um cronograma para tais caminhadas de modo que todos os que trabalham na organização se envolvam. Essa abordagem significa que você se beneficia de muitos olhares novos e também assegura o senso de compromisso e a disposição das pessoas para empreender melhorias subsequentes (o Capítulo 6 fala sobre o elemento pessoas do Lean Six Sigma).

> **NESTE CAPÍTULO**
>
> » Descobrindo e resolvendo os estrangulamentos no processo
>
> » Entendendo as produções puxada e empurrada e organizando o layout
>
> » Usando o takt time para compreender a taxa de demanda

Capítulo **11**

Fazendo o Processo Fluir

Vimos que o *fluxo* — manter o trabalho se movendo suavemente ao longo do processo — é um princípio fundamental. Neste capítulo, focamos os pontos do fluxo do processo em que a demanda excede a capacidade. Dizem que uma cadeia é apenas tão forte quanto seu elo mais fraco. Um processo é apenas tão rápido quanto suas etapas mais lentas. Essas etapas são chamadas de gargalos ou restrições, ditam o ritmo de seu processo e determinam o ritmo de sua produção. Simplificando, ou você as administra ou elas o administram.

Aplicando a Teoria das Restrições

Esta seção examina como identificar os *estrangulamentos* em seu processo, priorizá-los para ação e reduzir ou eliminar seu efeito usando a abordagem de cinco passos de Eli Goldratt conhecida como "teoria das restrições" (TOC — Theory of Constraints). Há uma diferença sutil entre um gargalo e uma restrição, embora os termos com frequência sejam usados de forma intercambiável. Gargalo é um passo que não tem a capacidade de atender à demanda que está sendo colocada sobre ele. Restrição é um passo na mesma situação, mas que limita o desempenho do sistema de modo que ele não consegue atingir seu objetivo. Goldratt intitulou seu famoso livro sobre a teoria das restrições *The Goal* (O Objetivo, em tradução livre). É um clássico!

Identificando o elo mais fraco

Pense em sua organização como uma cadeia ou corrente, parecida com a da Figura 11-1. É uma série de processos que dependem uns dos outros, mesmo que as pessoas dentro da organização não reconheçam e aceitem esse fato. Por exemplo, você não envia peças até que sejam embaladas e não embala peças até que sejam fabricadas, e assim por diante. Responder à pergunta "Qual é a força da corrente?" é mais fácil do que você pensa: a cadeia é tão forte quanto seu elo mais fraco. Encontre sua restrição e encontrará o elo mais fraco em sua corrente.

FIGURA 11-1: Trabalhando na união da corrente.

© Martin Brenig-Jones e Jo Dowdall

A sabedoria convencional apoia a ideia de que melhorar qualquer elo da corrente melhora a corrente em geral, e a melhoria "global" é a soma das melhorias locais. Mas é hora de pensar de forma diferente: essa abordagem de melhoria local, na verdade, leva a uma *subotimização do processo*, quando melhorias aparentes em uma parte do processo realmente pioram as coisas em outra parte. Aqui, se melhorias fossem feitas em Vendas, resultando em muitos novos negócios, você poderia comemorar. Mas se nada for feito para elevar a capacidade em Serviço, a organização não poderá entregar. Você precisa fazer suas melhorias com um entendimento do processo de ponta a ponta, ou da corrente. E precisa tomar apenas aquelas ações locais que fortalecem a corrente, concentrando recursos potencialmente escassos na restrição.

Melhorando o fluxo do processo

Eli Goldratt sugeriu uma *teoria das restrições* envolvendo uma abordagem com cinco passos para ajudar a melhorar o fluxo:

1. **Identifique a restrição.**
2. **Explore a restrição.**
3. **Subordine os outros passos à restrição.**
4. **Eleve a restrição.**
5. **Volte ao Passo 1 e repita o processo.**

Uma *restrição* é um ponto de estrangulamento que ocorre sempre que a capacidade não pode atender a demanda e o rendimento geral do processo é limitado. É possível *identificar* restrições onde há um acúmulo de pessoas (uma fila), de material (inventário), de unidades a serem processadas ou trabalhos em andamento (um backlog).

Ao encontrar o gargalo ou a restrição, você pode então encontrar maneiras de melhorar a capacidade de processamento naquele ponto do fluxo do processo. Você precisa *explorar* a restrição, ou seja, maximizar seu potencial, idealmente sem grandes gastos.

Por exemplo, se sua restrição for uma máquina, tente mantê-la funcionando durante o dia de trabalho. Não a desligue para tarefas de manutenção de rotina; você pode fazer isso após o expediente. Se a restrição for uma pessoa, então certifique-se de que seu trabalho esteja coberto durante os intervalos para o almoço, por exemplo. Qualquer tempo perdido na restrição tem um grande efeito em todo o processo, o que o leva ao Passo 3 da teoria.

Para *subordinar* os outros passos à restrição, você a usa para ditar o ritmo no qual as atividades a montante enviam sua produção à restrição, o que diz às atividades a jusante o quanto da restrição elas podem esperar receber.

Como exemplo, considere o fluxograma de implementação na Figura 11-2, que apresenta Ann, Brian e Clare.

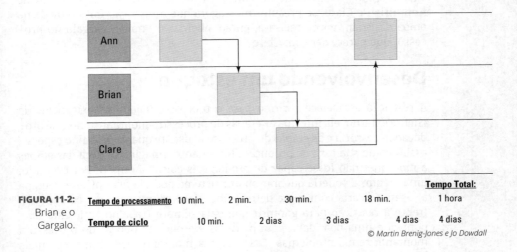

FIGURA 11-2: Brian e o Gargalo.

					Tempo Total:
Tempo de processamento	10 min.	2 min.	30 min.	18 min.	1 hora
Tempo de ciclo	10 min.	2 dias	3 dias	4 dias	4 dias

© Martin Brenig-Jones e Jo Dowdall

O passo de Brian é o principal estrangulamento do processo. Mesmo que Ann produza mais, Brian não conseguirá dar conta, e isso é inútil, pois simplesmente criará uma pilha crescente de trabalho em andamento. Você pode ver como as medidas e as metas de produtividade poderiam gerar o comportamento errado aqui. Você obtém o que mede, e se as pessoas são medidas em produtividade, então baterá a meta! Mas para onde vai a produção? E a que custo?

Tal situação encoraja o "empurrão" pelo qual as pessoas estão focadas em atingir seus objetivos, sem se importar com o atraso no processo. No exemplo de Ann, Brian e Clare, a fila de trabalho que se acumula para Brian piorará se Ann continuar empurrando o trabalho, mas se ela estiver tentando atingir as metas de produtividade, é quase certo que é isso o que será encorajada a fazer. Agora imagine como seria se Brian estivesse *puxando* o trabalho em seu ritmo, em vez de deixar Ann *empurrá-lo* para a frente. Isso significaria que Ann pode manter seu ritmo de produção e assumir algumas tarefas alternativas, possivelmente até mesmo ajudar Brian, para facilitar o fluxo de trabalho ao longo do processo.

Voltemos à *teoria das restrições*. Elevar a restrição significa melhorá-la e, ao fazê-lo, aumentar sua capacidade. Você pode introduzir melhorias que removam esse ponto de estrangulamento em particular, possivelmente com um projeto DMAIC (Definir, Medir, Analisar, Melhorar e Controlar), abordado no Capítulo 2. É claro que, uma vez que inicia mudanças, uma nova restrição aparecerá em outro lugar no fluxo, então você começa o ciclo de melhoria novamente.

O Passo 5 o leva de volta ao início do processo de cinco passos para que você o *repita* — um caminho para a melhoria contínua. No exemplo de Ann, Brian e Clare, se presumirmos agora que a restrição foi removida na etapa de Brian, você precisará, então, abordar o "novo" gargalo no processo, que parece ser com Clare.

Desenvolvendo um estoque

A restrição estabelece o ritmo para o processo. Sujeita às exigências do cliente externo, ela informa às etapas do processo a montante a taxa de produção necessária e às etapas do processo a jusante quanto trabalho esperar, assim como sua taxa de produção. No entanto, imagine se uma das etapas a montante não fosse capaz de produzir as coisas a tempo. Por exemplo, uma máquina poderia quebrar ou um sistema poderia ficar offline. A etapa a jusante ficaria com fome de trabalho. Colocar um pequeno estoque em frente à restrição para garantir que haja sempre trabalho suficiente disponível é uma boa ideia, para os casos em que uma etapa do processo a montante tenha problemas. Essa etapa a montante pode funcionar mais rápido do que a restrição, se necessário, então as coisas devem se recuperar logo, mas enquanto isso, o fluxo do processo é ininterrupto. Esse conceito é chamado de *tambor-pulmão-corda* (drum-buffer-rope).

O "tambor" imaginário é a batida da produção definida pela restrição, um pouco como o tambor batendo o ritmo para os remadores em uma galé romana. O "pulmão" fornece a contingência que mantém a restrição funcionando, mesmo que uma das etapas a montante fique mais lenta ou falhe temporariamente. A "corda" cerca, ou controla, o fluxo de trabalho, impedindo que chegue coisa demais à restrição. Tal imagem também ajuda a imaginar o trabalho a ser realizado no ritmo certo. Na Figura 11-3, o tambor equivale à produção de quarenta itens por dia; mesmo que os passos do processo tanto a montante como a jusante da restrição pudessem produzir mais, seu resultado seria reduzido a quarenta itens.

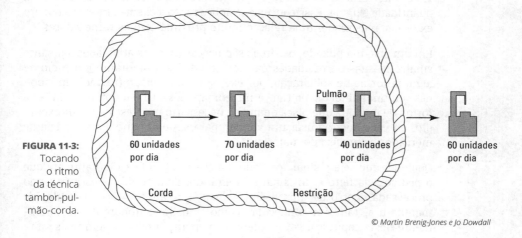

FIGURA 11-3: Tocando o ritmo da técnica tambor-pulmão-corda.

© Martin Brenig-Jones e Jo Dowdall

Gerenciando o Ciclo de Produção

Independentemente de trabalhar em uma organização manufatureira ou no setor de serviços, você precisa entender e gerenciar o processo de produção.

Usando a produção puxada

A *produção puxada* é um sistema no qual cada processo pega o que precisa do processo anterior exatamente no momento em que precisa e na quantidade exata necessária. Assim, o cliente controla o fornecimento e evita ser inundado por itens que não são necessários em determinado momento. Em nosso exemplo na Figura 11-2 da seção anterior, Brian começou a puxar o trabalho em seu ritmo e quando queria, não quando Ann podia enviá-lo. A produção puxada reduz a necessidade de espaço de armazenamento potencialmente caro. Por exemplo, em um ambiente onde a produção puxada não está em uso, a superprodução em um processo, talvez para atender às metas locais de eficiência, pode resultar em problemas a jusante, aumentando o trabalho em andamento e criando gargalos. Os sintomas da superprodução incluem o seguinte:

> **Excesso:** Fazer mais itens do que o necessário.

> **Cedo demais:** Fazer os itens antes do que o necessário.

> **Rápido demais:** Fazer os itens mais rápido do que o necessário.

A produção puxada se relaciona naturalmente com o conceito de *Just in Time*, que fornece ao cliente o que ele precisa, quando ele precisa e na quantidade exigida. Esse conceito se aplica tanto a clientes internos quanto externos, mas requer uma relação muito próxima com os fornecedores.

Em um sistema puxado, os sinais são necessários. As atividades a jusante sinalizam suas necessidades para as atividades a montante por meio de alguma forma de solicitação, por exemplo, um *kanban* (cartão, em japonês) ou um painel *andon* (lanterna, em japonês). Um andon poderia ter a forma de uma luz que pisca quando é necessário mais estoque, por exemplo, ou você poderia usar um kanban para sinalizar que uma bandeja de mercadorias precisa de materiais.

Qualquer que seja o sinal acordado, nada é produzido a montante até que o pedido seja feito e um sinal seja emitido. Se a atividade estiver sendo processada dentro de uma "célula" (veja a seção "Utilizando células de manufatura, também conhecidas como trabalho autônomo", posteriormente neste capítulo), ver e gerenciar a operação puxada será mais simples, pois todos estarão trabalhando em conjunto.

Um exemplo simples do sinal kanban na prática é o estoque de materiais de escritório. Um cartão de reabastecimento é colocado em uma posição apropriada dentro do estoque, e quando o cartão é revelado assim que alguém retira um novo bloco de notas da pilha restante, por exemplo, é feito um novo pedido, para garantir que o estoque de blocos de notas não se esgote. O kanban é utilizado efetivamente pelo movimento Ágil para administrar o fluxo de trabalho através da equipe do projeto. Você pode ler mais sobre esse conceito no Capítulo 16.

Passando para o fluxo de uma peça

O *fluxo de uma peça* (*single piece flow*) refere-se ao processamento de uma peça por vez entre as etapas de um processo ou de uma célula de trabalho. A alternativa seria trabalhar em lotes, processando peças "semelhantes" de trabalho em conjunto e as movendo para a próxima etapa do processo como um grupo. Você poderia, por exemplo, reservar tempo uma vez por semana para lidar com consultas de faturas, fabricar uma quantidade específica de produto em uma única execução ou imprimir extratos durante a noite. O fluxo de uma peça é considerado um Lean ideal. Vamos dar uma olhada no porquê.

Reconhecendo o problema com lotes

O fluxo de uma peça afasta você do processamento em lotes, mas pode ser difícil de realizá-lo, e a logística organizacional pode exigir que você continue com os lotes. Se for esse o caso, esteja ciente das armadilhas associadas.

Ao trabalhar em lotes, grupos de casos ou itens individuais são processados e passados para a próxima etapa do processo somente após um lote inteiro ter sido concluído. Isso tem um impacto no estoque, pois o número de itens de trabalho em andamento refletirá o número de itens nos lotes.

O lead time é aumentado como resultado do trabalho em lote. Em qualquer momento, a maioria dos casos em um lote está ociosa, esperando para ser processada. O tempo e os custos de transporte, assim como os custos de armazenamento, também podem ser significativos.

No processamento em lote, os erros não podem ser percebidos nem solucionados rapidamente. Caso ocorram, tendem a ser em grande volume, o que atrasa ainda mais a identificação da causa raiz. No fluxo de uma peça, o erro é coletado imediatamente. Com as pegadas ainda frescas, é possível chegar à análise da causa raiz mais rapidamente e evitar que um erro comum ocorra durante todo o processo.

Como mencionado anteriormente, pode não ser possível adotar o fluxo de uma peça, e pode haver razões lógicas para o trabalho em lote, tais como custos de preparação ou changeover. Utilize o princípio Lean Six Sigma de "gerenciar com base em fatos" para examinar os dados e determinar o tamanho ideal do lote para seu processo.

Analisando Seu Layout

Em muitas organizações, as diversas pessoas envolvidas em um processo muitas vezes não estão localizadas juntas. Elas podem estar em andares diferentes, em edifícios diferentes ou até em países diferentes. Esse tipo de layout pode resultar em atrasos à medida que as pessoas e o trabalho viajam pela organização. Esta seção dá uma olhada nos fundamentos do layout.

Identificando o desperdício da movimentação

As pessoas e os materiais perdem um tempo significativo viajando entre diferentes locais (o Capítulo 10 fala sobre o desperdício e como eliminá-lo). Use o diagrama de espaguete no Capítulo 5 (Figura 5-1) para ajudar a reduzir o tempo desperdiçado nas viagens.

Utilizando células de manufatura, também conhecidas como trabalho autônomo

A manufatura celular organiza todo o processo para produtos similares para uma equipe, com todos os recursos necessários. Essa equipe e seus recursos são uma *célula*. A ideia não é a de que seja algo solitário; pelo contrário, deve causar um sentimento de liberdade, pois os membros da equipe têm um controle real sobre o que produzem. Um nome alternativo para a manufatura celular é *trabalho autônomo*.

Em um ambiente de manufatura, as células são dispostas para facilitar todas as operações, muitas vezes adotando uma forma de ferradura, como mostra a Figura 11-4. As saídas ou as peças são facilmente passadas de operação a operação, muitas vezes manualmente, eliminando os custos desnecessários de configurações e reduzindo os atrasos entre as operações.

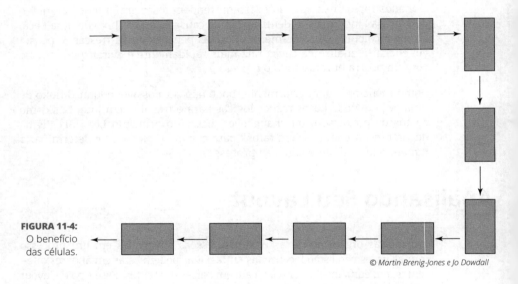

FIGURA 11-4: O benefício das células.

© Martin Brenig-Jones e Jo Dowdall

Trabalhar em células oferece os seguintes benefícios:

» A facilitação do fluxo de uma peça e uma redução no uso de lotes.

» Tempos mais rápidos de ciclos e menos trabalho em andamento (quando o fluxo de uma peça é usado), o que, por sua vez, resulta na redução de espaço físico usado.

» Redução de desperdício e minimização dos custos de manuseio de materiais resultantes da menor movimentação de pessoas e materiais.

» Uso mais eficiente e eficaz do espaço.

» Uma sensação aumentada de participação dos funcionários.

» Uso mais eficiente e eficaz das pessoas na equipe, empoderando-as para assumir responsabilidade e controle. As reuniões diárias da equipe são mais fáceis de organizar, ajudando a criar uma cultura de melhoria contínua, que resulta em uma atitude positiva de equipe e um enriquecimento na satisfação profissional.

» Habilidade de identificar gargalos.

» Facilitação da gestão visual (veja o Capítulo 13). Com todos no processo trabalhando próximos na mesma área, os resultados do desempenho da equipe podem ser mostrados facilmente para que todos os vejam.

Aplicando a manufatura celular no escritório

Não se deixe enganar pelo termo "manufatura celular", pois esse conceito também se aplica aos processos não manufatureiros. Os membros da equipe administrados como células podem não estar situados no mesmo local, mas seu trabalho está focado em um produto ou um serviço específico, ou na entrega de uma série de serviços a determinado cliente ou "família" de clientes. Esse tipo de especialização facilita a comunicação entre as várias partes do processo e pode reduzir o tempo de espera entre as etapas. Sem essa abordagem, nos casos em que o trabalho cruza equipes ou funções — com prioridades e objetivos diferentes —, ele pode facilmente ser ignorado. É possível aplicar essa abordagem mesmo quando os membros da equipe estão em locais diferentes ou trabalhando remotamente. Por exemplo, os kanbans podem ser aplicados digitalmente ou por meio de sistemas de gerenciamento de fluxo de trabalho para proporcionar visibilidade e apoiar o fluxo do processo.

Identificando famílias de produtos

Dentro dos arranjos celulares, identificar e processar famílias de produtos comuns faz sentido. Assim, produtos ou serviços envolvendo etapas de processamento idênticas ou similares (que anteriormente poderiam ter sido vistas como atividades diferentes, cada uma processada por equipes diferentes) podem ser reunidos. Para identificar as famílias de produtos apropriadas, crie uma matriz detalhando as etapas de processo/fluxo de valor na horizontal e os diferentes produtos ou serviços na vertical, como mostra a Figura 11-5.

	Análise do pedido	Entrada no sistema	Fazer verificação de crédito	Emitir oferta	Atualizar registro	Confirm. do cliente	Emitir fundos
Bronze plus	X	X	X	X	X	X	X
Silver	X	X	X	X	X	X	X
Gold	X	X	X				X
Platinum	X	X					X
Platinum plus		X					X

© Martin Brenig-Jones e Jo Dowdall

FIGURA 11-5: Mantendo em família.

Essa matriz destaca onde as etapas do processo são idênticas ou essencialmente as mesmas para diferentes produtos. Esses passos podem, então, ser processados pela mesma equipe, aumentando sua flexibilidade e capacidade de processamento. Ao analisarmos as famílias de produtos e processos, devemos estar cientes da necessidade de abordar os três Rs — nesse caso, **r**egulares, **r**epetidos e **r**aridades [runners, repeaters e rarities].

Os regulares são atividades de trabalho comuns e previsíveis; os repetidos também são atividades de trabalho regulares, mas são em menor número e frequência do que os regulares. Como seu nome sugere, as raridades são exatamente isso, ocorrendo de tempos em tempos. Elas precisam ser tratadas como atividades de trabalho pontuais. Algumas organizações se referem a elas como *estranhas*.

Naturalmente, o processo e os Mapas do Fluxo de Valor (veja o Capítulo 5) devem levar em conta essas atividades diferentes.

Considerando o takt time

Takt é uma palavra em alemão que significa ritmo — a cadência na qual um produto ou um serviço deve ser completado de modo a atender precisamente às necessidades do cliente. A fórmula do takt time é o tempo de produção disponível dividido pela demanda do cliente, como mostra a Figura 11-6.

> **Calculando o Takt Time**
>
> $$\frac{\text{Tempo disponível de trabalho por turno}}{\text{Número de pedidos de clientes por turno}}$$
>
> - Você tem 100 pedidos de clientes por dia útil, sendo que seu turno é de 8 horas para 10 pessoas
> - 8 (horas) x 60 (minutos) = 480 minutos disponíveis
> - 480 dividido por 100 (pedidos de clientes) = 4,80 de takt time
>
> © Martin Brenig-Jones e Jo Dowdall

FIGURA 11-6: Calculando o takt time.

O tempo disponível é independente de quantos recursos estão disponíveis. Ele representa o número de horas de trabalho no dia ou no turno. Por exemplo, se uma organização trabalha 480 minutos por dia e os clientes exigem 100 saídas por dia, o takt time é de 4,80 minutos, como mostra a Figura 11-6. Se a demanda fosse de 240 saídas, o takt time seria de 2 minutos. Da mesma forma, se os clientes querem dois novos produtos por mês, o takt time é de 2 semanas.

É importante reconhecer o efeito do retrabalho. Imagine que haja uma taxa de erro de 10% na saída da primeira passagem do trabalho, mas que está sendo identificada e corrigida. Com efeito, isso aumenta o número de solicitações do cliente de 100 para 110. Os minutos disponíveis permanecem inalterados em 480, mas o impacto sobre o takt time é uma redução para 4,36 minutos. O retrabalho consome um tempo valioso!

Há uma importante relação entre takt time, tempo de ciclo e tempo de atividade. Se o tempo de ciclo for maior que o takt time, você terá um problema, que poderia ser resolvido usando-se o DMAIC. Remover o desperdício pode ser parte da solução; impedi-lo em primeiro lugar pode ser outra.

Quando o takt time é igual ao tempo de ciclo, há um *fluxo perfeito*. Mas esteja ciente de que, se o fluxo não for equilibrado, gargalos ou restrições poderão perturbar sua capacidade de atender à demanda do cliente. A Figura 11-7 mostra um processo que apresenta gargalos. A fim de atender ao takt time, o nível de atividades que não agregam valor precisará ser abordado e um melhor equilíbrio também será necessário, como mostra a Figura 11-8.

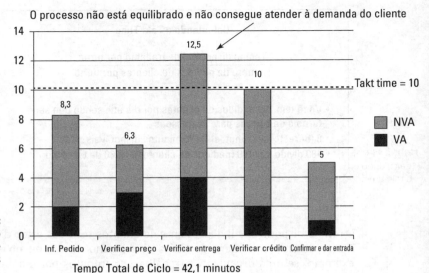

FIGURA 11-7: Visualizando o tempo de ciclo versus o takt time.

© Martin Brenig-Jones e Jo Dowdall

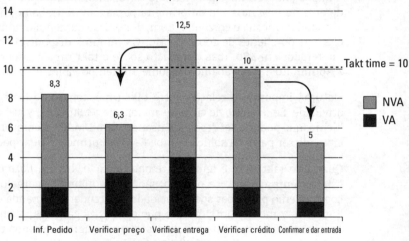

FIGURA 11-8: Equilibrando o fluxo.

Combine tarefas, rediza o NVA e simplifique as coisas quando possível.

© Martin Brenig-Jones e Jo Dowdall

DICA

A padronização é um pré-requisito importante ao usar o takt time.

4
Melhorando e Inovando

NESTA PARTE...

Use ferramentas e técnicas para inspirar a criatividade, encorajar o "pensamento diferente" e gerar soluções.

Explore ferramentas de análise de risco e eliminação de erros.

Dê uma olhada na Robótica de Processos Administrativos.

Entenda o Design for Six Sigma e como o DMADV é usado para elaborar novos processos.

Descubra o Design Thinking, veja como ele se compara com o Design for Six Sigma e explore como pode ser usado para turbinar aspectos de seu projeto Lean Six Sigma.

> **NESTE CAPÍTULO**
> » Gerando ideias e soluções com diversas ferramentas e técnicas
> » Turbinando sua criatividade
> » Testando ou pilotando ideias

Capítulo **12**

Pensando Diferente e Gerando Soluções

Q uando as causas raiz dos problemas tiverem sido identificadas, podemos considerar como resolvê-las. Neste capítulo, focamos o "pensamento diferente" e exploramos uma gama de ferramentas e técnicas para a criatividade e a ideação. Como diz o ditado, "Se fizermos o que sempre fizemos, teremos o que sempre tivemos". Assim, ao pensar de forma diferente, podemos gerar inovação e impulsionar o desempenho de nossos processos para além de seus níveis atuais. Vamos começar no chuveiro...

Imergindo-se em Ideias

Dizem que a maioria das pessoas tem suas melhores ideias no chuveiro, e sabemos que Arquimedes estava na banheira quando teve seu momento Eureca. Mas em vez de correr o risco e esperar que a inspiração chegue, é benéfico reservar tempo para a geração de soluções em seu plano de melhoria de processo. Você pode ter identificado algumas melhorias "óbvias" durante o mapeamento do processo ou indo ao Gemba (veja o Capítulo 5). Mas ainda pode se beneficiar com o pensar diferente e aplicar criatividade para impulsionar melhorias.

Tomando banho de chuva

Uma das ferramentas mais utilizadas para gerar ideias e soluções é o brainstorming, ou chuva de ideias. Embora seja geralmente a mais conhecida, nem sempre é utilizada em todo o seu potencial. Ao fazer brainstorming, e ao utilizar as outras técnicas incluídas neste capítulo, tente o seguinte:

» **Estabeleça uma atmosfera descontraída.** É proveitoso colocar as pessoas à vontade para que se sintam confortáveis em ser criativas. Os autores de *A Jornada do Design Thinking* sugerem que, antes de começar o brainstorming, as pessoas devem rir pelo menos uma vez. Experimente!

» **Faça as pessoas se sentirem iguais.** Todos devem poder contribuir, não importa a posição na hierarquia. Evite apresentações que indiquem cargos.

» **Estabeleça o "assunto" de forma clara e inequívoca para garantir que todos estejam focados.** Deixe-o visível para todos.

» **Encoraje todos a participar.** Use algumas técnicas de facilitação descritas no Capítulo 17.

» **Resista ao ímpeto de criticar as ideias quando surgirem.** Encoraje inicialmente o fluxo de ideias e trabalhe nelas depois.

» **Anote os comentários na íntegra.** Se você é o relator, não tente traduzir as ideias com suas próprias palavras. Use as palavras exatas de quem contribuiu.

» **Deixe tudo visível.** Use um flipchart, um quadro branco ou uma ferramenta de colaboração online.

» **Dê continuidade.** O que acontece depois é importante! Agrupe ideias semelhantes, desenvolva-as e priorize-as. Compartilhe as saídas com o grupo e informe-o sobre os próximos passos.

Brainstorming negativo

Muitas vezes, pode ser assustador começar um brainstorming com uma página em branco, e as soluções podem demorar um pouco a fluir. Pode ser muito útil virar o processo de cabeça para baixo e começar com uma lista do que não deve ser feito. Em vez de perguntar "Como podemos consertar isto?", tente perguntar "Como podemos piorar isto ainda mais?" Por exemplo, como poderíamos retardar ainda mais o processo? Como poderíamos arruinar a experiência do cliente? Isso pode parecer bastante audacioso, e você pode esperar algumas contribuições incomuns e interessantes. Em seguida, procure transformar os negativos em positivos, e continue a desenvolver as ideias levantadas.

Usando palavras e imagens

Palavras ou imagens aleatórias podem fornecer gatilhos eficazes para ideias, pois encorajam você a abordar as questões de diferentes ângulos.

1. Encontre uma foto em uma revista ou online, ou escolha uma palavra aleatória. Se usar uma palavra, escolha um verbo ou um substantivo, em vez de conjunções (e, mas, e assim por diante). Será bom escolher imagens ou palavras com associações positivas, em vez daquelas que podem desencadear uma resposta negativa.

2. Peça à equipe que faça uma lista das associações encontradas com a palavra ou a foto. Por exemplo, se a palavra for "feriado", as pessoas podem pensar em sol, sorvete ou relaxamento. Se estiver usando uma foto, faça a mesma coisa. O que você pensa quando olha a foto? Quer seja uma palavra quer seja uma foto, incentive as pessoas a usarem todos seus sentidos. Como seria o som? Qual é a sensação? E assim vai. Faça uma lista das associações e deixe-a visível para todos.

3. Agora pense sobre o problema que está tentando resolver. Alguma palavra da lista desencadeia ideias e inspirações? Você pode ficar surpreso com o que vem à tona! Registre-as, deixe as ideias aparecerem e nunca descarte qualquer ideia levantada.

4. Após a geração de ideias, discuta-as e desenvolva-as. Mesmo as sugestões mais incomuns podem ser trabalhadas.

Brainwriting

Brainwriting requer contribuições escritas, não verbais. Como as outras ferramentas exploradas neste capítulo, isso pode ser feito "virtualmente", bem como presencialmente, utilizando um espaço de colaboração online compartilhado. O brainwriting encoraja o grupo a desenvolver as ideias geradas pela equipe e funciona melhor com um grupo de seis pessoas. Há certa flexibilidade, é claro, mas evite um grupo muito grande. Veja a seguir um guia passo a passo:

1. Peça que todos do grupo escrevam claramente um problema no topo da folha (mostrada na Figura 12-1) de modo que todos o entendam (há algumas orientações sobre como delinear problemas no Capítulo 2).

2. Agora deixe que todos contribuam com três sugestões ou ideias para resolver o problema na primeira linha da folha, em até cinco minutos.

3. Após os cinco minutos, cada participante passa sua ideia para o próximo membro da equipe. Faça isso fisicamente ou, se estiver online, troque-as em ordem alfabética de nomes. Os membros da equipe agora preenchem a segunda linha, procurando desenvolver as ideias geradas na primeira linha ou acrescentar quaisquer novas ideias que surjam.

4. Repita o processo linha por linha até que todos da equipe tenham contribuído em todas as folhas.

5. Se os seis participantes tiverem gerado três sugestões em cada 5 minutos, você terá 108 ideias! Dê continuidade à sessão utilizando as diretrizes de melhores práticas descritas acima.

Definição do Problema:

Escreva o problema aqui. Lembre-se, uma boa definição deve ser específica e fácil de entender.

1	O primeiro membro da equipe escreve sua sugestão de solução aqui.	O primeiro membro da equipe escreve uma segunda sugestão de solução aqui.	O primeiro membro da equipe escreve uma terceira sugestão de solução aqui.
2	O segundo membro da equipe pode desenvolver a sugestão acima ou escrever uma nova aqui.	O segundo membro da equipe pode desenvolver a sugestão acima ou escrever uma segunda aqui.	O segundo membro da equipe pode desenvolver a sugestão acima ou escrever uma terceira aqui.
3	O terceiro membro da equipe pode desenvolver qualquer sugestão acima ou escrever uma nova aqui.	Etc.	Etc.
4	Etc.		
5			
6			

© Martin Brenig-Jones e Jo Dowdall

FIGURA 12-1: Modelo para brainwriting.

Identificando os atributos

A lista de atributos o encoraja a decompor em partes menores aquilo que deseja melhorar, para que as alternativas a essas partes possam ser identificadas. Isso funciona muito bem com objetos físicos. Por exemplo, se o objeto for uma bolsa para notebook, você pode decompor os atributos em material, cor, forma, textura, tamanho, bolsos, alças etc. Liste o máximo de atributos que puder. Você pode, então, identificar os fatores positivos e negativos dos atributos e começar a considerar alternativas. Em vez de ser feita de neoprene, a bolsa poderia ser feita de borracha, grama marinha ou chinelos de dedo reciclados?

DEZ DICAS PARA TURBINAR A CRIATIVIDADE

Há muito mais ferramentas e técnicas disponíveis para apoiar o pensamento diferente e a geração de soluções. Você também pode tentar turbinar sua criatividade das seguintes maneiras:

1. Afaste-se de seu ambiente normal de trabalho ou reorganize o espaço.
2. Faça uma caminhada. É cientificamente comprovado que isso turbina a inspiração criativa.
3. Não "aceite" simplesmente fatos ou informações. Desafie tudo.
4. Esteja preparado para assumir riscos e aceitar o fracasso. Nem todas as ideias podem dar certo, mas cada uma pode gerar outras.
5. Colabore com os outros.
6. Peça que uma criança tente resolver o problema e observe seu "processo" criativo.
7. Escreva novas ideias, ou parte delas, conforme surgem.
8. Escute música clássica. Einstein descobriu que escutar Mozart era particularmente eficaz.
9. Silencie seu crítico interior. Não existem más ideias.
10. Encontre tempo para praticar. Quanto mais exercitar o músculo da criatividade, mais forte ele ficará.

A técnica também funciona quando a coisa que você quer melhorar não é física. Por exemplo, se quiser melhorar a eficácia das reuniões da equipe, os atributos podem incluir a frequência, o método, o local, os participantes, os materiais utilizados, os insumos e muito mais. Trabalhe neles e considere como poderiam ser modificados.

DICA

Independentemente de estar trabalhando em um item físico ou não, estude as sugestões para ver como poderiam resultar em uma situação melhor ou pior, e se os atributos podem ser recombinados em uma formação completamente diferente. Você descobrirá que há muitas possibilidades.

Mais ferramentas para a geração de ideias

Há muitas ferramentas e técnicas disponíveis para a geração de ideias. Talvez você queira praticar algumas delas e ver se sua equipe tem alguma preferência. Você pode até desenvolver as suas próprias! Veja a seguir mais algumas sugestões de ferramentas que você pode usar:

» **Analogias:** Desenhar paralelos entre as coisas pode ajudar a criatividade. Por exemplo, você poderia comparar a gestão de sua equipe com a condução de um ônibus. Em cada caso, é importante estar seguro de que todas as pessoas certas estão a bordo, e elas precisam saber aonde estão indo.

» **Arquétipos, como o herói, o pensador, o mágico, o cuidador:** Como cada um desses arquétipos resolve o problema atual?

» **Desejos:** Peça à equipe que descreva seus desejos com relação ao processo em que você está trabalhando para melhorar. Encoraje todos a ser imaginativos e abrir mão das restrições percebidas. Em seguida, trabalhe em maneiras de torná-los uma realidade. Você pode usar outros métodos listados nesta seção para ajudar.

» **ETs:** Peça a cada um da equipe que se imagine como um alienígena que acabou de aterrissar, vindo de um planeta distante. Que aspectos do processo ou da situação do problema ele pode achar estranho? Essa técnica o ajuda a identificar e a desafiar suposições e acrescenta uma certa "distância psicológica", pois é mais fácil resolver problemas quando você os observa sob outras perspectivas.

» **Mural de fotos e palavras:** Peça que a equipe colete e organize imagens ou palavras que representem soluções diferentes. Isso é particularmente útil quando é difícil encontrar palavras para expressar as ideias.
Veja os temas que surgiram no mural e considere como podem ser concretizados no processo ou na situação que está procurando melhorar. Os murais podem ser criados de forma digital ou física.

» **Olhar para fora:** Pode ser esclarecedor descobrir como outras organizações fazem as coisas. Analise organizações internacionais e veja como elas abordam os processos ou problemas que você quer resolver. As organizações não precisam ter o mesmo tamanho ou estar no mesmo setor que você.

Priorizando as Ideias

Se a etapa de geração de ideias para melhorar seu processo ou resolver seu problema tiver corrido bem, você terá muitas soluções potenciais a considerar. Agora pode avaliá-las e priorizá-las para identificar quais são as mais eficazes.

DICA

Realizar essa tarefa em equipe trará transparência ao processo de tomada de decisão, o que o ajudará a desenvolver aceitação para as mudanças que suas ideias de melhoria provocarão. Lembre-se da importância da aceitação, abordada no Capítulo 6.

Se tiver muitas ideias, pode usar uma técnica simples de votação para reduzir sua longa lista a um número mais gerenciável antes de usar uma abordagem mais detalhada baseada em critérios. Uma votação simples é eficaz para reduzir já na primeira rodada.

Votando com a técnica n/3

A técnica n/3 ou de *multivotação* pode ajudar a diminuir uma longa lista de ideias para um tamanho gerenciável. N é o número de ideias que foram geradas. Divida esse número por 3 para chegar ao número de votos que cada membro da equipe pode atribuir ao longo da lista, com um voto (ou ponto) por ideia. A equipe então usa uma canetinha ou uma caneta virtual para colocar seus pontos nas opções preferidas (veja a Figura 12-2). Uma vez que todos os pontos tenham sido distribuídos, há um número reduzido de ideias/soluções com as quais trabalhar, facilitando a realização de análises adicionais. Naturalmente, é possível discutir os resultados para garantir que sejam apropriados.

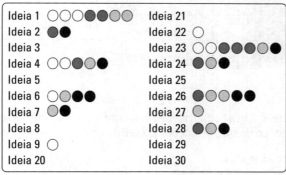

FIGURA 12-2: Multivotação em ação.

© Martin Brenig-Jones e Jo Dowdall

Outra abordagem é utilizar a *comparação por pares*. Essa ferramenta é abordada no Capítulo 4, o que é um bom lembrete de que muitas das ferramentas incluídas neste livro são polivalentes. Você pode usar as ferramentas de priorização aqui descritas ao decidir quais projetos de melhoria devem ser levados adiante, ao priorizar as exigências do cliente ou ao avaliar as soluções. Você também pode usá-las para tomar decisões de aquisição ou recrutamento, ou decidir onde passar suas próximas férias.

Usando uma matriz de seleção de critérios

É importante estabelecer critérios para avaliar as ideias de melhoria, pois isso promove abertura e transparência, reduzindo o potencial de soluções "pessoais favoritas" para fazer o corte ou aquelas que não atingirão completamente o alvo quando se trata de melhorar o processo.

Uma matriz ponderada de seleção de critérios (mostrada na Figura 12-3) pode, então, ser usada para considerar o nível em que cada uma das ideias de melhoria em sua lista reduzida atende aos critérios. Em primeiro lugar, chegue a um acordo com a equipe sobre os critérios de seleção. A contribuição de seu patrocinador também pode ser útil aqui. Tente manter o número reduzido, não mais do que seis critérios. Em seguida, você pode acordar quaisquer ponderações a serem aplicadas. Por exemplo, se a velocidade de implementação for uma consideração crucial, aplicar a ela um peso 2 terá o efeito de dobrar a pontuação atribuída.

Critérios	A	B	C	Pontuação	Classificação	%
Opções / Peso	1	3	5	(peso total)		
Ideia um	6 / 6	5 / 15	7 / 35	56	3	62
Ideia dois	3 / 3	7 / 21	6 / 30	54	4	60
Ideia três	1 / 1	8 / 24	8 / 40	65	1	72
Ideia quatro	8 / 8	6 / 18	5 / 25	51	5	57
Ideia cinco	7 / 7	7 / 21	6 / 30	58	2	64

© Martin Brenig-Jones e Jo Dowdall

FIGURA 12-3: Matriz de seleção de critérios.

Agora avalie as ideias com relação aos critérios conforme descrito a seguir, certificando-se de que as opções preferidas ganhem mais pontos.

1. **Liste as ideias.**
2. **Identifique os critérios importantes na decisão.**
3. **Defina o peso para cada um (se escolher usar ponderação).**
4. **Veja como cada opção impacta os fatores e dê uma nota de 0 a 10.**
5. **Multiplique a pontuação pelo peso.**
6. **Acrescente a pontuação ponderada e agrupe em alta, média ou baixa.**
7. **Rejeite as opções com pontuação baixa.**
8. **Avalie as demais e decida.**

Mesmo onde identificou um vencedor claro, ainda vale a pena verificar se é uma opção eficaz, e não apenas a melhor de um grupo ruim. A coluna percentual no lado direito do diagrama o ajuda a manter controle e equilíbrio nas coisas, e talvez o encoraje a procurar maneiras de melhorar a escolha preferida.

DICA

Veja se as soluções identificadas abordam as causas raiz! Algumas pessoas usam o termo "contramedida" para descrever as soluções, porque as contramedidas são projetadas para reduzir os efeitos negativos.

Testando as Ideias e Encontrando a Melhor

Pode ser apropriado realizar um teste ou um "piloto" para garantir que as soluções sejam adequadas e eficazes. Esse processo destacará as consequências das soluções e dará uma oportunidade valiosa para o aprendizado. Não crie um teste "irreal". Antes do teste, considere o seguinte:

» Onde realizar o teste.

» Quais barreiras podem estar no caminho.

» Como você medirá os efeitos do piloto.

» Suas expectativas dos resultados.

Em seguida, analise os resultados para averiguar as respostas a estas perguntas:

» Como os resultados se alinharam com suas expectativas?

» Quais efeitos em cadeia ocorreram?

» Como a solução pode precisar ser corrigida?

» Como a abordagem de implementação da solução pode precisar ser corrigida?

» É necessário um teste ou um piloto futuro?

Use o que você aprendeu com seu teste ou piloto para desenvolver um plano detalhado para a implementação das soluções. Não deixe de considerar questões associadas ao "aumento de escala", se seu piloto foi confinado a uma pequena área.

DICA

Há diversas ferramentas e técnicas de planejamento incluídas no livro *Gerenciamento de Projetos Para Leigos*, de Stanley E. Portny.

CAPÍTULO 12 **Pensando Diferente e Gerando Soluções**

> **NESTE CAPÍTULO**
> » Usando a prevenção, em vez da cura
> » Realizando manutenção preventiva
> » Aplicando a Gestão Visual
> » Nivelando seus processos

Capítulo **13**

Descobrindo a Oportunidade de Prevenção

O conceito de prevenção existe há muito tempo. Antes mesmo até de nossos avós nos dizerem que é melhor prevenir do que remediar, e provavelmente até antes de Lao Tzu destacar sua importância em 600 a.C.:

> *Antes que algo se mova, segure-o,*
>
> *Antes que dê errado, molde-o,*
>
> *Drene a água no inverno antes que ela se congele,*
>
> *Antes que as ervas daninhas cresçam, semeie-as aos ventos,*
>
> *Você pode lidar com o que ainda não aconteceu,*
>
> *Pode prever*
>
> *Eventos danosos e não permitir que venham a ser.*

Estreitamente relacionado está o conceito de "nenhuma falha adiante", o que significa que os erros devem ser identificados assim que acontecem, em vez de poderem ir a jusante ao longo do processo. Este capítulo examina como a prevenção e a detecção podem ser aplicadas em nossos processos.

Analisando Ferramentas e Técnicas de Prevenção

Você pode prever problemas ou, pelo menos, reduzir seu impacto ao utilizar uma vasta gama de ferramentas e técnicas.

Apresentando o Jidoka

Jidoka é uma palavra em japonês associada à criação de qualidade no processo e à prevenção de defeitos. Com frequência, Jidoka é referido como *auto**no**mação*, que é um meio de prevenir que itens defeituosos passem para o próximo processo. Destacamos a palavra "no" [não, em inglês] em autonomação para lembrá-lo de que a passagem de defeitos *não* é permitida em um processo de etapas.

Sem Jidoka, a automação tem o potencial de permitir que um grande número de defeitos seja criado muito rápido, especialmente se o processo for em lotes.

Jidoka funciona com base no princípio de que, assim que um defeito ou um erro ocorre, o processo é interrompido para garantir que nenhum outro defeito ou erro seja produzido até que a causa do problema seja remediada. Em 1902, Sakichi Toyoda, fundador do grupo Toyota, inventou um tear automatizado que parava cada vez que um fio se rompia. Essa parada imediata impedia que o fio saísse do tear, poupando tempo que antes era desperdiçado tentando descobrir o que havia acontecido. Uma impressora que para quando sua tinta acaba é um exemplo moderno de Jidoka.

A autonomação permite que as máquinas operem de forma autônoma, desligando-se se algo dá errado. *Automação com inteligência humana* é outro termo para esse conceito.

Jidoka adota o conceito de "Parar em cada anormalidade", ou seja, um processo manual é interrompido sempre que ocorre uma condição anormal. Em algumas organizações manufatureiras, cada funcionário tem o poder de "parar a linha", talvez seguindo a identificação de uma causa especial em um gráfico de controle (veja mais informações no Capítulo 8), mas o conceito se aplica a qualquer tipo de processo em qualquer tipo de organização.

LEMBRE-SE

Forçar tudo a parar imediatamente para se concentrar em um problema é uma maneira eficaz de chegar rápido à causa raiz dos problemas. No processamento em lote, é crucial descobrir os problemas de imediato.

Reconhecendo o Risco com FMEA

A *Análise dos Modos de Falhas e Efeitos* (*Failure Mode and Effects Analysis — FMEA*) é uma ferramenta de prevenção que ajuda a identificar e priorizar oportunidades potenciais para agir preventivamente. Identificar as coisas que podem dar errado — os *modos de falha* — é o primeiro passo.

Ao observar o que pode dar errado (os modos de falha), você pode avaliar o impacto do que acontece (os efeitos) quando de fato dá errado, com que frequência é provável que ocorra e qual a probabilidade de detectar a falha antes que seu efeito seja percebido. Para cada um desses eventos potenciais você atribui um valor, geralmente em uma escala de 1 a 10, para refletir o risco. A FMEA pode ser aplicada a processos, sistemas e projetos. Ela é usada para gerenciar a qualidade, garantir a segurança e reduzir o custo da má qualidade (veja o Capítulo 10).

A Tabela 13-1 mostra uma escala comum de classificação para uma organização de atendimento ao cliente.

TABELA 13-1   Pesando o Risco

Classificação	Severidade do Efeito	Probabilidade de Ocorrência	Detectabilidade Atual
1	Nenhum	Remota	Detectado imediatamente
2	Bem insignificante	Muito baixa	Encontrado facilmente
3	Insignificante	Baixa	Geralmente encontrado
4	Baixa a moderada	Baixa a moderada	Provavelmente encontrado
5	Moderada	Moderada	Talvez seja encontrado
6	Moderada a alta	Moderada a alta	Menos de 50% de chance de detecção
7	Alta	Alta	Improvável de ser detectado
8	Muito alta	Muito alta	Muito improvável de ser detectado
9	Perigosa	Extremamente alta	Extremamente improvável de ser detectado
10	Desastrosa	Quase certa	Quase impossível de detectar

Essas classificações são usadas para calcular um *número de prioridade de risco* (NPR), o que ajuda a priorizar suas ações. Esse valor é resultado da multiplicação de suas classificações pela severidade do risco (da Tabela 13-1) pela frequência de ocorrência e a probabilidade de detecção. Quando todos os valores NPR tiverem sido calculados, você poderá identificar em quais trabalhar e encontrar maneiras de reduzi-los. A Figura 13-1 fornece um exemplo de modelo FMEA. Inclui colunas que permitem considerar os modos de falha e seus efeitos, determinar os NPRs, alocar a responsabilidade pela melhoria e recalcular o NPR uma vez que as ações de melhoria tenham sido tomadas.

FIGURA 13-1: Pesando o risco com FMEA.

[Modelo de Análise dos Modos de Falhas e Efeitos (FMEA)]

© Martin Brenig-Jones e Jo Dowdall

DICA

Ao determinar as classificações para os vários modos de falha em seus processos, é sensato trabalhar com membros da equipe relevante de processo e analisar cada etapa do processo. Podem haver vários modos de falha para cada etapa. Para garantir a identificação de cada etapa, recomendamos que você utilize um fluxograma de implementação, em vez de um Mapa do Fluxo de Valor, pois este último pode não ter detalhes suficientes para uma FMEA de processo.

Suas classificações em relação às descrições da Tabela 13-1 são baseadas em sua experiência, e não em fatos absolutos, portanto, quando terminar o exercício, afaste-se e veja se os números parecem sensatos. É importante classificar cada modo de falha de forma consistente.

EXEMPLO

Uma equipe de agendamento de uma empresa de serviços públicos operava regularmente soluções alternativas porque o sistema de TI usado para agendar os trabalhos dos técnicos não era considerado adequado para o propósito. Os membros da equipe de agendamento alteravam aspectos dos dados no sistema para superar o algoritmo usado para planejar os trabalhos do dia. Por exemplo, eles podiam alterar os detalhes de endereço de um trabalho para permitir que o técnico realizasse um trabalho em um código postal que de outra forma estaria "fora de sua área". Um dos modos de falha identificados na FMEA foi esquecer de mudar o código postal de volta, o que resultava em um endereço incorreto de cliente no sistema. As classificações de gravidade e probabilidade eram bastante baixas, mas a pontuação aplicada à

Detecção era alta, já que apenas o programador sabia que os dados tinham sido alterados.

Examine seus próprios processos para ver se a FMEA cria alguma oportunidade de melhoria. Considere cada etapa do processo e identifique seus modos de falha. Ao elaborar seu NPR, lembre-se de que esses números são subjetivos; use o bom senso para determinar a ação necessária.

Seus processos à prova de erros

A técnica "à prova de erros" — às vezes referida como *poka-yoke* (gíria japonesa que significa "evitar erros inadvertidos") — pode ser usada para resolver os riscos destacados na FMEA ou ajudar os usuários do processo a fazer certo de primeira.

As abordagens poka-yoke previnem que erros sejam cometidos ou os tornam detectáveis. As melhores abordagens poka-yoke são:

- » Baratas
- » Muito eficazes
- » Baseadas na simplicidade e na engenhosidade

O poka-yoke não depende que os operadores detectem erros, mas ajuda a garantir um feedback rápido 100% do tempo, levando a melhorias no processo e a reduções no desperdício.

Considere a regra 1-10-100, que afirma que, à medida que um produto ou serviço passa pelo sistema de produção, o custo à sua organização para corrigir um erro se multiplica por 10. Analisando o processamento de um pedido de cliente, por exemplo:

- » Entrada correta do pedido: R$1
- » Erro detectado no faturamento: R$10
- » Erro detectado pelo cliente: R$100

A regra 1-10-100 não consegue captar os custos adicionais associados aos clientes insatisfeitos compartilhando sua experiência com outros, algo que pode escalar rapidamente nas mídias sociais, por exemplo. Vale definitivamente a pena usar a técnica à prova de erros!

Exemplos de prevenção e à prova de erros são observáveis na vida cotidiana. Estes incluem o som de alerta que você ouve se não usa o cinto de segurança ou os botões do elevador que pode pressionar com os pés para reduzir a transferência de bactérias e vírus.

Há três tipos de abordagens à prova de erros: contato, valor fixo e passos.

» **Contato à prova de erros** é quando os produtos têm um formato físico que inibe os erros, como mostra a Figura 13-2.

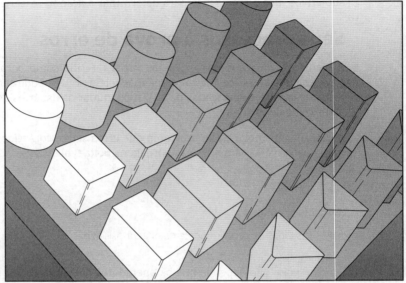

FIGURA 13-2: Pinos quadrados e orifícios redondos: contatos à prova de erros.

© Martin Brenig-Jones e Jo Dowdall

O design físico impossibilita a instalação de peças em qualquer posição, exceto na correta. O design de equipamentos eletrônicos e de seus vários acessórios e extensões, por exemplo, garante que os cabos corretos só possam se conectar nas tomadas corretas. Essa situação é obtida com uma combinação de tamanhos e formas de peças, bem como de códigos de cores. Embora este último seja um exemplo de gerenciamento visual e possa não impedir que você tente conectar algo no soquete ou local errado, o conceito tenta impedir que você o faça! Outro exemplo é um orifício de diâmetro fixo através do qual todos os produtos devem cair. Qualquer produto superdimensionado é incapaz de passar, e o defeito potencial associado a ele é assim evitado.

» **Valor fixo à prova de erros** identifica quando uma peça está faltando ou não é utilizada e essencialmente garante quantidades apropriadas. Um exemplo simples é o dosador de batatas fritas usado nas redes de *fast-food*, que é projetado para garantir um número consistente de batatas fritas de acordo com a embalagem servida ao cliente. Outro exemplo são as "bandejas de ovos" utilizadas para o fornecimento de peças:

observar que faltar algo é muito fácil, assim como perceber que um ovo está faltando na bandeja.

» **Passos à prova de erros** asseguram automaticamente que o operador do processo tenha tomado o caminho correto ou o número de passos corretos, possivelmente quebrando um sensor de luz fotocélula, pisando em uma almofada sensível à pressão durante o ciclo de montagem ou por meio da tecnologia de pedômetro com rastreamento remoto. Um exemplo diferente são os corretores ortográficos que fornecem avisos automáticos quando as palavras estão mal escritas e o operador precisa clicar na palavra destacada para mudá-la.

Organização do Espaço de Trabalho

Organizar bem o local de trabalho pode reduzir o desperdício, melhorar a produtividade e prevenir erros e acidentes. A metodologia 5S pode ser usada aqui para fornecer estrutura e garantir resultados disciplinados. Aliás, o senso de disciplina é um dos 5s!

Apresentando os Cinco Ss

O método 5S consiste em cinco passos a serem dados, a fim de organizar um espaço de trabalho físico ou "virtual". Você pode usá-lo em qualquer lugar, incluindo o escritório, as áreas de armazenamento e a nuvem. A implementação do 5S leva a um ambiente de trabalho mais seguro e agradável que incentiva tanto a autogestão quanto o trabalho em equipe. Veja as cinco etapas [e as palavras em japonês para cada uma]:

» **Senso de utilização** (Seiri) incentiva você a analisar ferramentas, materiais, equipamentos e informações necessárias para fazer seu trabalho e agrupá-los conforme o uso: "frequente", "ocasional" e "nunca". Você pode separá-los com base em sua experiência, mas "etiquetar" os itens de alguma forma pode ser útil (veja a seção "Fazendo um exercício de etiqueta vermelha", posteriormente neste capítulo). Após a ordenação, remova os itens desnecessários da área de trabalho.

» **Senso de organização** (Seiton) significa alinhar as coisas e organizar tudo o que você usa com frequência, para que esteja acessível. Isso pode incluir kits de ferramentas, arquivos ou pastas de e-mail, ou mover uma impressora para um local mais conveniente. Coisas que você não usa com frequência precisam ser colocadas em outro lugar, recicladas ou jogadas fora. Decida quantos itens precisam ser armazenados, como eles devem ser

» **Senso de limpeza** (Seiso) diz respeito a manter as coisas que você usa e o ambiente onde trabalha limpos e arrumados, constantemente. Faça seu local de trabalho brilhar, portanto, livre-se de lixo e sujeira, e não deixe coisinhas espalhadas por aí. Certifique-se de que suas ferramentas estejam prontas, seguras e limpas, e que todas as informações e documentos que você utiliza estejam atualizados e bem apresentados. Verifique se equipamentos e maquinários são rotineiramente reparados e mantidos.

» **Senso de padronização** (Seiketsu) significa que os processos descritos anteriormente se tornam padronizados. Projete uma maneira simples de trabalhar para que suas informações e ferramentas permaneçam ordenadas, alinhadas e brilhantes. Essencialmente, isso envolve refazer regularmente os três primeiros Ss! Isso ajuda a identificar as razões pelas quais o local de trabalho fica bagunçado e desorganizado e faz com que o pensamento preventivo encontre maneiras de impedir que os problemas se repitam.

» **Senso de disciplina** (Shitsuke) trata de manter todo o processo em andamento. Atenha-se ao sistema, treine todos na aplicação dos 5S, reveja regularmente o padrão, implemente melhorias e conte aos outros sobre seu método eficaz de trabalho para que se torne um modo de vida.

Fazendo um exercício de etiqueta vermelha

O *exercício de etiqueta vermelha* é um processo de acompanhamento para identificar os itens desnecessários. Se você usar os 5S, que descrevemos na seção anterior, a etiqueta vermelha pode se tornar um elemento útil de "Senso de utilização". Você poderia, por exemplo, etiquetar os vários itens em sua mesa em determinada data e anotar na etiqueta a próxima vez que os utilizar, especificando hora e data. Se não os tiver usado em, digamos, um mês, então mudará para o "Senso de organização" para que possam ser reposicionados adequadamente. Depois de todas as coisas óbvias terem sido jogadas fora, recicladas ou realocadas, você ficará apenas com aquelas que usa regularmente e de que precisa.

DICA

Você também pode usar a etiqueta vermelha em casa, por exemplo, para evitar que seu guarda-roupa fique abarrotado.

Talvez seja necessário formar uma equipe para implementar a etiqueta vermelha em suas áreas de trabalho mais amplas, nomeando um campeão e membros da equipe. Identifique as áreas a serem abordadas, como por exemplo, inventário, arquivos armazenados na nuvem, equipamentos, itens de escritório ou suprimentos. Em seguida, defina os critérios e o cronograma do exercício e os comunique.

A gestão visual ajuda a garantir que os itens em uso possam ser devolvidos ao lugar certo e que os itens em falta sejam facilmente identificados. Veja o quadro de ferramentas com os contornos delineados na Figura 13-3.

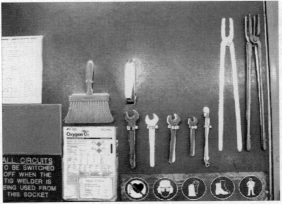

FIGURA 13-3: Um quadro com o formato das ferramentas delineados ajuda a ver se alguma está faltando.

© Martin Brenig-Jones e Jo Dowdall

Usando a Gestão Visual

5S é uma forma básica de gestão visual. Em um ambiente de trabalho bem organizado, você pode reconhecer se alguém precisa de ajuda ou se alguma ação é necessária muito mais facilmente do que em um ambiente caótico.

A gestão visual assume muitas formas no local de trabalho e também fora dele. Os sinais de trânsito são um exemplo óbvio. Uma variedade de displays, gráficos, letreiros, etiquetas, códigos de cores e marcações pode ser utilizada. O uso de uma abordagem visual ajuda todos a ver o que está acontecendo, entender o processo e saber que as tarefas estão sendo realizadas ou os itens estão sendo armazenados corretamente.

A gestão visual também pode ajudar a comunicação de informações e a identificação de problemas ou anormalidades. Os displays visuais podem incluir dados ou informações para as pessoas que trabalham em determinada área, mantendo-as informadas sobre o desempenho geral ou focadas em questões específicas de qualidade. Os controles visuais também podem abranger segurança, produção, fluxo de materiais ou métricas de qualidade, por exemplo.

CAPÍTULO 13 **Descobrindo a Oportunidade de Prevenção**   217

Essencialmente, a gestão visual é uma técnica que permite melhorias; ela garante que o local de trabalho esteja bem organizado e as coisas possam ser facilmente encontradas. É uma maneira muito eficaz de comunicar resultados e envolver as pessoas, e deixa claro quando é necessário agir.

Compreender e agir com relação a esses sinais é vital. É aqui que entra a disciplina das reuniões regulares e frequentes. Tais reuniões são um dos ingredientes secretos para o sucesso que organizações e equipes usam para expor e entender as questões e tomar decisões oportunas baseadas em fatos.

Alguns as chamam de reuniões diárias, stand-ups, reuniões diárias de gestão Lean ou sessões de "apto para voar". Não importa realmente como as chama, o importante é realizá-las de forma regular e focada, como mostra a Figura 13-4. Essas reuniões não devem durar mais do que quinze minutos e devem ocorrer onde o trabalho é feito, e não em uma sala de reunião. Elas também podem ser feitas remotamente, é claro.

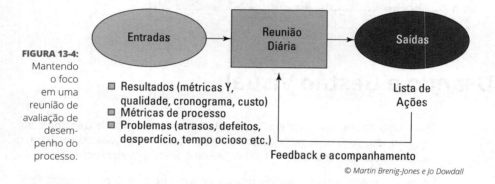

FIGURA 13-4: Mantendo o foco em uma reunião de avaliação de desempenho do processo.

Além de analisar o desempenho e a atividade para o dia seguinte, as reuniões de avaliação de desempenho do processo também proporcionam um fórum para discutir oportunidades e ideias de melhoria. Tais reuniões foram adotadas pelo movimento Ágil, que incorpora "scrums diários" na estrutura Scrum (que abordamos no Capítulo 16).

DICA

Se você estiver usando displays físicos de informações, inclua "usar até" e uma data nos displays para garantir que as informações permaneçam atualizadas e habilite todos a removerem um item se virem que ele está desatualizado. Coloque uma silhueta atrás de cada item (veja o quadro de ferramentas na Figura 13-3) para que fique imediatamente óbvio que um problema deve ser atualizado.

A Figura 13-5 mostra um exemplo de como estruturar um quadro de atividades que forma a agenda e o foco para as reuniões da equipe. Verifique se as reuniões são realmente realizadas no mesmo local em que o quadro é exibido!

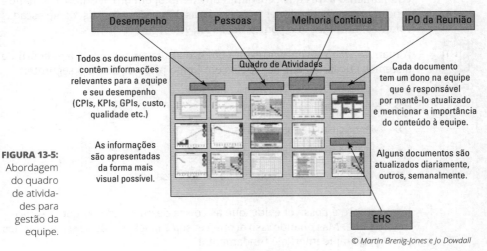

FIGURA 13-5: Abordagem do quadro de atividades para gestão da equipe.

© Martin Brenig-Jones e Jo Dowdall

Neste exemplo, você pode ver que cinco áreas-chave são destacadas para discussão. Independentemente da forma de seu display, procure manter as informações simples, fáceis de ler e entender e atualizadas. Você não deve gastar tempo interpretando a mensagem.

Lucrando com a Manutenção Preventiva

Manutenção preventiva significa ser proativo para evitar falhas no equipamento e problemas no sistema. Contraste essa abordagem com a manutenção diagnóstica ou corretiva, que é realizada para corrigir um problema já existente. Se tem um carro, entenderá o conceito de manutenção preventiva: você não troca o óleo em resposta a um problema; você o faz antes que as coisas deem errado, para que o motor dure mais e você evite problemas na estrada.

A manutenção preventiva requer um cronograma de ações de manutenção planejadas, visando a prevenção de avarias e falhas. Ela é projetada para preservar e aumentar a confiabilidade do equipamento, substituindo componentes desgastados antes que falhem, e as atividades incluem verificações do equipamento, revisões parciais ou completas em períodos especificados, trocas de óleo, lubrificação etc. Além disso, os funcionários podem registrar a deterioração do equipamento para que saibam quando substituir ou reparar as peças desgastadas antes que causem falhas no sistema. Os recentes avanços tecnológicos em ferramentas para inspeção e diagnóstico permitem uma manutenção ainda mais precisa e eficaz do equipamento.

CAPÍTULO 13 **Descobrindo a Oportunidade de Prevenção** 219

Um programa ideal de manutenção preventiva evita todas as falhas de equipamento antes que ocorram. Por exemplo, em um aeroporto, a manutenção preventiva pode ser feita em áreas de serviço cruciais, como escadas rolantes, iluminação e pontes de aeronaves.

LEMBRE-SE

A manutenção preventiva resulta em economia ao aumentar a vida útil de sistemas eficazes. Seus benefícios em longo prazo incluem o seguinte:

» Mais confiabilidade no sistema.

» Menos custo de substituições.

» Menos tempo ocioso do sistema.

» Melhor gestão do estoque de peças sobressalentes.

Nem sempre é possível evitar que as coisas deem errado ou que o equipamento falhe. Mas quando isso acontece, sua capacidade de se recuperar dos problemas rapidamente é fundamental.

Evitando Altos e Baixos

Esta seção se concentra em lidar com a atividade de trabalho para evitar muitos altos e baixos nos volumes e nos tipos de trabalho sendo processados. Nivelar o trabalho não é fácil, mas é a base do famoso sistema de produção da Toyota. Os japoneses se referem ao conceito como *Heijunka*.

Apresentando o Heijunka

Heijunka é a palavra japonesa para nivelamento. É um conceito subjacente do Sistema Toyota de Produção (TPS, da sigla em inglês), mostrado na Figura 1-1 do Capítulo 1.

Heijunka envolve suavizar o processamento e a produção de acordo com o volume e o tipo de trabalho. Os seguintes elementos estão incluídos:

» **Nivelar por volume** envolve suavizar o volume de produção a fim de reduzir a variação. Se a demanda flutua diariamente, o processamento do número médio de pedidos dos clientes durante a semana permite alcançar um fluxo constante e atender à demanda média até o final da semana. Entre outras coisas, isso procura evitar picos de "fim de período", nos quais a produção é inicialmente lenta, mas depois se acelera nos últimos dias de uma venda ou período contábil, por exemplo.

220 PARTE 4 **Melhorando e Inovando**

» **Sequenciar** envolve a mistura dos tipos de trabalho processados de modo que a demanda média por tipos de produtos possa ser atendida. Assim, por exemplo, ao estabelecer novos empréstimos, o tipo de empréstimo a ser processado é misto para melhor atender à demanda do cliente e ajudar a garantir que os pedidos sejam acionados em ordem cronológica. Em um processo de fabricação, quem produz pode conseguir manter um pequeno estoque de produtos acabados para responder aos altos e baixos dos pedidos semanais. Ao manter um pequeno estoque de produtos acabados no final do fluxo de valor, perto do envio, tal produção pode se ajustar a pequenas mudanças na demanda de sua fábrica e de seus fornecedores, levando a uma utilização mais eficiente dos ativos ao longo de todo o fluxo de valor e, ao mesmo tempo, atendendo às exigências do cliente.

EXEMPLO

Ir ao médico é um bom exemplo de Heijunka. A demanda por consultas é alta e crescente. Para equilibrar isso, é oferecida triagem por telefone, além de consultas por e-mail, serviços online, serviços preventivos e ofertas específicas em horários específicos durante a semana, onde o trabalho é padronizado (por exemplo, vacinações).

Espalhando a carga

Manter as coisas equilibradas e niveladas significa que seus fluxos de processo são mais suaves, e os tempos gerais de processamento, mais rápidos. Mas fique atento: essa situação não é fácil de ser alcançada. É necessário um equilíbrio de outros conceitos e técnicas Lean para que funcione, tais como gerenciamento de estoque e buffer, changeover rápido, takt time, dimensionamento de lotes e padronização.

DICA

No local de trabalho, você precisa evitar os altos e os baixos na atividade, se possível. Os ciclos de final de mês ou de trimestre em muitas organizações destacam as dificuldades dos altos. Faça conciliações contábeis, por exemplo, diária ou semanalmente, evitando assim o pico da atividade mensal ou trimestral. Você precisa determinar se existe uma oportunidade de mudar as frequências em sua organização.

No Capítulo 10, falamos sobre o desperdício ou *muda*. Essa expressão é frequentemente usada com duas outras palavras, *mura* e *muri*. Mura descreve a irregularidade em uma operação; por exemplo, um trabalho que flui rapidamente por algumas etapas de um processo, mas depois desacelera. Muri significa sobrecarga. Um exemplo pode ser colocar uma demanda excessiva em determinada equipe ou indivíduo dentro de uma equipe ou sobrecarregar um equipamento.

Considere mura e muri no contexto de manter um fluxo suave e nivelado em um depósito de transporte. Você tem vários caminhões com capacidade de transportar três toneladas, mas precisa transportar seis toneladas de material para seu cliente. Você tem quatro opções:

- Seis toneladas em um caminhão = muri e provavelmente um eixo quebrado.
- Quatro toneladas em um caminhão e duas em outro = muri, mura e muda.
- Duas toneladas em três caminhões = muda.
- Três toneladas em dois caminhões = sem muri, mura e muda!

Portanto, essa última opção é a melhor maneira de entregar o material ao cliente. Ela utiliza uma abordagem uniformemente distribuída, não ocorre desperdício, e os caminhões não são sobrecarregados. Agora relacione isso com seus próprios processos. Eles estão livres de muda, muri e mura também?

Realizando o trabalho de forma padronizada

O trabalho padronizado é outro dos elementos que formam a base do Sistema Toyota de Produção e proporciona estabilidade para o resto da estrutura. Uma vez identificada a "melhor maneira atual" de operar o processo, a padronização do processo proporciona os ganhos de melhoria e conduz à estabilidade e à previsibilidade. Na verdade, sem padronização, não há uma melhoria real. Ao longo deste livro, nas fases da metodologia DMAIC, há muitas ferramentas que você pode usar para entender o que está acontecendo em seus processos e como melhorá-los. No Capítulo 5, analisamos técnicas como o mapeamento de processos para ajudá-lo a documentar a "melhor maneira atual" para que ela possa ser adotada como padrão.

DICA

Padronizar a melhor maneira atual é fundamental, mas em uma cultura de Melhoria Contínua, você pode encontrar novas formas de fazer o trabalho que se tornarão a nova "melhor maneira atual". Caso ocorram defeitos, sua primeira pergunta precisa ser "O processo padrão foi seguido?" Se foi, então há oportunidades de melhoria. Continue melhorando seu processo e incentive as ideias das pessoas que nele trabalham. À medida que se tornar cada vez mais confiante na aplicação dos princípios e das ferramentas do Lean Six Sigma, você reconhecerá que não há fim para o processo de melhoria dos processos.

Incorporando a Automação Robótica de Processos

Automação Robótica de Processos (*Robotic Process Automation* — RPA) é o nome dado ao desenvolvimento de robôs de software ou "bots" para entregar processos. Um sistema RPA pode ser usado para realizar tarefas particulares na interface de uma aplicação sem erros, em grande volume e alta velocidade. Isso libera os operadores de processo para empreenderem um trabalho mais interessante e de valor agregado em outro lugar. Esse tipo de pensamento não é novo. Taiichi Ohno, da Toyota, queria que os trabalhadores eliminassem as "tarefas entediantes e enfadonhas" para que pudessem se concentrar em agregar valor para os clientes.

Quando as etapas do processo são de natureza rotineira e repetitiva, e se utilizam dados disponíveis digitalmente, a RPA pode ser benéfica. Ela pode ser usada para dar suporte aos processos que lidam diretamente com os clientes (como responder a perguntas frequentes) ou no "back office" para automatizar tarefas demoradas, como tirar dados de um sistema e arquivá-los.

Essa área está evoluindo rapidamente à medida que a tecnologia se torna mais eficiente em termos de custo. Ferramentas de automação estão agora disponíveis para o uso em nossos computadores, em vez de serem o domínio de especialistas.

Nosso conselho: tenha certeza de que o processo está otimizado antes de procurar automatizá-lo. Lembre-se de que há custos contínuos associados à RPA, portanto, qualquer mudança nos campos de dados ou nos sistemas pode tirar seu bot do curso, e será necessário reprogramá-lo. Se a exigência é simplesmente transferir dados de um sistema para outro, poderia ser melhor investigar outros tipos de interface de dados, como uma API (interface de programação de aplicativos). Esses tipos de alimentação de dados são, em geral, mais estáveis uma vez instalados e têm maior probabilidade de sobreviver a atualizações e correções em comparação com os bots.

Também aconselhamos que as pessoas saibam como lidar com as "exceções" nos processos onde a RPA é aplicada, embora, no futuro, os sistemas de autoaprendizado também terão a capacidade de captá-las. A Inteligência Artificial já pode dirigir um carro, reconhecer a emoção na fala, lidar com reclamações de seguros e vencer campeonatos de poker no Texas.

As coisas estão mudando rapidamente, portanto, é provável que haja muito mais a dizer sobre a RPA nos próximos anos!

224 PARTE 4 **Melhorando e Inovando**

NESTE CAPÍTULO

» **Projetando novos processos, produtos e serviços**

» **Realizando DMADV**

» **Fazendo um tour pela Casa da Qualidade**

Capítulo **14**

Apresentando o Design for Six Sigma

Quando um novo processo, produto ou serviço deve ser criado, ou quando uma mudança radical é necessária para arrumar um processo, um produto ou um serviço para que atenda às exigências, é utilizado o Design for Six Sigma, em vez do Lean Six Sigma. Este capítulo fornece uma introdução ao Design for Six Sigma (DfSS). É apenas uma visão geral, porque o tópico poderia facilmente formar um livro próprio. Neste capítulo, examinamos o DfSS e o método DMADV — Definir, Medir, Analisar, Desenhar e Verificar —, bem como o levamos em um tour pela Casa da Qualidade (também conhecida como Desdobramento da Função Qualidade ou Quality Function Deployment — QFD). Mas enfatizamos que é apenas um tour, e não um levantamento estrutural completo!

Apresentando o DfSS

No Capítulo 2, analisamos como melhorar os processos existentes e fazer mudanças incrementais usando o DMAIC: Definir, Medir, Analisar, Melhorar e Controlar. Entretanto, talvez você esteja trabalhando para desenvolver um processo, um produto ou um serviço completamente novo. Ou talvez descubra que o processo existente precisa avançar tanto, que, em vez de melhorar o que já está em vigor, é benéfico recomeçar e construí-lo a partir do zero. Aqui, é utilizado o DMADV: Definir, Medir, Analisar, Desenhar e Verificar. A abordagem é chamada Design for Six Sigma (DfSS). Há algumas semelhanças e diferenças entre o Lean Six Sigma e o Design for Six Sigma.

Nessas circunstâncias descritas, você tem a oportunidade de começar com uma tela em branco. Pode projetar produtos e serviços, e os processos que os sustentam, que encantarão seus clientes desde o primeiro dia. Muitas organizações estabelecem uma meta para o nível Sigma de Processo esperado para um produto ou um serviço desenvolvido usando um DfSS de pelo menos 4,5 (consulte o Capítulo 1 para saber mais sobre o cálculo do Sigma de Processo). O DfSS em geral se concentra na curva "encantamento" no modelo Kano, que descrevemos no Capítulo 4. Pense em introduzir esses novos produtos e serviços rapidamente, e com um padrão consistentemente elevado. Você pode se concentrar nos processos organizacionais que criam os resultados de maior valor agregado.

> *Design é uma palavra engraçada. Alguns acham que ela se refere à aparência de alguma coisa. Mas, é claro, se você pensar mais profundamente, ela significa como algo funciona.*
>
> — Steve Jobs

Para projetar algo que funcione, o DfSS requer altos níveis de envolvimento do cliente desde o início, portanto, é vital que as necessidades do cliente sejam compreendidas e claramente definidas como CTQs (detalhados no Capítulo 4).

Entretanto, ao projetar um novo serviço ou produto, talvez ainda não exista um cliente. Nesse caso, é importante identificar e se concentrar nas demandas do mercado (em potencial).

Quando o cliente está envolvido, nos referimos tanto aos clientes finais quanto aos stakeholders e aos usuários internos da empresa. Os requisitos do cliente e os CTQs resultantes são estabelecidos desde o início, e a estrutura DMADV garante rigorosamente que esses requisitos sejam atendidos no produto, no serviço ou no processo final.

Apresentando o DMADV

Como no DMAIC (veja o Capítulo 2), gerenciar com base em fatos, e não em especulações, assegura que os novos projetos reflitam os CTQs do cliente e forneçam valor real de acordo com os princípios do Lean Six Sigma.

DICA

Como os projetos DMADV normalmente focam introduzir algo novo ou mudar radicalmente algo que já existe, um plano de Gestão de Mudanças bem pensado é vital para apoiar a mudança. Nossos elementos do modelo de mudança descritos no Capítulo 6 fornecem uma estrutura útil.

A Figura 14-1 mostra as fases do DMADV envolvidas em um projeto DfSS.

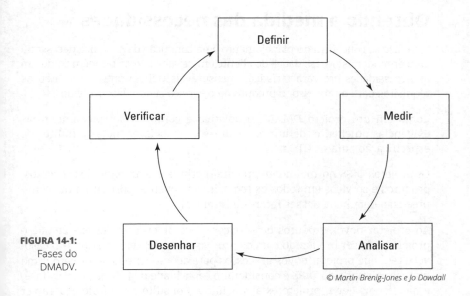

FIGURA 14-1: Fases do DMADV.

© Martin Brenig-Jones e Jo Dowdall

Definindo o que Precisa Ser Projetado

A fase Definir trata da delimitação de escopo, da organização e do planejamento do projeto. É importante entender o propósito, a lógica e o business case, bem como saber de quem talvez você possa precisar para ajudá-lo. É vital compreender os limites do projeto, incluindo processos, mercado(s), clientes e stakeholders.

A *segmentação de clientes* (dividir clientes ou clientes potenciais em categorias menores e lógicas) é fundamental. A segmentação poderia ser feita por dados demográficos (idade, sexo etc.), geográficos (localização ou região), psicográficos (crenças pessoais, atitudes, valores e interesses) e comportamentais (hábitos de gastos, uso de recursos, frequência de uso, fidelidade etc.). Algumas decisões cruciais são necessárias. Quais são os segmentos mais importantes de clientes? Quais são os mais rentáveis?

Você reconhecerá as ferramentas usadas na fase Definir de um projeto DMADV, pois elas incluem o quadro/escopo (Capítulo 2), o SIPOC (Capítulo 3) e a definição das exigências do cliente (Capítulo 4). É crucial compreender não apenas quais são as exigências do cliente, mas também se é viável (e lucrativo) para a organização atendê-las.

Obtendo a medida das necessidades

Esta fase se concentra no planejamento e na condução da pesquisa necessária para entender às necessidades do cliente em detalhes. Você também traduzirá as necessidades em características mensuráveis (CTQs) que se tornarão os requisitos para o processo, o produto ou o serviço sendo desenvolvido.

Como em um projeto DMAIC, o objetivo é compreender plenamente as exigências do cliente, definir as medidas e estabelecer metas e limites de especificação para os CTQs.

Os projetos DfSS normalmente procuram otimizar o desenho de processos, produtos e serviços em todos os requisitos do cliente, portanto, uma compreensão detalhada desses fatores é essencial.

Ao projetar novos produtos ou serviços, você precisa ter certeza de que o projeto pode ser produzido com os processos existentes. Se não for o caso, você terá que projetar novos processos para acomodar o novo projeto. Uma marca registrada do DfSS é considerar a capacidade do processo nessa fase, e não depois que o projeto está concluído. Consulte o Capítulo 8 para ver uma introdução sobre a capacidade do processo.

As ferramentas e as técnicas utilizadas nessa fase incluem o modelo Kano e os métodos de pesquisa do cliente (Capítulo 4), a coleta de dados e amostragem (Capítulo 7). O QFD (Desdobramento da Função Qualidade) é uma ferramenta essencial do DfSS, que é abordada mais adiante neste capítulo.

Também são utilizados cartões de pontuação de design. Eles ajudam a avaliar o projeto em relação aos requisitos e preveem como será o desempenho quando o projeto for implementado. Tais cartões captam as medidas cruciais de desempenho em cada nível e rastreiam visivelmente o desempenho à medida que o projeto evolui. Um exemplo muito simples é fornecido na Figura 14-2.

FIGURA 14-2: Amostra de um cartão de pontuação de design.

CTQ	Descrição	Objetivo	Desempenho Previsto	Desempenho Medido	Objetivo Alcançado?

© Martin Brenig-Jones e Jo Dowdall

DICA

Tanto o QFD como o Cartão de Pontuação de Design são documentos "vivos" que são usados em todas as fases DMADV, então mantenha-os sempre atualizados.

Analisando para o design

A fase Analisar o ajuda a ir do que o cliente deseja para como realizar isso. Pegando os conceitos mais promissores, você pode, então, começar a identificar os requisitos para um projeto mais detalhado, criando vários projetos de alto nível e avaliando a capacidade de cada um a fim de selecionar a melhor escolha.

Para um serviço, essa análise significa identificar as funções-chave. Para um produto mais tangível, significa identificar as características de sua peça-chave. Normalmente as características do subsistema são desenvolvidas em seguida, acompanhadas pelos componentes (partes) do subsistema. Assim, é utilizado o design top down (ou de cima para baixo).

Funções são o que o produto, o serviço ou o processo tem que fazer para atender aos CTQs identificados e especificados no design do processo. Em um ambiente de serviço, as funções são mais bem pensadas como processos-chave de alto nível a serem considerados. Assim, por exemplo, o produto ou o serviço sendo projetado poderia ser um serviço de pedido online, com um objetivo de design de atendimento dentro de trinta segundos. As funções envolvidas poderiam incluir "confirmar se o item está em estoque", "adicionar à cesta", "pagar" e "confirmar pedido". São tipicamente escritas como combinações de "verbo + substantivo". Você precisará fazer uma análise das funções para compreender sua capacidade de desempenho e garantir que sejam adequadas ao propósito.

CAPÍTULO 14 **Apresentando o Design for Six Sigma** 229

O desenvolvimento de conceitos alternativos de design é uma característica dos projetos DfSS. A segunda parte da fase Analisar envolve analisar e selecionar o melhor conceito de design e começar a acrescentar detalhes. Cada elemento do design deve ser considerado, e os requisitos de design de alto nível devem ser especificados para cada um deles. Também será necessário considerar como os diferentes componentes se encaixam e interagem entre si.

Os cartões de pontuação de design o ajudarão a analisar a capacidade do design em termos de entrega dos CTQs. As avaliações podem ser realizadas por meio de simulações, testes de campo ou pilotos e, quando apropriado, envolvendo o cliente, para que você possa captar seu feedback.

Com base nos resultados da análise, os requisitos de design de alto nível podem ser finalizados, e uma avaliação completa dos riscos pode ser feita usando-se a Análise dos Modos de Falhas e Efeitos (FMEA, que abordamos no Capítulo 13). Outras ferramentas utilizadas nessa fase incluem benchmarking e mapeamento de processos, entre outras.

Desenvolvendo o design detalhado

A fase Desenhar começa desenvolvendo a ideia "como" mais detalhadamente. O objetivo é acrescentar cada vez mais detalhes ao projeto de alto nível. A ênfase está no desenvolvimento de designs que atendam aos requisitos do CTQ das saídas do processo.

O processo do design é iterativo. O design de alto nível foi estabelecido na fase Analisar; agora o design é especificado em um nível suficientemente detalhado para desenvolver um piloto para testá-lo. As atividades detalhadas do design são similares àquelas da fase do design de alto nível, mas com um nível de granularidade mais baixo. Essa etapa integra todos os elementos do design em um design geral.

Por fim, são determinados os limites de especificação mais baixos, os pontos de controle e as medidas. Estes formarão a base do plano de controle que precisa estar em vigor após a implementação.

Antes da implementação, porém, é preciso pilotar o design. Agora devem estar disponíveis detalhes suficientes para testar e avaliar a capacidade do design, preparando um piloto na segunda parte da fase Desenhar. É importante planejar um piloto eficaz e realista.

Verificando se o design funciona

O design é pilotado e avaliado na fase Verificar, e, caso haja quaisquer ajustes após o piloto, haverá em seguida a implementação e o desdobramento. Como no DMAIC, a etapa final do ciclo é avaliar as realizações e as lições aprendidas.

Os resultados são verificados em relação aos CTQs, às especificações e às metas originais. O projeto só é encerrado quando a solução foi padronizada e transicionada para a gestão de operações e processos.

As ferramentas usadas nessa fase incluem o Process Stapling (Capítulo 5), a padronização (Capítulo 13), os gráficos de controle e outros métodos de apresentação de dados (Capítulo 8).

DICA

É preciso garantir que não haja buracos negros na entrega ao proprietário do processo ou ao gerente operacional. Você deve trabalhar em conjunto com sua equipe para conseguir uma transição bem planejada e documentada.

Escolhendo entre DMAIC e DMADV

CUIDADO

É possível iniciar um projeto usando o método DMAIC (veja uma descrição de todas as fases no Capítulo 2) e a certa altura mudar para o DMADV. A Figura 14-3 mostra os prováveis pontos de decisão na transição de um método para o outro.

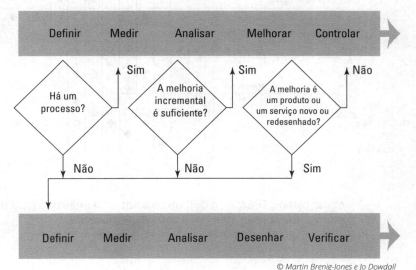

FIGURA 14-3: Escolhendo entre DMAIC e DMADV.

© Martin Brenig-Jones e Jo Dowdall

CAPÍTULO 14 **Apresentando o Design for Six Sigma** 231

Os projetos DMADV exigem uma amplitude de ferramentas e técnicas Lean Six Sigma, incluindo muitas que você já conhece do DMAIC. Talvez a técnica mais importante, no entanto, seja o *Desdobramento da Função Qualidade*, ou QFD, uma abordagem frequentemente chamada de Casa da Qualidade por causa de sua aparência, como se pode ver na Figura 14-4.

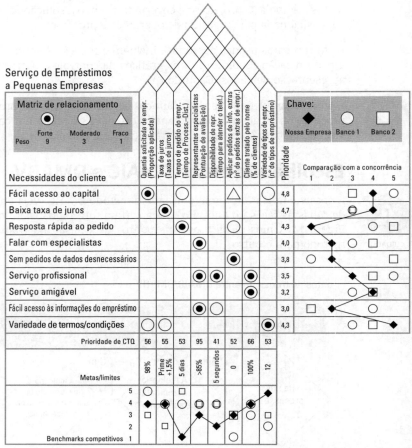

FIGURA 14-4: Casa da Qualidade.

© Martin Brenig-Jones e Jo Dowdall

Assim como o DMADV, o QFD merece um livro inteiro só para si, então aqui mostramos apenas uma visão geral da ferramenta.

Considerando o QFD

QFD é uma representação gráfica do fluxo lógico, desde a identificação dos requisitos do cliente até o desenvolvimento detalhado de ações para garantir que esses requisitos sejam atendidos. Uma série de matrizes interligadas é desenvolvida, passando dos requisitos, até o design e futura implementação e desdobramento. Elas se encaixam para formar um diagrama em forma de casa. Os números dos cômodos na Figura 14-5 representam a ordem do fluxo lógico para completar o QFD.

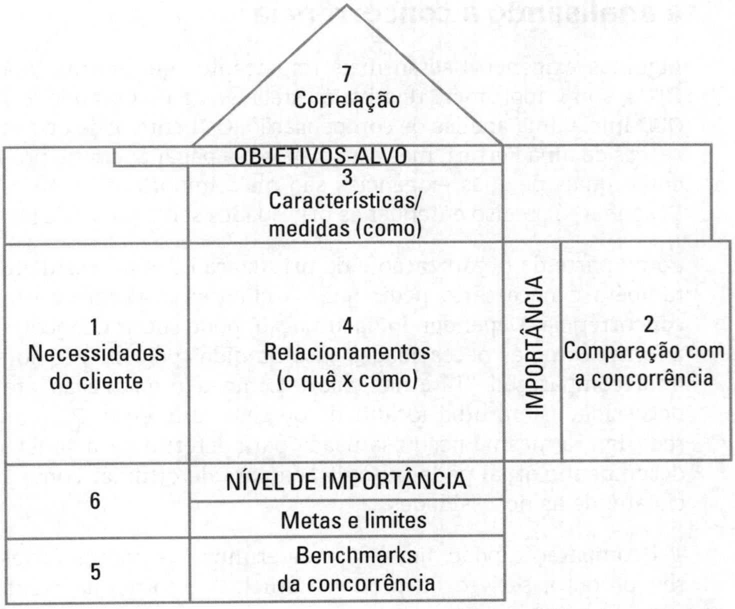

FIGURA 14-5: Sete cômodos com varanda.

```
              7
          Correlação
     ┌─────────────────────┐
     │   OBJETIVOS-ALVO    │
     │          3          │
     │    Características/ │
     │    medidas (como)   │
┌────┼─────────┬───────────┼──────────┐
│ 1  │    4    │IMPORTÂNCIA│    2     │
│Necessidades │Relacionamentos│Comparação com│
│do cliente   │(o quê x como) │a concorrência│
├────┼─────────┴───────────┼──────────┘
│    │ NÍVEL DE IMPORTÂNCIA│
│ 6  ├─────────────────────┤
│    │   Metas e limites   │
├────┼─────────────────────┤
│ 5  │     Benchmarks      │
│    │   da concorrência   │
└────┴─────────────────────┘
```

© Martin Brenig-Jones e Jo Dowdall

Esclarecendo a planta baixa

A Figura 14-5 mostra uma casa com cômodos numerados. O QFD não para em apenas uma Casa da Qualidade. Nas fases Analisar e Desenhar, uma segunda, terceira e até quarta Casa da Qualidade podem ser construídas (que discutimos na seção "Detalhando o QFD", mais adiante neste capítulo).

Cômodo 1: Necessidades do cliente

Antes de chegar à etapa de QFD, você terá identificado e segmentado seus clientes, criado um plano de coleta de dados e conduzido sua pesquisa, de modo que essa fase deixe uma grande quantidade de informação sobre a voz dos clientes.

O Cômodo 1 se concentra em organizar as informações que você coletou e, então, interpretar e traduzir tais informações em um conjunto de definições de CTQ.

Cômodo 2: Priorizando as necessidades e analisando a concorrência

Algumas exigências serão mais importantes que outras. Após definir os CTQs, sua importância relativa é estabelecida no Cômodo 2. A abordagem QFD inicia uma análise de compensação. O cliente pode querer as especificações de uma Ferrari, mas está disposto a pagar apenas o preço de um VW, então quais de suas exigências são mais importantes? Ao entrar na fase Desenhar, é preciso entender as prioridades sob o ponto de vista do cliente.

Como parte da organização e da priorização das necessidades do cliente, também é necessário pedir que os clientes avaliem você em relação à concorrência. Dependendo da situação, pode ser um concorrente interno, a forma como as necessidades são atendidas pelo cliente hoje, ou mesmo uma comparação "interna" sobre como a organização atende a essas necessidades em uma localidade ou setor diferente. Para um esforço de redesign, a mesma pesquisa usada para determinar a satisfação com seu desempenho atual pode ser aplicada para determinar como a concorrência atende às necessidades.

Tal comparação pode ajudá-lo a determinar os pontos fortes e fracos de seu produto, serviço ou processo atual. A informação resultante é uma entrada para o processo de estabelecimento de metas para os CTQs.

Atribua um símbolo para sua própria organização e um para cada um de seus concorrentes, que devem ser líderes de mercado ou as organizações mais destacadas com as quais você compete diretamente. Para cada necessidade no Cômodo 1, peça que seu cliente atribua uma classificação entre 1 (mais baixa) e 5 (mais alta), tanto para sua empresa quanto para seus concorrentes. A classificação mais alta na escala é normalmente reservada para a forma como o serviço perfeito funciona. Uma comparação visual pode então ser desenhada muito rapidamente, como mostrado na Figura 14-6. Onde as necessidades do cliente são priorizadas, você notará que nossa empresa não está indo particularmente bem, quando comparada com a concorrência.

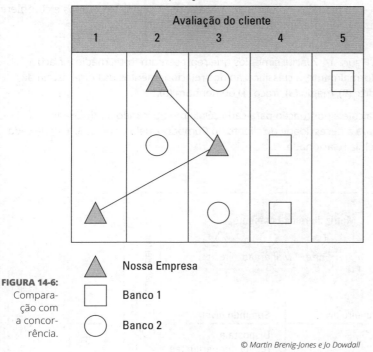

FIGURA 14-6: Comparação com a concorrência.

Cômodo 3: Características e medidas

No Cômodo 3 (veja a Figura 14-5), você começa a ir do "quê" para o "como" das necessidades do cliente. Até o momento, apenas entendeu o que o cliente requer; agora você precisa entender as características e as medidas necessárias para garantir que o design final atenda a essas exigências.

Para cada atributo do cliente, pergunte quais características e medidas indicarão como você está atendendo às necessidades dele. Você precisa desenvolver medidas para as quais objetivos e limites de especificação possam ser estabelecidos.

Cômodo 4: Relacionamentos

No Cômodo 4 (veja a Figura 14-5), algumas análises começam a ser feitas. Você analisa os CTQs do cliente derivados do Cômodo 1 e as características e as medidas descritas no Cômodo 3 e, então, começa a desenhar relações entre eles. O objetivo desse cômodo é assegurar que as exigências de cada característica e medida sejam levadas em conta. Lembrando que o Cômodo 1 diz respeito ao "quê" e o Cômodo 3 tem tudo a ver com o "como", a pergunta-chave que você está fazendo ao construir o Cômodo 4 é: "Será que esse 'como' consegue realizar aquele 'o quê'?"

Para cada relacionamento entre as necessidades no Cômodo 1 e as características e as medidas no Cômodo 3, execute as seguintes etapas e complete a matriz de relacionamentos mostrada na Figura 14-7:

» A Figura 14-7 inclui símbolos que representam forte, médio e fraco. Normalmente, a classificação dos relacionamentos usa uma escala de forte (9), médio (3), fraco (1) ou nenhum (0).

» Calcule a pontuação para cada célula multiplicando a prioridade para a necessidade do cliente no Cômodo 2 pelo valor (9, 3, 1, 0) de cada célula relacionada.

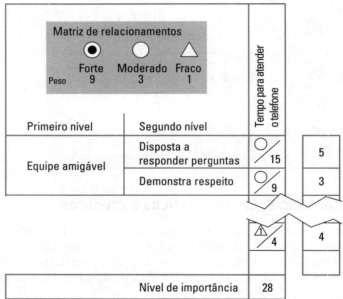

FIGURA 14-7: Matriz de relacionamentos.

© Martin Brenig-Jones e Jo Dowdall

DICA

Uma vez que todas as relações tenham sido classificadas, você pode somar as pontuações individuais para cada medida e determinar sua importância, realizando uma verificação de sanidade e equilíbrio no final para garantir que a matriz esteja funcionando corretamente.

Cômodo 5: Benchmarking competitivo

A avaliação técnica envolve o uso de benchmarking para estabelecer metas e objetivos apropriados para as medidas identificadas no Cômodo 3. No entanto, o benchmarking também continua a ser válido à medida que você passa pelas fases Analisar e Desenhar, mas o foco então é muito mais no benchmarking de processo (busca de melhores práticas) do que no benchmarking de desempenho (comparação de medidas de desempenho).

O termo *benchmarking* se aplica ao processo de analisar sua própria organização interna e externamente para ver como os outros estão se saindo no fornecimento de produtos e serviços similares aos seus (benchmarking de desempenho) e como as organizações com as "melhores práticas" fornecem seus produtos e serviços (benchmarking de processo).

Tente obter dados competitivos para cada medida-chave e analise-os usando uma escala de 1 a 5 (1 = mau desempenho, 5 = melhor da categoria). Use uma linha separada no Cômodo 5 para cada uma das notas de 1 a 5.

Escolha um símbolo para sua organização e um símbolo diferente para cada um dos concorrentes de sua empresa. Para cada medida no Cômodo 3, atribua símbolos à classificação apropriada.

Usando esse exercício, você pode obter uma impressão visual muito rápida de como sua organização está se saindo em relação à concorrência em todas as medidas-chave, como mostrado na Figura 14-8.

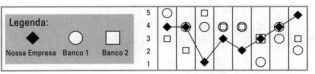

FIGURA 14-8: Avaliando o desempenho.

© Martin Brenig-Jones e Jo Dowdall

Nessa fase, é importante distinguir o benchmarking qualitativo e quantitativo. O primeiro foi feito no Cômodo 2, onde foram estabelecidas as percepções do cliente sobre seu desempenho qualitativo em relação aos CTQs. Essa situação é diferente das exigências do Cômodo 5, onde você está procurando uma comparação do desempenho quantitativo em relação às medidas estabelecidas no Cômodo 3. Aqui você está analisando o desempenho real em relação às percepções sobre o desempenho.

Cômodo 6: Metas e limites

Tendo em mente os resultados do benchmarking do Cômodo 5, o Cômodo 6 (veja a Figura 14-5) procura agora definir as metas e os objetivos em relação às medidas e às características definidas no Cômodo 3.

Não há uma receita mágica para estabelecer metas e especificações. Você consegue isso com conhecimento empresarial e expertise técnica, e com o uso de ferramentas, incluindo, por exemplo, a análise de dados de benchmarking e uma boa compreensão das exigências do cliente usando o modelo Kano, mostrado no Capítulo 4.

Os Cômodos 3 e 6 juntos formulam a "especificação técnica" — em outras palavras, as características que seu projeto fornecerá e o desempenho-alvo para cada uma das características.

Cômodo 7: Correlação

O "cômodo" final é o sótão. Ele analisa o impacto de cada uma das medidas nos CTQs e como as medidas se afetam mutuamente.

Para completar o Cômodo 7 (veja a Figura 14-5), primeiro é necessário examinar cada medida e avaliar o impacto provável de aumentar, reduzir ou atingir o alvo que essa medida tem com relação aos CTQs dos clientes.

Você então examina a relação entre cada par de medidas para entender o impacto e o efeito de qualquer relação no design final, atribuindo um dos quatro símbolos seguintes para representá-la:

++ forte positivo

+ positivo

– negativo

– – forte negativo

O telhado da casa se parecerá com a Figura 14-9.

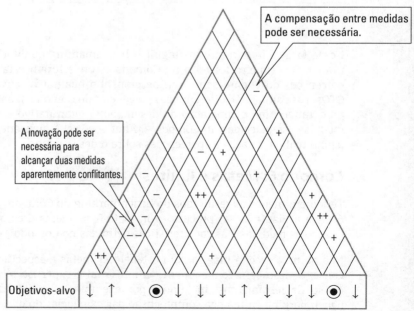

FIGURA 14-9: Avaliando o impacto das medidas nos CTQs do cliente.

Agora você está em condições de entender como as várias características e medidas podem impactar o design final. O objetivo é resolver as situações conflitantes antes de construir o design. Tenha em mente o seguinte:

> » Atender às medidas negativamente correlacionadas normalmente requer muito tempo e criatividade, embora as melhores soluções e designs não exijam compensações.
>
> » A resolução de conflitos entre medidas deve sempre se concentrar em atender às necessidades do cliente — não às suas!
>
> » Medidas com fortes correlações positivas podem se tornar parte da estratégia geral do design.

Detalhando o QFD

O detalhamento do QFD visa desenvolver mais Casas da Qualidade, refinando gradualmente o nível de detalhes até que o design seja especificado em um nível implementável.

À medida que passa de uma casa para outra, como mostra a Figura 14-10, você transpõe as metas correspondentes e as medidas de importância. O número de casas usadas no detalhamento pode variar, mas tende a aumentar com o nível de complexidade. Para um design de serviço simples, a segunda casa pode ser suficiente. De modo geral, o design de produtos é mais complexo e exigirá mais casas do que o de serviços.

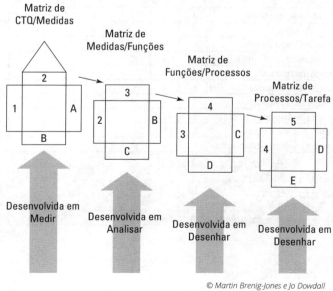

FIGURA 14-10: Desenvolvendo mais Casas da Qualidade.

© Martin Brenig-Jones e Jo Dowdall

CAPÍTULO 14 **Apresentando o Design for Six Sigma** 239

A segunda Casa da Qualidade é desenvolvida na fase Analisar, onde as medidas CTQ são mapeadas para as funções. As medidas CTQ e as avaliações de metas/importância são extraídas da primeira Casa da Qualidade. Você encontra as correlações a serem inseridas nas células na Figura 14-10, fazendo a seguinte pergunta: "Se eu projetar esta função específica corretamente, que impacto ela terá sobre minha capacidade de cumprir as medidas/metas do CTQ?"

A saída da matriz QFD na Figura 14-10 é uma priorização de funções. Ela ajuda a identificar onde o esforço de projeto deve ser concentrado a fim de atender aos CTQs e, assim, aos clientes.

Tomando Decisões

Ao longo das fases do DMADV e das construções evolutivas das casas do QFD, você toma decisões sobre os vários conceitos e ideias de design. A Matriz de Pugh mostrada na Figura 14-11 é frequentemente utilizada para ajudar nesse processo.

Critérios-chave	Conceito 1 Referencial	Conceito 2 E-emprést.	Conceito 3 Emprést. por tel.	Conceito 4	Conceito 5	Conceito 6	Conceito 7	Avaliação da importância
Prazo do empréstimo	I	I	–					3
Taxa de juros	I	I	–					2
Complexidade da info.	I	I	I					5
Disponibilidade do help desk	I	+	+					1
Tempo para preencher o pedido	I	+	–					4
Tempo de treinamento da equipe	I	+	–					3
Tempo de atividade	I	–						5
Custo unitário por transação	I	+	–					3
Oportunidade de erro	I	I	–					3
Custos de desenvolvimento	I	–	+					5
Soma dos positivos	0	4	2					
Soma dos negativos	0	2	7					
Soma dos iguais	10	4	1					
Soma ponderada dos positivos	0	11	6					
Soma ponderada dos negativos	0	10	23					

Conceito seleção legenda
Melhor +
Igual I
Pior –

FIGURA 14-11: Matriz de Pugh.

© Martin Brenig-Jones e Jo Dowdall

Desenvolvida nos anos 1980 por Stuart Pugh, a Matriz de Pugh, ou *convergência controlada*, fornece uma estrutura simples para comparar soluções ou conceitos em relação a um conjunto de critérios predeterminados. A intenção original dessa matriz era fornecer uma estrutura para ajudar a refinar os designs concorrentes, melhorando as classificações I (iguais) e − (piores) para + (melhores) e combinando os atributos + em uma superalternativa. No entanto, ela é utilizada com frequência para ajudar na seleção do melhor design.

A ferramenta fornece uma maneira estruturada de avaliar conceitos alternativos ou concorrentes e se beneficia de ser tanto não numérica quanto iterativa. É mais utilizada durante os "projetos de design" e funciona como descrito a seguir.

DICA

Se você enfrenta muitas opções concorrentes, tente identificar suas cinco favoritas. Talvez ache útil representar cada conceito com um simples esboço e talvez algumas palavras — mas idealmente não apenas palavras sozinhas. Os esboços devem ser produzidos com o mesmo nível de detalhe e devem comunicar as ideias-chave incorporadas em cada opção. Por fim, dê um nome a cada conceito.

A lista de critérios de seleção em relação à qual os conceitos serão avaliados é a parte crucial da matriz. Você já deve ter um entendimento detalhado das necessidades do cliente a partir de seu trabalho anterior, e a lista de critérios deve ser determinada de forma simples e direta. Se não for, você ainda tem trabalho a fazer! Não se esqueça de incluir critérios de seleção baseados nas necessidades da empresa e dos stakeholders internos.

A lista final de critérios deve ser inequívoca e acordada por toda a equipe. Cuidado com critérios muito genéricos; "custo", por exemplo, pode ser avaliado mais efetivamente se for detalhado nos vários fatores de custo.

Você não precisa ponderar os critérios nessa fase, mas fazer isso é uma boa ideia, talvez usando comparações pareadas. Dar um peso aos critérios certamente o ajudará a se concentrar nos conceitos-chave.

DICA

Escolha um dos conceitos para ser o "conceito de referência", fornecendo um ponto de referência padrão. Não importa realmente qual, mas escolher algo que já existe pode ser útil. O ideal é usar um conceito de seu benchmarking anterior que represente o melhor da categoria.

Por sua vez, compare cada conceito com o referencial para cada um dos critérios. Se o conceito for melhor ou mais fácil, marque-o com + (sinal de mais). Se for pior ou mais difícil, marque-o com − (sinal de menos). Finalmente, se o conceito for semelhante ou igual ao referencial, marque-o com a letra I. Esse processo é parecido com o de experimentar lentes com graus diferentes no oftalmologista!

Para cada conceito, some o número total de pontos +, − e I, e tire o total − do total +. Cada conceito terá agora uma pontuação, e é possível classificá-los em ordem preferencial.

DICA

Ao discutir os méritos de cada conceito, você pode muito bem encontrar um conceito basicamente bom com uma característica ruim. Nesse caso, uma pequena modificação poderia melhorar a solução geral. Encontrar conceitos "perdedores" que pontuem mais que os outros em certos critérios também é possível. Nessas circunstâncias, tente combinar os melhores elementos em um conceito de "nova melhoria".

À medida que seu projeto se desdobra, novos conceitos podem surgir. Se isso ocorrer, você precisará criar uma nova matriz pegando um dos conceitos mais fortes como seu novo referencial. Caso ainda não tenha definido o peso dos critérios, será sensato fazer isso nessa fase.

Naturalmente, é a qualidade da contribuição da equipe, a escolha da seleção dos critérios e a qualidade dos conceitos básicos que determinam a qualidade do processo. Lembrando a importância dos fatores "suaves", a reflexão sobre o processo vale a pena. A equipe concorda com o resultado? Uma solução se destaca claramente das demais? Os resultados fazem sentido e há características consistentemente boas ou ruins? Se não surgir nenhuma solução de destaque, talvez você tenha usado critérios ambíguos ou talvez os conceitos sejam muito semelhantes.

Embora este capítulo tenha fornecido apenas uma introdução ao DMADV, ele destaca o foco e a atenção necessários para introduzir produtos, serviços e processos novos ou redesenhados sem defeitos.

LEMBRE-SE

Na maioria das vezes, os projetos DMADV precisam de muito mais recursos do que os projetos DMAIC em termos de pessoas, envolvimento de TI, custo e tempo, mas, apesar dos riscos potencialmente mais altos, eles trazem, é claro, retornos maiores.

Em uma grande organização que implementa o Lean Six Sigma, vinte projetos DMAIC provavelmente serão realizados para cada projeto DMADV.

Para a maioria das organizações, o foco inicial da atividade de melhoria também será provavelmente em projetos DMAIC pequenos, e levará algum tempo antes que o DMADV seja utilizado, embora fatores de mercado possam exigir o contrário.

À medida que a implementação do Lean Six Sigma for ocorrendo, muitos projetos DMAIC "baseados em Lean", um número moderado de projetos DMAIC mais "baseados em sigma" e alguns projetos DfSS provavelmente estarão em funcionamento à medida que a organização se empenhar na redução do retrabalho e do desperdício em geral, na melhoria do fluxo do processo e na redução dos tempos de ciclo em particular. Quando apropriado, projetos de melhoria rápida, novamente usando DMAIC, também estarão ocorrendo (o que abordamos no Capítulo 17).

O Capítulo 15 analisa o Design Thinking, que pode fornecer uma abordagem alternativa ao DfSS e ao DMADV.

242   PARTE 4 **Melhorando e Inovando**

> **NESTE CAPÍTULO**
>
> » Comparando DMADV e Design Thinking
>
> » Investigando os passos de uma tarefa de Design Thinking
>
> » Explorando algumas ferramentas do Design Thinking que podem beneficiar seu projeto Lean Six Sigma

Capítulo **15**

Descobrindo o Design Thinking

Este capítulo se aprofunda no Design Thinking, uma abordagem para a solução criativa de problemas que compartilha muitos dos métodos e das ferramentas do Lean Six Sigma, Agile e Design for Six Sigma. Embora o Design Thinking pareça o novato da turma, o trabalho para "cientificar o design" e entender os métodos utilizados por designers proeminentes começou nos anos 1960. Agora está se tornando bem incorporado no mundo dos negócios.

Como no Lean Six Sigma, há uma série de etapas envolvidas: Compreender, Observar, Redefinir o problema, Idear, Prototipar e Testar. Apresentamos um resumo neste capítulo.

DICA

Confira o livro *Design Thinking Para Leigos* para obter mais detalhes e insights sobre essa fascinante metodologia.

CAPÍTULO 15 **Descobrindo o Design Thinking** 243

Os Princípios do Design Thinking

Uma boa maneira de entrar no Design Thinking é começar com alguns princípios simples que captam a essência da abordagem e se aplicam em todas as etapas. Você notará uma sinergia entre estes e os princípios do Lean Six Sigma descritos no Capítulo 2.

- » **Alinhe-se com as pessoas e suas necessidades o quanto antes.** Este princípio tem tudo a ver com a compreensão dos clientes (ou usuários-alvo) e suas exigências. De fato, o Design Thinking é frequentemente referido como *design centrado no ser humano*. Os representantes do *usuário principal*, ou *Lead user* (aqueles usuários que tendem a aceitar novos produtos primeiro), devem estar estreitamente envolvidos no processo de design.
- » **Desenvolva empatia.** Esta etapa está focada em se colocar no lugar dos usuários-alvo para ter uma visão de seus pensamentos, sentimentos, intenções e ações.
- » **Ilustre ideias.** Os Design Thinkers (assim como os Lean thinkers) procuram tornar as coisas visuais para ajudar na compreensão. As ideias são testadas e os protótipos são desenvolvidos para tornar as ideias tangíveis.
- » **Aprenda com os erros.** Os erros são considerados parte do processo de aprendizagem e um aspecto importante do Design Thinking. Isso funciona melhor dentro de uma cultura de experimentação.
- » **Garanta a diversidade na equipe.** Este princípio traz uma série de diferentes perspectivas, o que impulsiona a criatividade e a inovação. Diversidade em termos de idade, sexo, formação cultural, experiência e tipo de personalidade pode ser considerada.
- » **Ofereça espaços de trabalho criativos e voltados à equipe.** Um espaço de trabalho que suporte os três Cs — concentração, comunicação e criatividade — é o melhor.
- » **Flexibilize o processo.** Como você verá neste capítulo, a abordagem do Design Thinking envolve uma série de passos a serem seguidos. Entretanto, você é encorajado a responder de forma flexível às mudanças. Pode saltar para a frente (por exemplo, se encontrar soluções cedo) ou para trás (por exemplo, se o cliente não gostar das ideias geradas).

Comparando DMADV e Design Thinking

Ao comparar o Design Thinking com o DMADV (a abordagem Design for Six Sigma descrita no Capítulo 14), você notará algumas semelhanças e diferenças. Ambas as abordagens são benéficas quando você quer desenvolver algo novo, em vez de melhorar algo que já existe. Ambas são baseadas na compreensão das necessidades das pessoas/clientes e utilizam o pensamento criativo para desenvolver soluções. Ambas fazem uso da visualização e da prototipagem, e ambas incentivam o trabalho em equipe colaborativo e interdisciplinar. Entretanto, também há diferenças. A seção "Decidindo-se sobre o Design Thinking" no final deste capítulo pode ajudá-lo a decidir qual abordagem — ou combinação de abordagens — é a melhor para você.

A Tabela 15-1 mostra uma comparação entre DMADV e Design Thinking.

TABELA 15-1   **DMADV e Design Thinking**

DMADV	Design Thinking
Destaca as fases Definir, Medir, Analisar, Desenhar e Verificar.	Destaca os passos Compreender, Observar, Redefinir, Idear, Prototipar, Testar e Realizar.
Abordagem estruturada, analítica e linear. A equipe progride ao longo das validações do projeto em cada fase.	Menos estruturado, mais flexível; não há validações predefinidas a serem transpostas.
Desenvolvido para ajudar as pessoas a resolver problemas de manufatura e engenharia.	Desenvolvido tendo pessoas e serviços em mente.
Forte foco no detalhe do design, da implementação e da produção.	A jornada de Design Thinking geralmente termina no conceito; foco no "produto mínimo viável" e no "produto mínimo vendável".
Foco na "Análise Funcional" — qual trabalho o design deve fazer.	Foco nas histórias do usuário e na jornada do consumidor.

Passo a Passo do Design Thinking

Os passos do Design Thinking formam duas partes: a primeira é focada no problema, e a segunda, na solução (veja a Figura 15-1). Uma combinação inteligente de *pensamento divergente* (abertura para gerar muitas ideias) e *pensamento convergente* (estreitamento para focar um único aspecto) é usada para garantir que o pensamento seja amplo e exploratório e que as ações sejam claramente focadas.

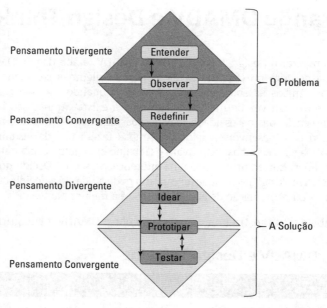

FIGURA 15-1: Os dois losangos do Design Thinking.

© Martin Brenig-Jones e Jo Dowdall

Entendendo a tarefa

O Design Thinking começa por saber qual é o problema que deve ser resolvido. Aqui você reconhecerá as semelhanças com a fase Definir de um projeto DMAIC e a fase Desenhar de um projeto DMADV. E como no Lean Six Sigma, ao utilizar o Design Thinking, não ative seu modo solução muito cedo! Em Design Thinking (e DMADV), primeiro é necessário um entendimento abrangente das necessidades dos usuários e dos trabalhos que eles estão tentando realizar.

Os Design Thinkers começam esclarecendo que tipo de problema estão resolvendo, pois isso ajuda a definir os próximos passos. Considere estas três categorias:

» **Problemas bem definidos:** Há um problema claro. Há uma única solução. Diferentes caminhos serão seguidos para encontrá-la.

» **Problemas mal definidos:** O problema não é claro. Pode haver mais de uma solução por aí. Diferentes caminhos serão usados para buscá-las.

» **Problemas complexos:** A informação é incompleta ou contraditória, e o problema é muito amplo (tipo como acabar com a fome ou resolver o problema dos sem-teto). Dividir os problemas complexos em partes menores e procurar conexões e relações entre eles trará alguma clareza. A declaração (menor) do problema será então mais fácil de definir.

Você precisará identificar o "usuário" ou o cliente e entender em detalhes seus problemas ou necessidades. Esse processo pode começar com a identificação do que você não sabe e procurar preencher as lacunas por meio de pesquisa.

A criação de uma "persona" proporciona uma compreensão clara e detalhada do usuário ou do cliente. Isso requer um conhecimento profundo e pode exigir coleta de dados, segmentação de grupos de clientes, criação e teste de hipóteses sobre usuários/clientes. O *mapa da persona* pode ser como o fornecido na Figura 15-2. Você deve ter um mapa da persona para representar cada um de seus grupos de segmentos de usuários. Naturalmente, é muito provável que haja mais de um, mas é importante não ter muitos. Geralmente, apenas alguns são suficientes para a maioria dos projetos.

Nome da Persona Nome, idade e outros atributos		
Descrição da Persona	**Esboço ou Mural** Visualize a persona — inclua imagens para lhe dar vida.	**Trabalhos a serem feitos** Quais tarefas são apoiadas pelo produto ou pelo serviço? Quais tarefas sociais e emocionais o produto ou o serviço cumpre? Quais necessidades básicas são atendidas?
Influenciador Quem ela influencia e por quem é influenciada? Quem paga pelo produto ou pelo serviço?		**Problemas** Há dificuldades com produtos e serviços existentes? O que pode causar um sentimento ruim?
Tendências Ambiente mais amplo, quais tendências a influenciam, forças motoras futuras.	**Casos de Uso** Onde o produto é usado pela persona? O que acontece enquanto é usado? O que acontece antes/depois? Como ela o usa?	**Ganhos** Como os produtos e os serviços atuais a satisfaz? O que a deixa feliz? Quais possibilidades e vantagens ela pode ter?

FIGURA 15-2: Mapa da persona.

© *Martin Brenig-Jones e Jo Dowdall*

Empatia e observação

Colocar-se no lugar do cliente é o foco principal dessa etapa, e pesquisas e observações detalhadas são realizadas para desenvolver o mapa da persona e criar empatia com ela. No Capítulo 5, falamos sobre Process Stapling, que é caminhar no processo sob a perspectiva da coisa que está passando pelo processo. Em Design Thinking, o mesmo se aplica: você precisa fazer o que o cliente faz para sentir como ele se sentiria. Uma mente aberta é essencial; caso contrário, há o perigo de fazer suposições ou permitir que crenças inconscientes ou vieses assumam o controle.

Um mapa da empatia como o mostrado na Figura 15-3 pode ser desenvolvido para captar o que foi observado e compreendido até agora. Nesse modelo, você pode captar os resultados de cada entrevista realizada.

» **Pensamentos e Sentimentos:** O que motiva seu comportamento, o que o preocupa e o que pode animá-lo.

» **Ouvindo:** As mensagens ouvidas de amigos, colegas e outras fontes. Considere o que e quem o influencia.

» **Vendo:** O que está disponível no mercado, o que está acontecendo em seu ambiente imediato, o que é visto e assistido nas redes sociais etc.

» **Fazendo e Dizendo:** Atitudes, comportamentos e abordagens.

» **Maiores Problemas e Desafios; Oportunidades e Benefícios:** Esses fatores ajudam a piorar o problema sob a perspectiva dos usuários ou capta possíveis oportunidades identificadas por eles.

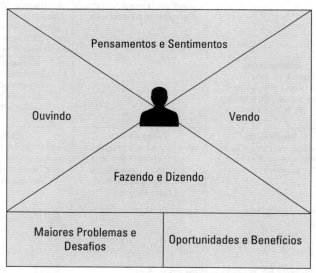

FIGURA 15-3: Mapa da empatia.

© Martin Brenig-Jones e Jo Dowdall

Redefinindo o problema

Usando o que foi aprendido ao entender o problema e observando o usuário/cliente, você pode começar o pensamento convergente para redefinir o problema em algo mais preciso. O essencial pode ser resumido nesta questão: qual é a necessidade específica que você quer satisfazer, e para quem?

No Capítulo 16, analisamos como as histórias de usuários são desenvolvidas para captar as exigências sob a perspectiva deles como uma característica do trabalho Ágil. Também examinamos como os CTQs são utilizados para definir as características (mensuráveis) de um processo no início de um projeto Lean Six Sigma. Uma abordagem semelhante é utilizada pelos Design Thinkers para determinar um "ponto de vista". A técnica "como poderíamos?" é benéfica aqui, pois abre caminho para a próxima etapa ao enquadrar claramente o problema. Por exemplo, se você trabalha no problema de seu departamento estar recebendo muitas ligações, o "como poderíamos?" pode ser "como poderíamos garantir que os clientes estejam confiantes de que têm as informações mais recentes?"

A Figura 15-4 apresenta uma estrutura para a utilização da técnica "como poderíamos?" Assim como na escrita de CTQs (abordada no Capítulo 4), as perguntas devem ser formuladas de forma positiva e não devem incluir a solução.

FIGURA 15-4: Modelo de "Como poderíamos?"

Como poderíamos_____<o quê>_____

para _____<quem>_____

de modo que ____<qual necessidade>_____

seja atendida?

© Martin Brenig-Jones e Jo Dowdall

Encontrando ideias (ideação)

Como na abordagem DMAIC do Lean Six Sigma, os Design Thinkers não se aprofundam na geração de ideias e soluções até que entendam completamente o problema que estão tentando resolver. As ferramentas e as técnicas para a geração de ideias delineadas no Capítulo 12 são relevantes aqui (assim como muitas outras).

EXEMPLO

O Design Thinking dá ênfase ao estabelecimento do ambiente certo para a criatividade. Isso inclui uma equipe diversificada e um espaço criativo para trabalhar. O Water Lounge no escritório do Google em Zurique permitiu que as pessoas se retirassem — para dentro de uma banheira! — para escapar do trabalho cerebral consciente e acessar o cérebro inconsciente.

O método SCAMPER usa uma série de perguntas para ajudar na resolução de problemas. SCAMPER é um acrônimo: Substituir, Combinar, Adaptar, Modificar, Propor outros usos, Eliminar e Reorganizar. Você não precisa responder todas as perguntas, mas elas certamente dão muito o que pensar. Essa técnica pode ser usada em diversas situações, e não apenas no contexto do Design Thinking.

Substituir:

O que pode ser substituído?

O que pode ser usado em seu lugar?

Que outra pessoa pode ser envolvida?

Qual outro processo pode ser usado?

Quais outros materiais podem ser usados?

Combinar:

O que pode ser combinado?

O que pode ser misturado?

Como certas partes podem ser conectadas?

Quais propósitos podem ser combinados?

Adaptar:

Que outras ideias são sugeridas?

Há algo semelhante e que possa ser aplicado ao problema existente?

Já houve situações parecidas no passado?

Modificar:

Qual modificação pode ser introduzida?

O significado pode ser mudado?

Como a cor ou o formato pode ser mudado?

O que pode ser aumentado?

O que pode ser reduzido?

O que pode ser modernizado?

Pode ser ampliado?

Pode ser reduzido?

Propor outros usos:

Para quais outros propósitos isso pode ser usado em seu estado atual?

Para qual propósito isso poderia ser usado caso fosse modificado?

Eliminar:

O que pode ser eliminado?

Isso funcionaria sem quais coisas?

Reorganizar:

Quais outros padrões também funcionariam?

Quais modificações podem ser introduzidas?

O que pode ser trocado?

O que pode ser reorganizado?

Criando protótipos

Em Design Thinking, os protótipos são usados para dar forma, apresentar e testar soluções potenciais. Eles podem tomar muitas formas, em 2D ou 3D, e proporcionar uma apreciação mais completa do usuário e sua experiência com o projeto. Você pode começar definindo o que quer aprender com o protótipo.

A Tabela 15-2 fornece mais algumas informações sobre os protótipos. Ela também demonstra outra ferramenta útil que poderia ajudá-lo em sua jornada de melhoria: a Análise É/Não É, que é uma ferramenta simples para ajudar na sua compreensão de algo.

TABELA 15-2   O que É um Protótipo?

Um Protótipo É	Um Protótipo Não É
Algo que dá forma a uma ideia.	Um modelo de trabalho.
Útil para identificar pontos fortes e fracos.	Um teste completo de funcionalidade.
Algo para "dar as caras" na frente das pessoas (incluindo, talvez, clientes potenciais).	Um teste para ver se os clientes o comprariam.
Uma maneira de obter feedback e aprender.	Uma versão imutável, sobre a qual ficamos defensivos ou resistentes a mudanças.
Uma maneira de ajudar a entender a experiência do usuário.	Uma demonstração do produto para que o pessoal de vendas ou a equipe de marketing comece a trabalhar.
Um caminho para descobrir melhores ideias.	

DICA

Como muitas das ferramentas incluídas neste livro, a Análise É/Não É (ou Está/Não Está) pode ser usada para muitos propósitos. Você poderia usá-la para dar escopo a um projeto DMAIC (o que está e não está no escopo?) ou tirar conclusões dos dados coletados (por exemplo, onde o problema está ocorrendo mais e onde não está?).

Testando ideias e premissas

Assim como no trabalho Ágil (delineado no Capítulo 16), o feedback antecipado dos clientes sobre ideias e soluções é essencial. Essa parte do Design Thinking é especialmente experimental à medida que as premissas são formuladas e testadas e o feedback é coletado para dar suporte ao aprendizado e moldar as iterações futuras. É importante envolver pessoas "neutras" no teste porque aqueles que participaram da modelagem do protótipo podem estar envolvidos demais emocionalmente para aplicar um teste imparcial. A grade de experimento mostrada na Figura 15-5 fornece um formato útil para documentar os resultados. Lembre-se de que pode haver uma série de experimentos envolvidos.

Experimento	Aprendizados
Passo 1: Hipótese "Acreditamos que…"	**Aprendemos o seguinte:**
Passo 2: Teste "Para verificar isso, faremos…"	
Passo 3: Métricas "e mediremos…"	**Documentação do teste:**
Passo 4: Critérios "Estaremos no caminho certo se…"	

FIGURA 15-5: Grade de experimento.

© Martin Brenig-Jones e Jo Dowdall

Aqui há algumas sinergias com o conceito "Lean Startup" ou "Startup Enxuta" (que também se vincula com o Ágil, como discutimos no Capítulo 16). *A Startup Enxuta* é um livro de Eric Ries que define a abordagem para desenvolver, testar e adaptar soluções de forma enxuta, para evitar o desperdício de esforços. Trata-se de trabalhar rapidamente e em iterações para validar ideias a fim de entregar o que os clientes realmente desejam. Esse conceito evita uma situação em que toneladas de tempo, esforço e recursos são usadas para entregar a solução "perfeita" ao cliente, apenas para descobrir que as necessidades mudaram durante o tempo que foi necessário para chegar lá. Um espírito de experimentação é adotado e abraçado. Se tenta algo e isso funciona com bastante sucesso, você persevera. Se as coisas não correm como o planejado, você muda de direção.

DICA

O espírito de experimentação não se limita ao Design Thinking ou ao Ágil. Ele também pode ser adotado em seus projetos Lean Six Sigma para agregar valor. Teste ideias com os clientes e aprenda com seu feedback para adaptar e aprimorar as soluções de melhoria do processo.

No final do processo de Design Thinking, você terá concluído os testes e terá uma compreensão clara de como seu projeto resolve o problema com o qual começou — a menos, é claro, que precise voltar a uma etapa anterior, dependendo do que os testes revelaram. Observe aqui a diferença entre o Design Thinking e a abordagem Design for Six Sigma/DMADV descrita no Capítulo 14. Em um projeto Design for Six Sigma, o passo final é verificar se a abordagem funciona e há ênfase no planejamento e na preparação da implementação, incluindo as medidas de desempenho pós-implementação.

CUIDADO

Não se desanime caso as soluções não atinjam o alvo na primeira vez. Essas são grandes oportunidades de aprendizado. Em *Design Thinking Para Leigos*, alguns termos alternativos para "erro" são sugeridos. O uso dessas palavras pode ajudar a afastar o medo do fracasso. Elas incluem desvio, diferença, descoberta (ou realização de aprendizagem), discrepância, potencial de melhoria ou lacuna de alvo.

Decidindo-se sobre o Design Thinking

Esperamos que este capítulo tenha lhe ensinado que há mais no Design Thinking do que a criatividade e que algumas soluções brilhantes que abordam problemas complexos podem ser reveladas pelo uso da abordagem. Caso esteja se decidindo sobre seguir o Design Thinking, compreenda completamente a abordagem e obtenha alguma ajuda no início. Nem todos os envolvidos precisam ser especialistas, mas pouco treinamento não será suficiente. Como no Ágil (descrito no Capítulo 16), a capacidade de tomar decisões com eficiência é fundamental, pois é importante não interromper o fluxo de valor através do processo de design. As formas "antigas" ou existentes de pensar ou trabalhar não serão suficientes. Você precisa ter curiosidade, vontade de mudar e também perder o medo de errar para fazer o Design Thinking funcionar.

DICA

Você não precisa esperar pela oportunidade de fazer um "projeto completo" antes de começar a aplicar as ferramentas e os princípios do Design Thinking. Muitas organizações com as quais trabalhamos aplicam aspectos do Design Thinking em projetos Lean Six Sigma ou Design for Six Sigma. Um exemplo é quando elas querem desenvolver uma verdadeira empatia com os clientes. Seja pragmático, e não um purista, e use o que funciona!

> **NESTE CAPÍTULO**
>
> » Entendendo os princípios e dominando o mindset do Ágil
>
> » Apresentando estruturas do Ágil
>
> » Investigando o scrum
>
> » Usando kanbans para a gestão de projetos
>
> » Considerando como a prática Ágil pode sustentar seu projeto Lean Six Sigma

Capítulo **16**

Princípio Ágil em Projetos Lean Six Sigma

Em 2001, um pequeno grupo de pessoas se reuniu em uma estação de esqui de Utah, EUA, para encontrar pontos em comum na forma como os projetos de entrega de software eram gerenciados. Esses pioneiros desenvolveram e assinaram o *Manifesto para o Desenvolvimento Ágil de Software* e, com isso, transformaram o gerenciamento do projeto. O método tradicional de entrega de software em uma única versão (que pode levar vários meses) foi substituído por uma rápida liberação de valor para os clientes com novas versões de software a cada poucas semanas. E muito mais do que isso, foram estabelecidos princípios orientadores de comportamento. O trabalho ágil consiste em incutir uma cultura de experimentação empírica (aprender o que funciona experimentando, e não pela teoria), criar um ambiente de segurança psicológica e trabalhar em estreita colaboração com o cliente.

Os princípios e as práticas Ágil são claramente aplicáveis além do mundo do desenvolvimento de software. Atualmente, as formas Ágil de trabalho estão sendo aplicadas em muitos setores diferentes e usadas para entregar todos os tipos de projetos. Este capítulo destaca como o Ágil pode ajudar a acelerar a entrega de um projeto Lean Six Sigma. Leia mais sobre Ágil em *Gerenciamento Ágil de Projetos Para Leigos*.

Entendendo os Princípios do Ágil

Uma boa maneira de começar é compreender os princípios que sustentam o Ágil. Eles se aplicam ao trabalho Ágil em qualquer tipo de projeto de qualquer tamanho ou setor de organização e podem ajudá-lo a entender como sua organização está realmente alinhada com o verdadeiro espírito do Ágil.

DICA

Lembre-se de que o Ágil começou com o desenvolvimento de software, portanto, software é referenciado dentro desse conjunto de princípios. Se seu projeto está preocupado em entregar algo diferente de software, substitua a palavra "software" por "valor" ao ler a seguinte lista.

» Nossa maior prioridade é satisfazer o cliente por meio da entrega adiantada e contínua de software.

» Mudanças nos requisitos são bem-vindas, mesmo tardiamente no desenvolvimento.

» Entregar frequentemente o software funcionando, de poucas semanas a poucos meses, com preferência à menor escala de tempo.

» Empresários e desenvolvedores devem trabalhar juntos diariamente durante todo o projeto.

» Construa projetos em torno de indivíduos motivados. Dê-lhes o ambiente e o apoio de que precisam e confie neles para que o trabalho seja feito.

» O método mais eficiente e eficaz de transmitir informações para uma equipe de desenvolvimento e dentro dela é a conversa face a face.

» Software funcionando é a principal medida do progresso.

» Os processos ágeis promovem o desenvolvimento sustentável. Patrocinadores, desenvolvedores e usuários devem ser capazes de manter um ritmo constante indefinidamente.

» Atenção contínua à excelência técnica e ao bom design aumenta a agilidade.

» Simplicidade — a arte de maximizar a quantidade de trabalho não realizado — é essencial.

» As melhores arquiteturas, requisitos e projetos nascem de equipes auto-organizáveis.

» Em intervalos regulares, a equipe reflete sobre como se tornar mais eficaz e depois refina e ajusta seu comportamento de acordo.

Os temas satisfação do cliente, qualidade, trabalho em equipe e desenvolvimento de produtos (ou seja, entregar a solução) são claros, assim como o alinhamento com os princípios do Lean Six Sigma, delineados no Capítulo 2.

Abraçando uma Mentalidade Ágil

O trabalho Ágil vai muito além do uso de ferramentas e estruturas como Kanban e Scrum (que discutiremos mais adiante neste capítulo). Ele pode exigir algumas mudanças no modo como você gerencia, trabalha com os clientes e pensa!

Os pioneiros do método Ágil queriam não apenas superar os problemas de escrita de software e entrega de resultados, mas também verdadeiramente "viver e respirar" a excelência e a centralidade do cliente em seu trabalho. Eles trabalharam colaborativamente para testar e compartilhar informações sobre o que estava ou não funcionando, procuraram testar ideias, aprender rápido e aplicar o aprendizado. Esse é o espírito do Ágil.

"Trabalhar colaborativamente" envolve compartilhar ideias abertamente, questioná-las (o que pode parecer desconfortável) e construir a partir delas coletivamente para gerar algo que exceda o que poderia ter sido criado por um indivíduo.

É aqui que a *segurança psicológica* entra em cena. Segurança psicológica é a capacidade (compartilhada na equipe) de contribuir com um senso de confiança de que a equipe não constrangerá, rejeitará nem penalizará um indivíduo por se manifestar. Criar um ambiente seguro para que as pessoas contribuam plenamente significa que é aceitável que elas façam perguntas, peçam ajuda e cometam erros, e é seguro que sejam criativas e pensem de forma diferente.

Experimentação é a chave para uma mentalidade Ágil. Um experimento é feito para descobrir algo, testar uma teoria ou provar alguma coisa. O resultado de um experimento não é garantido, e isso traz um ar de incerteza ao processo. Se essa incerteza deve ser aceita, significa que o fracasso também deve ser aceito, e isso pode representar uma maneira completamente diferente de pensar. "Falhe rápido e aprenda" é uma expressão adotada pela cultura das startups, em que os empreendedores procuram testar modelos ou produtos de viabilidade antecipadamente, em vez de investir anos em um empreendimento malsucedido (veja os detalhes da Startup Ágil no Capítulo 15). Essa filosofia é adotada no trabalho Ágil, em que o projeto, o produto ou o serviço é desenvolvido em incrementos. É aceito que nem tudo é conhecido no início, que o aprendizado surgirá com o tempo e que o feedback do cliente pode ser incorporado e utilizado para determinar e moldar os próximos incrementos.

CUIDADO

Muitos pensam que Ágil é uma metodologia "fora da caixa". Ela é claramente muito mais do que isso. Se os princípios não forem aplicados e a mentalidade não estiver presente, os benefícios totais do trabalho Ágil não serão percebidos.

Tendo Sucesso com o Scrum

Como vimos, Ágil é realmente um conjunto de princípios orientadores, e não uma metodologia, uma série de passos ou uma solução "fora da caixa" que pode ser aplicada à entrega do projeto. Entretanto, certas estruturas e melhores práticas são utilizadas para dar vida aos princípios Ágeis na prática e fazer o trabalho. O mais famoso deles é conhecido como *Scrum*. A abordagem Scrum precedeu o desenvolvimento dos princípios e do manifesto Ágil, mas foi adotada do mundo da manufatura por pensadores Ágeis porque promove flexibilidade e velocidade, que são atitudes Ágeis fundamentais.

No trabalho com scrum, uma sequência de eventos é aplicada durante um período fixo de tempo a fim de cumprir uma meta, como visto na Figura 16-1. O objetivo pode ser o desenvolvimento de um software, ou outra solução, ou pode ser a entrega de uma melhoria de processo.

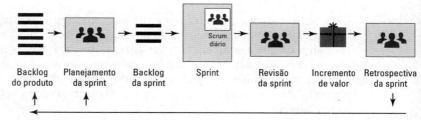

FIGURA 16-1: Scrum.

© Martin Brenig-Jones e Jo Dowdall

Vamos dar uma olhada em cada evento para entender o ciclo scrum com mais detalhes. Isso o ajudará a entender um pouco da terminologia usada por Agilistas.

» **Backlog do produto:** No Ágil, o material que precisamos entregar para terminar o projeto é pensado como "pedaços de valor comercial". Eles são colocados em uma lista priorizada de desejos conhecida como backlog. Antes de transformar os pedaços em tarefas, verifique primeiro se podem ser decompostos em pedacinhos menores de valor. (Pensamento Lean novamente: as coisas pequenas fluem melhor que as grandes.) As necessidades são priorizadas em ordem de importância da perspectiva do cliente, com as mais importantes no topo, e a equipe, então, faz o trabalho mais valioso e o termina. À medida que os itens são entregues, a equipe procura o feedback dos clientes e/ou dos stakeholders e usa o feedback para decidir as coisas mais importantes a serem trabalhadas em seguida.

» **Planejamento da sprint:** O backlog do produto pode ser dividido em segmentos para manter a rápida entrega de valor ao cliente. Tais segmentos são chamados de *sprints*. O plano da sprint é desenvolvido para estabelecer o objetivo, o escopo e as tarefas que serão incluídas.

» **Backlog da sprint:** É a lista de requisitos e tarefas a serem abordados para atingir o objetivo da sprint. Uma vez que os itens da lista tenham sido identificados, a equipe congelará o escopo da sprint a fim de fornecer um foco rigoroso nos itens mais importantes.

» **Sprint, realizada pela equipe scrum:** Trata-se de fazer o trabalho. A sprint tem um tempo fixo, no final do qual algo útil será entregue.

» Os membros da equipe se reunirão diariamente no **scrum diário** para rever o que foi feito, acordar o que será feito em seguida e abordar quaisquer barreiras que se interponham no caminho do sucesso. É uma reunião breve, realizada de pé no local de trabalho, por teleconferência ou videoconferência. (No Capítulo 18, analisamos como as reuniões de pé diárias sustentam um sistema de gestão eficaz — outro exemplo das sinergias entre as formas Ágil e Lean de trabalho.)

» **Revisão da sprint:** Essa revisão ocorre no final de cada sprint e é utilizada para demonstrar o trabalho concluído (ou o incremento de valor entregue ao cliente) e obter feedback para ajudar a decidir o que entregar em seguida.

» **Retrospectiva da sprint**: Essa revisão não se concentra no que foi feito na sprint, mas, sim, em como foi feito. A equipe discutirá o que correu bem, o que poderia ser melhor e quais ações são necessárias para melhorar a próxima sprint. No final da retrospectiva, a equipe concorda com uma ou mais coisas que mudará na forma como está trabalhando junta. A equipe então planeja a próxima sprint e a realiza novamente, já que um projeto inclui uma série de sprints.

DICA

Não tente mudar muitas coisas depois de uma retrospectiva. É melhor se concentrar em uma melhoria e realizá-la do que tentar muitas e não conseguir nada.

Pelo que observamos ao utilizar o Ágil para viabilizar o Lean Six Sigma, um scrum "integral" pode ser um pouco demais para um projeto DMAIC. Mas a aplicação de certos aspectos pode realmente dar aos projetos DMAIC um impulso de foguete!

» Gerenciar o backlog do trabalho para garantir que as tarefas prioritárias tenham precedência.

» Usar o kanban para visualizar o trabalho e mantê-lo fluindo.

» Planejar sprints, visto que os maiores desafios que muitas organizações enfrentam não é a aplicação da metodologia DMAIC em si, mas encontrar tempo para continuar com ela.

>> Realizar reuniões de scrum em pé diárias.

>> Fazer retrospectivas.

Recomendamos tentar fazer as sprints com revisões regulares. Descobrimos que isso pode tornar o DMAIC mais divertido e facilitar a gestão de mudanças, uma vez que os stakeholders sentem um maior senso de abertura e transparência, pois suas ideias e insights são ativamente buscados como parte da abordagem. Para a equipe, o trabalho parece mais envolvente, visto que o trabalho importante é priorizado, e há uma sensação real de progresso à medida que cada sprint é entregue. Se alguma vez já participou de um workshop de melhoria rápida (veja o Capítulo 17), terá alguma experiência com isso.

EXEMPLO

Em nossa organização, começamos a notar algo interessante acontecendo quando as equipes começaram a usar técnicas Ágeis para apoiar seus projetos DMAIC. Elas fizeram as coisas de maneira diferente e obtiveram alguns resultados ótimos:

>> Elas trabalharam com um senso de urgência aumentado à medida que a abordagem scrum lhes permitiu reservar tempo focado e as reuniões diárias encorajaram o progresso constante.

>> Foram mais pragmáticas sobre o uso da caixa de ferramentas Lean Six Sigma.

>> Foram realmente bem na gestão de mudanças.

>> Trabalho em equipe muito melhor (muito menos do Yellow ou do Green Belt agindo como um super-herói e fazendo tudo por conta própria).

Entendendo os papéis do Ágil

O scrum exige que sejam estabelecidas funções e responsabilidades específicas. Elas são necessárias não apenas para garantir a entrega organizada do trabalho a ser feito, mas também para impulsionar os elementos culturais e a filosofia do Ágil.

Scrum Master

O papel do Scrum Master é ensinar as pessoas sobre essa forma de trabalho para que realmente a entendam e respeitem. Seu papel é organizar o trabalho e criar um ambiente de segurança psicológica dentro da equipe. O Scrum Master capacita e permite que os membros da equipe deem sua melhor contribuição possível.

Dono do Produto

O Dono do Produto [Product Owner] é responsável por garantir que as opiniões dos clientes sejam representadas. Eles são tomadores de decisão implacáveis, indivíduos bem relacionados que gerenciam os stakeholders e garantem que o trabalho feito em seguida seja o mais valioso, de acordo com a visão. O Dono do Produto é responsável pelo backlog do produto.

Membros da equipe

Os membros da equipe desempenham um papel vital. Eles entenderão os aspectos práticos do trabalho e o realizarão. Os membros da equipe devem ser *pessoas T* que tenham um conhecimento profundo e amplo (veja a Figura 16-2). Lembre-se de que o Ágil exige equipes *empoderadas* que sejam auto-organizáveis e não microgerenciadas. Sem o empoderamento, há um risco real de interromper o fluxo e a entrega do trabalho (ou seja, valor). Um exemplo de tal interrupção é se tudo precisa ser assinado pela equipe de liderança ou se é necessária uma aprovação em cada passo.

FIGURA 16-2: Pessoa T.

© Martin Brenig-Jones e Jo Dowdall

Concentrando-se nas exigências do cliente

Assim como o Lean Six Sigma, uma característica convincente do Ágil é que ele permite a verdadeira centralidade no cliente — e faz com que as ações falem mais alto que as palavras — por meio da colaboração com o cliente desde o início, na intenção de compreender as necessidades e identificar as exigências. Em projetos Ágeis, os clientes também estão envolvidos em dar feedback durante todo o projeto nas revisões da sprint (veja a Figura 16-1).

Ao liberar o produto (ou o valor para o cliente) em intervalos frequentes e regulares, fica mais fácil descobrir o que está ou não funcionando para os clientes e abordar essas descobertas para o próximo lançamento.

Em um projeto DMAIC, os requisitos ou as exigências mais importantes do usuário são chamados CTQs. No Ágil, eles se chamam *histórias do usuário*. São chamados de histórias porque encorajam a conversa, que é a melhor maneira de entender quais são os requisitos. Essas histórias são captadas em um cartão, como mostrado na Figura 16-3. Esse formato pode ser utilizado para captar os CTQs em seu projeto Lean Six Sigma.

FIGURA 16-3: Cartão da história de usuário.

Sendo eu _____

Quero _____

De modo a _____

© Martin Brenig-Jones e Jo Dowdall

Capitalizando os Kanbans

Os praticantes Ágeis utilizam o *kanban* como um método de gerenciamento de projetos para apoiar o trabalho no formato scrum. Ele é utilizado para exibir em um painel (físico ou virtual) as tarefas necessárias (o backlog) e acompanhá-las até seus vários estágios de conclusão. Esse método traz visibilidade e transparência ao progresso do projeto e incorpora princípios Lean como "puxar" e "fluxo" para manter o trabalho (valor) em movimento até o cliente (veja, no Capítulo 11, mais informações sobre como isso é aplicado aos processos). Um painel Kanban é mostrado na Figura 16-4. Cada cartão no quadro representa uma parte do trabalho.

FIGURA 16-4:
Um painel simples de kanban no Ágil.

© Martin Brenig-Jones e Jo Dowdall

Em um scrum Ágil (e talvez em seu projeto Lean Six Sigma), um membro da equipe que tenha alguma capacidade de fazer um trabalho puxa um cartão para a coluna Em progresso. Dessa forma, todos podem ver o que está sendo feito. Quando a atividade é concluída, ele move o cartão para Concluído — se as condições de satisfação tiverem sido atendidas. Se por algum motivo o fluxo de trabalho parar ou diminuir, isso fica imediatamente aparente e pode ser discutido nas reuniões diárias de scrum.

As mudanças de prioridades são gerenciadas por meio dessa estrutura conforme novos recursos e tarefas podem ser acrescentados quando são identificados como itens importantes, e os sem importância são removidos; a equipe escolhe o trabalho na sequência mais apropriada em uma situação de mudança.

Os Kanbans podem apoiar os projetos DMAIC das seguintes maneiras:

» Mais transparência sobre o que a equipe está fazendo.

» Foco da equipe nos itens mais importantes de trabalho.

» Identificar quando o trabalho está bloqueado para que o problema possa ser resolvido.

DICA

Tente limitar a quantidade de trabalho em progresso. Você pode realmente fazer duas coisas ao mesmo tempo? Puxe apenas um cartão de cada vez pelo Kanban.

Os cartões Kanban precisam ser escritos claramente para que fique explícito qual é a tarefa e quais são as condições de satisfação, de modo que o dono do produto possa determinar se a tarefa foi realmente concluída quando movida para a categoria Concluído. Apenas um item de trabalho deve ser incluído em cada cartão.

CAPÍTULO 16 **Princípio Ágil em Projetos Lean Six Sigma** 263

Inclua o seguinte em cada cartão:

> » A descrição da tarefa.
> » O prazo.
> » O dono.
> » As condições de satisfação.

Certifique-se de que cada tarefa inclua um verbo.

Os cartões devem ser dispostos no quadro em ordem de prioridade, com aqueles que detalham as tarefas de alta prioridade no topo. Você pode indicar a prioridade da tarefa no próprio cartão. É possível até indicar o "tamanho" da tarefa ou o esforço estimado.

Note que o scrum é apenas uma das abordagens que podem ser usadas no trabalho ágil. Leia mais sobre "Programação Extrema" em *Gerenciamento Ágil de Projetos Para Leigos*.

Combinando Ágil e Lean Six Sigma

... e talvez adicionando um pouco de Design Thinking à mistura! Ao longo deste livro, apresentamos uma ampla gama de ferramentas e técnicas que podem ser usadas para resolver problemas e melhorar os processos de sua organização. Várias abordagens também são descritas: Lean Six Sigma (ela própria uma combinação de Lean e Six Sigma); Gestão de Mudanças; Ágil; Design Thinking; e Design for Six Sigma. Recomendamos que você seja sempre pragmático, portanto, use o que funciona! Você não precisa adotar apenas uma abordagem. É possível pensar em cada abordagem como um super-herói da Marvel. Cada um tem seu próprio superpoder, mas, juntos, são ainda mais eficazes. Veja o que pode ser alcançado quando os Vingadores se reúnem! Ágil é um tema enorme por si só, mas esperamos ter inspirado você a experimentar algumas dessas técnicas em seus projetos DMAIC.

5 Aplicando o Lean Six Sigma e Fazendo a Mudança Acontecer

NESTA PARTE...

Aprenda como o Ágil pode acelerar seu projeto Lean Six Sigma.

Entenda o papel fundamental que a liderança desempenha ao criar o ambiente certo para o Lean Six Sigma.

Descubra como gerenciar Eventos de Melhoria Rápida e solucionar problemas com Lean Six Sigma.

Examine como as ferramentas e as abordagens do Lean Six Sigma podem ser usadas no trabalho cotidiano.

Siga o passo a passo do DMAIC para entender como tudo se encaixa.

> **NESTE CAPÍTULO**
>
> » Vendo como os eventos de melhoria rápida são planejados, facilitados e acompanhados
>
> » Verificando o papel do facilitador do evento
>
> » Vendo como os problemas podem ser resolvidos em um papel tamanho A3

Capítulo **17**

Fazendo Eventos de Melhoria Rápida e Solucionando os Problemas com DMAIC

O DMAIC oferece uma abordagem sistemática e comprovada de melhoria que pode ser aplicada a projetos de todos os tamanhos. Este capítulo concentra-se na utilização do Lean Six Sigma para conduzir projetos menores e resolver problemas no dia a dia. Projetos menores e problemas de processo podem se beneficiar de uma abordagem acelerada baseada na organização e na execução de uma série de workshops, reunindo as pessoas para trabalhar ao longo dos estágios do DMAIC com foco na melhoria rápida. Isso requer um alto nível de habilidades de facilitação e seleção das ferramentas corretas a serem utilizadas nas diferentes etapas. Este capítulo descreve como fazer com que isso funcione.

Animando-se com a Melhoria Rápida

Kaizen é uma palavra japonesa que significa mudar para melhor. Está frequentemente associada a uma melhoria curta, rápida e incremental e constitui uma parte importante da abordagem de uma organização para a Melhoria Contínua. *Evento de Melhoria Rápida* é o termo utilizado para descrever uma série de workshops facilitados que utilizam a abordagem DMAIC, os princípios e as ferramentas do Lean Six Sigma para proporcionar benefícios prontamente. Talvez você queira utilizar o termo *Kai Sigma* para descrevê-los. A abordagem faz uso do conhecimento da equipe, em vez de uma análise detalhada. Ela permite que os membros da equipe saiam da pressão cotidiana para operar um processo e reflitam sobre como este pode ser melhorado.

DICA

O facilitador de eventos de melhoria rápida ou sessões de solução de problemas não precisa utilizar a "linguagem" do Lean Six Sigma, ficar muito envolvido com os aspectos técnicos ou utilizar qualquer terminologia japonesa. O foco está em envolver pessoas que tenham conhecimento e experiência do processo.

Os workshops normalmente envolvem a equipe de um a cinco dias em uma série de workshops ou em um workshop intensivo contínuo. Um evento Kaizen tradicional acontece em menos de cinco dias. Esses prazos se comparam a, talvez, três ou quatro meses necessários para um projeto DMAIC tradicional. Veja um panorama geral na Figura 17-1.

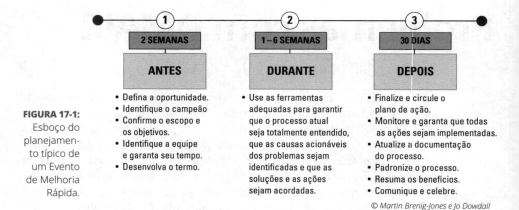

FIGURA 17-1: Esboço do planejamento típico de um Evento de Melhoria Rápida.

© Martin Brenig-Jones e Jo Dowdall

Uma boa preparação é necessária, claro, especialmente ao concordar sobre o problema, que deve ter um foco restrito e ser claramente definido. Quando apropriado, procure ver se os dados relevantes já estão disponíveis ou se você precisa coletar alguns com antecedência como parte da fase de preparação. Os workshops de melhoria rápida tendem para a ação, e a solução derivada para o problema deve ser posta em prática o mais rápido possível (dentro de um prazo máximo de trinta dias). De fato, alguns elementos da solução podem ser realmente acionados durante os workshops.

Como em um projeto DMAIC tradicional, a fase Controlar é vital para garantir que o ganho de melhoria seja mantido.

O evento envolve três fases:

» Preparação

» Workshop(s)

» Acompanhamento

Em termo de ferramentas e técnicas, um conjunto simples, mas comumente usado, deve resolver os problemas selecionados. Entre elas, temos:

» Gráfico de melhorias (Capítulo 2).

» Requisitos/exigências do cliente Críticas para a Qualidade (CTQs; Capítulo 4).

» SIPOC, o mapa de processo de alto nível (Capítulo 3).

» Process Stapling (Capítulo 5).

» Um mapa do processo e/ou Mapa do Fluxo de Valor (Capítulo 5).

» Teoria das restrições (Capítulo 11).

» Os oito desperdícios (Capítulo 10).

» 5S (Capítulo 13).

» Gestão visual (Capítulo 13).

» Métricas e coleta de dados (Capítulo 7).

» Painéis de dados, incluindo folhas de verificação e diagramas de Pareto (Capítulo 8).

» Ferramentas de geração de ideias (Capítulo 12).

» Diagrama de espinha de peixe (Capítulo 9).

» Diagrama de inter-relação (Capítulo 9).

» FMEA e dispositivos à prova de erros (Capítulo 13).

» Plano de controle/quadro de gerenciamento de processo (Capítulo 18).

Você também precisa de algumas técnicas simples de seleção e priorização, incluindo:

- » Matriz 3 × 3 (Capítulo 19).
- » Comparações pareadas (Capítulo 4).
- » Matriz de seleção de critério (Capítulo 12).

O DMAIC oferece uma abordagem sistemática para resolver problemas e alcançar melhorias sustentáveis do processo em prazos curtos. Em muitos aspectos, o segredo é a definição clara do problema seguida pela conclusão bem-sucedida das fases Medir e Analisar. Acerte essas fases e a solução de melhoria muitas vezes ficará bem óbvia. Às vezes uma solução se apresenta como resultado da fase Medir e você pode avançar para uma *vitória rápida*. A vitória rápida evita a fase Analisar e vai direto para Melhorar, mas é necessário algum cuidado, e você deve estar seguro de que compreendeu de verdade os efeitos de sua mudança.

Entendendo o Papel do Facilitador

Uma boa facilitação é fundamental para o sucesso da abordagem do workshop de melhoria rápida. Não subestime as habilidades necessárias para a realização de workshops eficazes. O facilitador precisa ser experiente e bem versado no kit de ferramentas Lean Six Sigma. Ele também precisa ser um bom treinador, pois um elemento de treinamento é inevitável durante os workshops.

O papel do facilitador é:

- » Garantir que os workshops, as reuniões e as interações entre as pessoas sejam eficazes e produtivas.
- » Fazer o melhor uso das habilidades e das contribuições de todos os envolvidos.
- » Assegurar que todos os aspectos de cada workshop sejam orquestrados para garantir o sucesso.

Planejamento e preparação

O facilitador precisa considerar o seguinte ao planejar e preparar um evento de melhoria:

» **Propósito e agenda:** O evento tem um propósito claro? Todos os participantes do evento sabem exatamente qual é o propósito? Há uma agenda estruturada para garantir que o objetivo seja alcançado? Em termos de autoridade, todos estão claros sobre o que podem e não podem fazer?

» **Participantes:** Com base no propósito e na agenda, você deixou claro sobre quem precisa participar? Se algumas opiniões cruciais precisarem ser dadas, quem as dará? Você precisa de certas pessoas no evento pelos conhecimentos relevantes de base que elas têm e que contribuirão para a qualidade da discussão? Todos os participantes do evento devem estar presentes por uma razão e devem ter clareza sobre as expectativas de sua contribuição.

» **Dinâmica do evento:** Com conhecimento do propósito, da agenda e dos participantes, é provável que antes do evento você possa prever as áreas de dificuldade em potencial. Alguns participantes têm pontos de vista muito fortes, por exemplo? Será que questões difíceis precisam ser discutidas? De qualquer forma, você pode usar a análise dos stakeholders aqui para identificar os principais influenciadores que precisam de algum posicionamento prévio para garantir que participem do workshop no estado de espírito correto. Se conseguir identificar essas dificuldades potenciais de antemão, poderá estruturar a agenda e o evento para garantir que tudo permaneça no caminho certo.

Primeiro, você precisa identificar os stakeholders, porque eles podem ajudar seu projeto a dar certo ou não! Sua lista incluirá qualquer pessoa que controle recursos cruciais ou que molde o pensamento de outras partes cruciais. Faça as seguintes perguntas:

- Quem são?
- Como se posicionam atualmente quanto às questões associadas com a iniciativa de mudança?
- Estão apoiando? Se sim, em que nível?
- São contra a iniciativa de mudança? Se sim, em que nível?
- Ou são amplamente neutros?

» **Estrutura do evento:** Com uma agenda definida, o conhecimento de quanto tempo você tem disponível e a consciência da provável dinâmica do workshop, como você alocará esse tempo entre os diferentes itens da agenda? Onde a ênfase precisa ser colocada? Quanto tempo precisa ser alocado para as opiniões, a discussão, a tomada de decisões? Ao estabelecer a estrutura do evento, você também precisa levar em conta a necessidade de intervalos em vários pontos (café, almoço, chá) e estar ciente de como essas pausas afetarão o fluxo da discussão. Para eventos longos, você também precisa pensar em como manter as pessoas engajadas ao longo do dia. Por exemplo, considere dar às pessoas algo interessante para fazer depois do almoço.

» **Papéis no evento:** O evento precisará de um campeão ou um patrocinador, que é a pessoa que ajuda a estabelecer a finalidade e o objetivo do evento. Ele também esclarece a autoridade dada à equipe. O papel do facilitador é claramente diferente. Como parte da preparação, o campeão e o facilitador devem concordar sobre suas diferentes funções e o propósito geral e o planejamento do evento. Um membro da equipe deve ser nomeado como cronometrista durante o evento, para ficar de olho no relógio e garantir que o progresso esteja sendo feito. Alguém também precisa cumprir o papel de anotador, responsável por captar informações e pelo registro das decisões tomadas.

» **Local e atmosfera do evento:** Esta é uma parte fundamental de um evento de sucesso. Que tipo de ambiente você quer criar para o resultado que deseja alcançar? Você precisa considerar as seguintes questões:

- Fazer o evento dentro ou fora do local de trabalho, ou virtualmente.
- Como evitar que os participantes se distraiam por demandas operacionais.
- Tamanho e layout da sala, se será formal ou informal, e a disponibilidade de salas de apoio, se necessário.
- Acesso à tecnologia se o evento for ocorrer virtualmente.
- Equipamento necessário e sua disponibilidade.

DICA

Eventos de melhoria rápida e sessões de solução de problemas também podem ser facilitados online, quando as equipes estiverem trabalhando remotamente. Certifique-se de que todos tenham a oportunidade de "pôr a mão na massa" com o uso das ferramentas e das técnicas por meio de aplicativos de colaboração online. Não deixe de planejar muitas pausas e pedir aos participantes que comprometam totalmente seu tempo e atenção (por exemplo, concordando antecipadamente que essa será uma sessão "com câmeras ligadas" e assegurando que não recebam outras chamadas).

Você precisa de uma série de coisas dentro e fora da sala. É provável que o kit de ferramentas do evento inclua algumas ou todas as seguintes coisas:

- » Flipchart e suporte.
- » Papel e blocos extras para o flipchart.
- » Canetas.
- » Papel pardo.
- » Notas autoadesivas.
- » Câmera.
- » Notebook e monitor.
- » Acesso a ferramentas de colaboração online, se estiver remotamente.

Pense também nos refrescos. Os eventos de melhoria rápida podem deixar todos com sede!

Executando o evento

Uma boa preparação significa que não há dúvidas sobre o processo de esboço pelo qual quer levar as pessoas. É claro, você precisa ser flexível e responder adequadamente conforme a dinâmica dita, mas seu trabalho prévio lhe dá uma boa estrutura. Um evento de sucesso requer que as seguintes questões sejam abordadas:

- » **Abertura:** Convide o campeão para fazer a abertura da sessão de modo que todos entendam sua importância e relevância.

- » **Agenda/cronometragem:** O facilitador precisa garantir que o evento ocorra dentro do tempo. Se as coisas estiverem demorando mais do que o planejado, ele deve alterar a agenda conforme apropriado (obviamente mantendo em mente o propósito geral, afinal, os objetivos do evento devem ser alcançados).

- » **Definição da expectativa**: No início do evento, será útil que o facilitador pergunte aos participantes quais são suas expectativas. Elas podem ser registradas em um flipchart e consultadas ao longo da sessão. A coleta das expectativas no início permite ao facilitador verificar se todos os presentes entendem o objetivo do evento. Essa informação também destaca diferentes perspectivas e permite ao facilitador apontar como a agenda do evento se encaixa nas expectativas declaradas. Em alguns casos, pode também resultar em modificações na agenda se os principais influenciadores expressarem necessidades que, de outra forma, não serão atendidas (embora com uma boa preparação, isso não deveria acontecer com muita frequência).

> **Questões de registro**: Se os participantes se desviarem do assunto em questão, ameaçando tirar o evento dos trilhos, suas observações devem ser registradas visivelmente e abordadas posteriormente. Talvez o facilitador consiga trabalhar nesses pontos para discussão em espaços adequados na agenda ou designá-los a responsáveis bem definidos que retirarão as questões e trabalharão nelas fora do evento.

> **Registrando os próximos passos/ações:** É uma boa que o facilitador registre os próximos passos ou ações à medida que o evento avança. Novamente, isso deve ser feito de forma visível, para que cada participante possa ver quais ações foram acordadas, quem é responsável por cada uma delas e quando serão realizadas. Isso evita confusão, e o facilitador também pode voltar à lista ao final do evento e analisá-la item por item, para que todos saiam se sentindo esclarecidos sobre o que devem fazer em seguida.

> **Anotando os pontos positivos e os deltas:** Ao final do evento, o facilitador pode pedir a todos os participantes que identifiquem as vantagens do evento (o que as pessoas acharam útil) e os deltas (o que poderia ter sido melhorado). Essa atividade não apenas fornece um bom feedback para o facilitador, mas também permite aos participantes reforçar o impacto positivo do evento ou, alternativamente, levantar quaisquer preocupações ou problemas residuais que possam não ter sido detectados durante o próprio evento. O facilitador capta esses pontos positivos e deltas. Conseguir que a equipe os registre em notas adesivas é uma maneira simples de fazê-lo. Eles podem então ser revistos, e medidas podem ser tomadas, antes da próxima sessão do evento. Lembre-se de que esses eventos de melhoria rápida provavelmente serão programados como uma série de sessões de um dia (ou meio dia).

Acompanhando e planejando a ação

No final do evento, ou pouco depois, o facilitador e o campeão farão uma revisão. Eles precisam considerar o que correu bem, o que poderia ter sido melhorado, se os objetivos foram alcançados e qual acompanhamento é necessário. A abordagem dessas questões ajudará na preparação para a próxima sessão. Quando apropriado, o facilitador precisa certificar-se de que as ações e os próximos passos decididos no evento sejam divulgados o mais rápido possível. Após a implementação da solução de melhoria, será importante assegurar uma entrega eficaz e que um plano de controle esteja em vigor.

CUIDADO

Não permita que as ações se arrastem por longos períodos de tempo. Lembre-se de que tudo isso é uma melhoria *rápida*. Estabeleça datas realistas para a conclusão das ações, mas o prazo não deve exceder trinta dias.

Criando uma Checklist para Realizar Eventos de Sucesso

O facilitador pode achar útil ter uma checklist com perguntas a serem consultadas. A lista a seguir não é completa e pode ser acrescentada ou modificada. O fundamental é pensar sobre isso!

- Os participantes mais ativos estão monopolizando a discussão?
- Alguém que poderia fazer uma contribuição útil está sendo excluído?
- Está sendo feito o suficiente para incentivar membros mais quietos a contribuir? Muitas vezes, essas pessoas têm a maior percepção porque ouviram todas as contribuições até o momento.
- Quem são os membros influentes do grupo? Por que isso acontece? Eles são influentes como resultado de seu conhecimento do assunto ou por outras razões? Quais são elas?
- Que estilos influentes são usados dentro do grupo? Quais são aceitos ou rejeitados por outros membros do grupo?
- Alguém está atualizando os fatos e resumindo a situação até o momento?
- Alguém está garantindo que todos os dados relevantes, sejam fatos, opiniões ou soluções alternativas, estão sendo coletados?
- Alguém está garantindo que a técnica de solução de problemas sendo utilizada é adequada para a tarefa?
- As pessoas continuam pulando de um assunto para outro, impedindo, assim, que o grupo avance no caminho escolhido?
- Os "ambientes" físicos ou virtuais estão tendo um efeito positivo, negativo ou neutro?
- Os membros do grupo se sentem capazes de contribuir sem medo de parecerem tolos ou ignorados?
- Qual é a contribuição do líder para a atmosfera no grupo?
- Estão se formando subgrupos? Os subgrupos estão ajudando ou atrapalhando o grupo como um todo?
- Existe uma elite dentro do grupo?

Praticando a Solução de Problemas

Ao se familiarizar com o DMAIC, é possível descobrir que ele se torna uma resposta instintiva e integrada à solução de problemas que você usa frequentemente.

Onde o DMAIC é usado para apoiar a resolução de problemas cotidianos, o método A3, pioneiro na Toyota, fornece um formato útil. Taiichi Ohno (líder da Toyota e pai fundador do Sistema Toyota de Produção) era conhecido por insistir em relatórios que não tivessem mais de uma página. A abordagem A3 tem o nome da folha de papel utilizada para trabalhar no processo de solução de problemas e registrar cada etapa. Um exemplo A3 é mostrado na Figura 17-2.

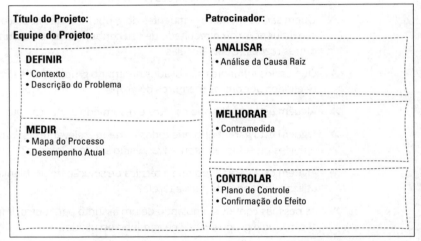

FIGURA 17-2: Exemplo de A3.

Seguir os passos da solução de problemas de forma lógica nesse formato sustenta uma abordagem completa, eficaz e consistente. As saídas A3 podem ser compartilhadas facilmente, fornecendo um registro das melhorias feitas, que são algo de que se orgulhar.

> **NESTE CAPÍTULO**
>
> » Indo da melhoria de processo para a gestão de processo "cotidiana"
>
> » Usando o kit de ferramentas do Lean Six Sigma no dia a dia
>
> » Incorporando a Melhoria Contínua no DNA da organização

Capítulo **18**

Garantindo a Excelência Operacional

A fase Controlar de um projeto Lean Six Sigma DMAIC trata de implementar e incorporar a(s) solução(ões) a fim de perceber os benefícios da melhoria. Isso move o foco da melhoria do processo para o gerenciamento do processo ou o "trabalho cotidiano".

A entrega do processo melhorado a um "dono" adequado na organização é uma atividade importante da fase Controlar. Esse indivíduo será agora responsável por seu desempenho. Este capítulo aborda como os processos são gerenciados após a entrega para garantir que continuem a atender às exigências dos clientes.

É importante lembrar que o Lean Six Sigma não se resume apenas a projetos DMAIC e DMADV. Os princípios, os conceitos e as ferramentas também fornecem uma estrutura para que a excelência operacional se torne uma realidade na vida cotidiana. Você também pode aplicar o que está neste capítulo à gestão diária, visando a "excelência operacional no dia a dia".

Padronizando o Processo

No Capítulo 13, examinamos como a padronização forma a base do Sistema Toyota de Produção e possibilita a aplicação dos outros aspectos do Lean que estão incluídos.

Quando a melhor maneira de operar o processo tiver sido identificada, faz sentido que outras pessoas o sigam. Caso contrário, não se conseguirá o pleno potencial e os benefícios das mudanças que foram feitas. O guru da Gestão de Qualidade Masaaki Imai resumiu isso muito bem:

> Onde não há um padrão, não pode haver melhorias. Por isso, os padrões são a base da manutenção e da melhoria.

A fim de padronizar o processo, você precisará implementá-lo totalmente onde quer que esteja sendo realizado. As etapas do processo precisarão ser claramente captadas no formato adequado para que todos possam entender o que e como fazer (veja o Capítulo 5 para saber mais sobre o mapeamento do processo). E todos com responsabilidade pela operação do processo precisarão ser informados e treinados. Voltando ao Gemba (também no Capítulo 5), será possível ter uma ideia de como o padrão está sendo aplicado, e os dados obtidos pela medição dos aspectos-chave do processo destacarão seu bom desempenho.

Aperfeiçoando a entrega do processo

Estabelecer a *quem* será entregue o processo melhorado é claramente uma consideração importante! Sua organização pode não usar o termo "Dono do Processo", mas aqui estamos falando de entregar o processo melhorado ao indivíduo que será responsável pelo desempenho dele dali em diante. (George Eckes se refere a eles como "indivíduos que experimentam a maior dor ou o maior ganho no processo".) Essa pessoa pode ter sido quem patrocinou seu projeto Lean Six Sigma.

Os itens a serem entregues incluirão o processo documentado e informações sobre quais aspectos do novo processo serão medidos, além de quando e como as medidas serão tomadas. O Quadro de Gerenciamento do Processo fornece um formato eficaz para essas informações.

DICA

Ao longo do projeto DMAIC, você provavelmente encontrará oportunidades adicionais de melhoria com relação ao processo em que vem trabalhando. Documente-as e entregue-as ao dono do processo para que não se percam. Elas podem se tornar futuros projetos de melhoria de processos.

Preenchendo o Quadro de Gerenciamento do Processo

O Quadro de Gerenciamento do Processo, mostrado na Figura 18-1, reúne as informações-chave necessárias para gerenciar o processo, inclusive:

» Mapa do processo.

» Monitores e medidas que serão utilizados para acompanhar se o processo está dando certo.

» Ações corretivas que serão tomadas se os aspectos do desempenho que estão sendo monitorados diferirem do objetivo.

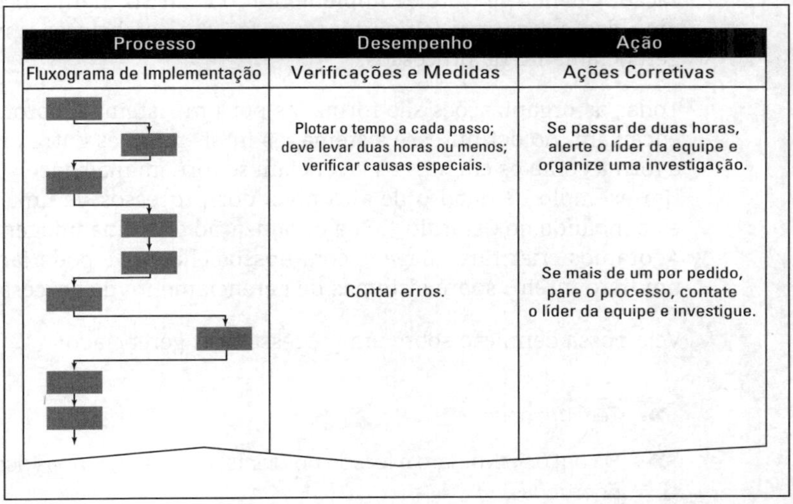

Processo	Desempenho	Ação
Fluxograma de Implementação	Verificações e Medidas	Ações Corretivas
	Plotar o tempo a cada passo; deve levar duas horas ou menos; verificar causas especiais.	Se passar de duas horas, alerte o líder da equipe e organize uma investigação.
	Contar erros.	Se mais de um por pedido, pare o processo, contate o líder da equipe e investigue.

FIGURA 18-1: O Quadro de Gerenciamento do Processo inclui informações essenciais de processo.

© Martin Brenig-Jones e Jo Dowdall

O Quadro de Gerenciamento do Processo também pode mostrar o seguinte:

» Quem desempenha os passos do processo.

» Onde podem ser encontradas instruções mais detalhadas sobre o trabalho.

» Quais medidas estão sendo e serão tomadas.

» Quem tomará a medida.

» Quem tomará as ações com base nos dados.

DICA

Você não precisa esperar por um projeto de melhoria do processo para começar a fazer uso de um Quadro de Gerenciamento do Processo. Por que não criar um para os processos que está gerenciando, de modo que todos os processos-chave colaterais possam ser reunidos em um só lugar?

Tornando a Excelência Operacional Diária uma Realidade

O uso do Lean Six Sigma para melhorar os processos empresariais é claramente benéfico. Você pode garantir que as exigências dos clientes quanto ao processo sejam totalmente compreendidas e que seu processo seja projetado para atendê-las. Mas e os outros processos em sua organização? Quando se trata de implementar o Lean Six Sigma na organização, uma das coisas mais importantes a fazer é estabelecer um sistema de gerenciamento de processos.

Todas as organizações são formadas por um sistema de processos que se encaixam. Ao definir esse sistema, as inter-relações entre os processos e a forma como os clientes os vivenciam se tornam mais fáceis de entender. Um exemplo de quadro de alto nível dos processos de uma organização está incluído no Capítulo 3. Sua organização tem uma imagem como essa? Adoramos criar tais imagens com nossos clientes e poderíamos escrever um livro inteiro sobre sistemas de gerenciamento de processos!

Veja nossa definição sobre um processo bem gerenciado:

» Tem um dono.

» Há um objetivo claro e focado no cliente, com as exigências dos clientes priorizadas.

» O processo foi documentado.

» Há um equilíbrio de medidas de entradas, processo e saídas.

» Está em controle estatístico ou há um plano de melhoria em aplicação para isso.

» Atende aos CTQs ou há um plano de melhoria em aplicação para isso.

» É à prova de erros.

» Há um plano de respostas.

Imagine se todos os processos de sua organização fossem gerenciados assim. Excelente!

Adotando o Trabalho Padrão do Líder

A Excelência Operacional Diária vai além do que os operadores de processo fazem, e também do que os supervisores, gerentes e líderes fazem. *Trabalho Padrão do Líder* é um conceito comum nas organizações que abraçaram as formas Lean de trabalho.

O Trabalho Padrão do Líder assegura que as tarefas essenciais para a liderança e a gestão sejam realizadas de forma consistente. Vimos que a padronização forma a base para a manutenção e a melhoria, e o mesmo se aplica aqui. Quando os líderes aplicam o Trabalho Padrão do Líder, uma cultura de melhoria contínua é impulsionada e sua importância é demonstrada desde o topo da organização.

O Trabalho Padrão do Líder pode ser realizado por membros da equipe de liderança sênior, gerentes e supervisores. As atividades são consistentes, mas as áreas de foco serão, naturalmente, diferentes. Entretanto, deve haver um alinhamento entre os processos e as tarefas realizados em todos os níveis e os processos, os objetivos e as metas estabelecidos na estratégia da organização, para que fique claro como os resultados de cada processo contribuem para o sucesso geral da organização.

As tarefas padronizadas normalmente incluem (mas não estão limitadas a) o seguinte:

» **Caminhadas no Gemba:** Líderes (além de gerentes e supervisores) são encorajados a ir ao Gemba com frequência e regularidade para observar os processos, conversar com as pessoas, ouvi-las e apoiar a solução de problemas. Essas visitas não devem ser confundidas com auditorias ou "inspeções", pois oferecem oportunidades para reforçar a cultura de melhoria contínua, reconhecer as boas práticas e oferecer orientação.

» **Revisão diária:** A aplicação do Trabalho Padrão do Líder envolve trabalhar em uma rotina e estabelecer uma cadência para as atividades de gerenciamento. Reuniões diárias fazem parte disso, e também haverá uma sequência de reuniões semanais e mensais. As reuniões diárias são realizadas no início do dia ou de um turno, às vezes chamadas de "agrupamentos" ou "scrums diários", embora já tenhamos ouvido muitas outras coisas, incluindo "orações matinais" e reuniões "apto para voar". As reuniões não devem durar mais do que quinze minutos e devem seguir uma agenda estruturada. Membros da equipe de liderança sênior, gerentes e supervisores devem interagir com suas equipes para realizar essas reuniões. As métricas de desempenho a serem discutidas serão diferentes, mas a estrutura da reunião será a mesma. As reuniões devem ser feitas em frente a painéis de desempenho, pessoalmente ou de modo virtual. A ordem do dia pode tratar dos itens descritos a seguir. São os mesmos itens da agenda que os profissionais Ágeis usam para estruturar suas reuniões diárias de scrum (como discutimos no Capítulo 16).

- O que foi feito ontem.
- O que faremos hoje.
- Problemas, requisitos incomuns ou obstáculos a serem resolvidos.

» **Mentoria:** Sistemas de mentoria devem estar em funcionamento para apoiar a aprendizagem e o desenvolvimento, com foco nos comportamentos que sustentam a Melhoria Contínua, pois há mais para o Trabalho Padrão do Líder do que tarefas e ferramentas.

Um modelo utilizado para apoiar o Trabalho Padrão do Líder é fornecido na Figura 18-2. Esse modelo é usado para estruturar as atividades de liderança e gerenciamento para garantir que os aspectos essenciais estejam sendo tratados. Note que ele inclui a localização e as pessoas que estarão envolvidas. As revisões não serão realizadas em uma sala de reunião após uma revisão de alguns dados ou informações gerenciais; elas serão feitas onde o trabalho ocorre e com as pessoas que fazem o trabalho.

FIGURA 18-2: Um modelo para ajudar o Trabalho Padrão do Líder.

Práticas Padrão de Liderança									
Cargo:				Dept:			Data:		
Área de Foco	Local	Revisão de...	Com...	Para Garantir...	Indicador/Prova de Revisão	Frequência		
						Mens.	Sem.	Diária

© Martin Brenig-Jones e Jo Dowdall

DICA

A aplicação contínua da Excelência Operacional Diária também serve para introduzir e inspirar uma linguagem comum dos princípios, dos conceitos e das ferramentas do Lean Six Sigma. Por sua vez, essa abordagem ajuda a identificação contínua de oportunidades de melhoria que podem ser acionadas tanto pelos gerentes e suas equipes quanto por projetos DMAIC ou DMADV mais formais.

Engajando a equipe

Ter e gerenciar o processo é parte da mudança de pensamento e comportamento que é um ingrediente essencial na transformação da organização. As pessoas no processo, entretanto, também precisam se sentir e ser capazes de desafiar e melhorar o processo e a maneira como trabalham. Para que isso aconteça, elas precisam se sentir engajadas e capacitadas.

Ao ter e trabalhar no processo, é preciso garantir que ele seja realmente *gerenciado* — que você esteja realmente trabalhando no processo com as pessoas que estão nele. Para que sua equipe se sinta engajada, você precisa envolvê-las ativamente no briefing diário da equipe. Chegar a um acordo sobre a propriedade de diferentes atividades ou elementos no quadro de atividades (veja o Capítulo 13) é uma maneira de ajudar a aumentar o senso de participação das pessoas.

As pessoas no processo precisam se sentir capacitadas; elas precisam ser parte integrante da jornada que a organização está empreendendo. Assim, o gerente deve trabalhar no processo com as pessoas que estão nele para encontrar maneiras de melhorá-lo continuamente.

O empoderamento claramente não é uma ideia nova; de fato, a edição de 1620 do *Dicionário Oxford de Língua Inglesa* define-o como "habilitar".

Nossa abordagem ao empoderamento centra-se nos seguintes elementos vitais sob a perspectiva do membro da equipe:

» Eles se sentem competentes. Estão aprendendo com a experiência e ganhando novas competências e habilidades à medida que seu potencial é desenvolvido.

» Eles podem ver como as atividades de sua equipe se relacionam com os objetivos da organização. Eles entendem que são parte integrante de um esforço maior.

» Eles gostam de seu trabalho e se divertem — como todos deveriam!

Com esses ingredientes no lugar, uma equipe individual e a organização como um todo aumentam significativamente suas chances de sucesso.

LEMBRE-SE

Para liderar e gerenciar uma equipe forte e eficiente, você precisa:

» Desenvolver pessoas

- Oriente e treine pessoas durante novas tarefas.
- Ajude as pessoas a desenvolver suas habilidades.

» Criar confiança

- Promova uma atmosfera de cooperação.
- Confie que as pessoas farão um trabalho eficaz.

» Promover autonomia

- Encoraje as pessoas a tomarem a iniciativa.
- Ofereça orientação e apoio adequados quando necessário.

CAPÍTULO 18 **Garantindo a Excelência Operacional** 283

» Encorajar a abertura

- Perdoe os erros cometidos por outros.
- Admita seus próprios erros.

» Reconhecer realizações

- Celebre os sucessos.
- Premie as pessoas pelas inovações.

» Moldar a direção

- Ofereça uma visão do futuro.
- Combata atividades controversas.

» Demonstrar objetividade

- Use fatos na tomada de decisões.
- Responda aos fatos e não a dados infundados.

Há uma forte correlação entre satisfação dos funcionários e satisfação do cliente.

Usando a metodologia certa

A Excelência Operacional Diária envolve a criação de uma situação em que "é assim que fazemos as coisas por aqui", e todos sabem disso. Os projetos certos são identificados, priorizados e acionados com a metodologia correta. Nem todo projeto precisará usar as estruturas DMAIC ou DMADV.

Na verdade, o foco de um projeto pode não ser necessário; talvez pequenos ajustes em um processo sejam suficientes. Os elementos de um processo gerenciado estão no lugar para que as atividades diárias sejam realizadas sem problemas, utilizando os princípios, os conceitos, as ferramentas e as técnicas do Lean Six Sigma. As pessoas que trabalham no processo sentem que são ouvidas e são capazes de desafiar e ajudar a melhorar as coisas.

Criando uma cultura de Melhoria Contínua

Para que a Excelência Operacional Diária seja uma realidade, os gerentes precisam trabalhar no processo, e o pessoal deve se sentir engajado e capacitado. Esses fatores ajudam a colocar os princípios e os conceitos do Lean Six Sigma no DNA da organização.

Mas a Excelência Operacional Diária envolve mais do que isso, é claro. Para iniciar uma transformação cultural, você precisa considerar quais atitudes devem ser mudadas e até que ponto o gerente ou o funcionário médio precisa mudar seu ponto de vista. Talvez seja necessário mudar determinadas políticas, o que pode ter implicações no recrutamento, na avaliação, na promoção ou nas estruturas de pagamento e recompensa.

LEMBRE-SE

Mais significativamente, líderes e gerentes devem entender completamente o que a organização faz, viver sua filosofia e ensiná-la aos outros. Eles precisam apoiar as pessoas e o trabalho que realizam e assumir a responsabilidade pelos processos que operam. E devem demonstrar uma genuína paixão pelo Lean Six Sigma, por seus princípios e pensamentos subjacentes.

Entendendo a Cultura Organizacional

Definir o conceito de "cultura" nas organizações é difícil, mas a maioria das pessoas tem uma ideia do que o termo significa em sua própria organização. Elas conhecem as "regras não escritas" de sua organização e podem descrever "a maneira como as coisas são feitas por aqui" muito mais claramente do que um livro de regras escrito ou um conjunto de políticas documentadas.

No centro da maioria das organizações está um conjunto de valores e crenças que permeia tudo e dita mais fortemente do que qualquer modinha de gestão o que as pessoas *acreditam* que deve ser feito e *como* deve ser feito. Tais crenças duradouras criam atitudes e comportamentos que poderão minar seu projeto Lean Six Sigma se as pessoas considerarem que seu projeto as ameaça.

Ao lado da mudança formal declarada (o plano), outro processo está acontecendo — muitas vezes escondido nas sombras, mas ainda tendo um impacto poderoso. Os melhores praticantes do Lean Six Sigma reconhecem as regras culturais ocultas e não escritas e gerenciam a mudança no processo cultural com tanto entusiasmo quanto gerenciam o processo de trabalho que está sendo melhorado.

Muitas iniciativas de mudança fracassam porque seus proponentes não têm consciência suficiente dos fatores culturais envolvidos. Por esse motivo, muitas fusões e aquisições falham em alcançar os ganhos prometidos. A cultura é complexa, poderosa e baseada em eventos do passado. Em qualquer organização, rituais, histórias, mitos, heróis e vilões desempenham papéis importantes. Gerry Johnson, da Universidade de Cranfield, no Reino Unido, desenvolveu a ideia de uma *teia cultural*, mostrada na Figura 18-3.

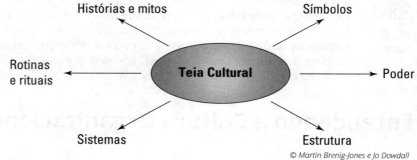

FIGURA 18-3: A teia cultural é essencialmente "como fazemos as coisas por aqui".

© Martin Brenig-Jones e Jo Dowdall

DICA

As histórias que contamos têm um impacto sobre a cultura de uma organização. Crie algumas histórias de sucesso sobre o Lean Six Sigma, compartilhe-as e incentive os outros a fazerem o mesmo.

> **NESTE CAPÍTULO**
> » Entendendo os papéis e as responsabilidades envolvidas na aplicação do Lean Six Sigma
> » Selecionando projetos apropriados
> » Usando o Lean Six Sigma para sustentar a implementação de estratégia

Capítulo 19
Liderando a Implementação com os Projetos Certos

Este capítulo trata sobre liderar a implementação do Lean Six Sigma na organização. A chave para fazer isso com sucesso é o envolvimento ativo de líderes e gerentes, que devem ser vistos liderando e apoiando a abordagem. No entanto, a liderança não vem apenas do topo. Neste capítulo, analisamos as diferentes funções necessárias para criar um programa eficaz de implementação. A seleção dos projetos certos também é fundamental. Mais adiante no capítulo, analisamos o que torna adequado um projeto DMAIC e como priorizar as oportunidades.

Considerando os Fatores Fundamentais para uma Implementação de Sucesso

A implementação de sucesso envolve:

» **Fazer o trabalho certo:** Assegure-se de que os projetos estejam focados nas questões corretas e ligados aos seus objetivos empresariais.

» **Fazer bem o trabalho:** Execute seus projetos eficazmente, utilizando pessoas qualificadas, ferramentas e métodos Lean Six Sigma corretos, aplicando técnicas sólidas de gerenciamento e garantindo uma governança rigorosa por meio de patrocínios comprometidos, revisões de projetos e revisões de validações.

» **Criar o ambiente certo:** O Lean Six Sigma floresce naturalmente ao trabalhar em determinados ambientes. Criar o ambiente certo relaciona-se com liderança, reconhecimento, treinamento e incentivo às pessoas para fazer as coisas certas de forma eficaz e assegurar que o trabalho da equipe seja apoiado.

A Figura 19-1 é uma ilustração simples de um modelo de implementação de sucesso:

- Fazer o trabalho certo
  - Alinhamento estratégico
  - Seleção de projeto
  - Gestão baseada em fatos

- Fazer bem o trabalho
  - Ferramentas e técnicas Lean Six Sigma
  - Gerenciamento de programa
  - Gerenciamento de projeto
  - Gerenciamento de processo

- Criar o ambiente certo
  - Comportamento de liderança
  - Patrocínio efetivo
  - Mentoria e orientação
  - Trabalho em equipe eficaz
  - Recursos

FIGURA 19-1: Implementação de sucesso.

© Martin Brenig-Jones e Jo Dowdall

Entendendo o Patrocínio Executivo

Idealmente, o patrocinador executivo do Lean Six Sigma é a pessoa mais sênior da organização, com interesse real em vê-lo se tornar mais do que simplesmente uma iniciativa de "qualidade". De fato, a razão pela qual a abordagem tem continuado a ganhar o apoio dos executivos seniores é porque ela cria benefícios empresariais tangíveis por meio de melhorias e mudanças.

O papel do patrocinador executivo não deve ser confundido com o papel de um patrocinador de projeto. O papel do patrocinador executivo é fornecer direção estratégica e apoio para o programa geral de implementação. Os patrocinadores executivos efetivos também reconhecem que o Lean Six Sigma é fundamental para seu próprio sucesso.

Um patrocinador executivo realmente apaixonado pelo Lean Six Sigma não deve subestimar o efeito motivacional que pode ter sobre aqueles envolvidos na implementação da abordagem. Veja uma lista rápida das coisas que um patrocinador executivo deve fazer:

- Fornecer o impulso e a direção estratégica para o programa.
- Articular uma visão clara de como vê o futuro e por que a abordagem é tão importante.
- Nomear alguém para gerenciar a implementação (um gerente de implementação de programa).
- Fornecer o orçamento e os recursos para as equipes, conforme necessário.
- Chegar a um acordo sobre o escopo do programa.
- Criar espaço na agenda de reuniões da equipe de liderança para analisar o progresso e se manter informado, envolvendo-se.
- Espalhar a mensagem pessoalmente por meio de diversos canais de comunicação e também por seu comportamento e ações.
- Participar de "divulgações" e eventos de reconhecimento, como, por exemplo, em cerimônias de certificação e premiação. O reconhecimento é realmente o segredo do sucesso.
- Agir como um modelo a ser seguido — e não sair dos trilhos.

É necessário o envolvimento ativo, não a aquiescência passiva. Como os patrocinadores executivos compreendem mais sobre os princípios, as ferramentas e as técnicas do Lean Six Sigma, serão identificadas algumas grandes oportunidades para sua aplicação em seu próprio escritório e nos processos de liderança e gerenciamento da organização.

Aqui estão quatro técnicas simples do Lean Six Sigma que podem ser incentivadas e aplicadas diretamente pela equipe executiva sênior:

- **Evitar chegar a conclusões precipitadas.** Quando há problemas empresariais desafiadores e complexos, há uma tendência de adotar soluções precipitadas ou esperar que a equipe o faça? "Gerenciar com base em fatos" significa estar informado pelos dados. Obviamente, se a solução estiver realmente clara, não se contenha, mas com muita frequência vemos situações em que decisões rápidas são tomadas em nível sênior apenas para serem lamentadas mais tarde, a um custo significativo para a organização.

» **Cuidado com a média.** Entenda o perigo de ver apenas médias sendo relatadas e a ilusão que isso passa de que as metas estão sendo atingidas. Os gráficos de controle e outros métodos visuais (descritos no Capítulo 8) fornecem uma maneira de entender o desempenho dos processos ou dos fluxos de valor. Eles permitem determinar quando agir e quando não agir.

» **Encorajar o uso da gestão visual.** Como descrito no Capítulo 13, a simplificação dos relatórios regulares pelo uso de técnicas de gestão visual pode proporcionar grandes oportunidades para o gerenciamento sênior. A abordagem ajuda todos a verem claramente o que está acontecendo.

» **Avaliar um dos processos gerenciais que apoiam a equipe executiva sênior.** Por exemplo, avalie o processo de relatórios mensais realizando uma análise de valor agregado. Em uma organização com a qual trabalhamos, foi produzido um relatório de progresso mensal de setenta páginas, mas a maior parte do conteúdo nunca foi lido, portanto, um relatório resumido provou ser muito mais útil e utilizável.

DICA

Se ainda não garantiu o compromisso da equipe superior, você poderia considerar a execução de alguns projetos-piloto para que possa demonstrar os resultados e o potencial. Você pode até mesmo encontrar um convertido, e, como sabemos, os convertidos podem se tornar os mais apaixonados dos defensores.

Considerando Tamanho e Setor

Muito frequentemente em eventos e cursos de treinamento, somos abordados por alguém dizendo que aprecia a ideia do Lean Six Sigma, mas que acha que não se aplicará à sua organização, pois "não é de manufatura" ou que sua organização é muito grande ou muito pequena para isso. Nossa resposta é sempre a de que os princípios e as ferramentas do Lean Six Sigma são universais. Leia tudo sobre eles no Capítulo 2 para provar isso.

Não importa o tamanho ou o setor de sua organização, ela será formada por um sistema de processos. E onde há processos, há oportunidades para melhorá-los. Os processos podem não estar documentados, nem mesmo definidos muito claramente, mas as atividades estão sendo realizadas, e o Lean Six Sigma pode ajudar a dominá-los, gerenciá-los e melhorá-los, tornando-os excelentes.

Os processos também terão clientes. Algumas organizações podem não se referir a eles como tais, mas haverá pessoas na ponta recebedora de seus processos. Pense nos clientes como aqueles que recebem os resultados de seu processo. Um SIPOC poderá ajudá-lo a definir isso claramente (veja detalhes no Capítulo 3). Esses clientes estão recebendo o que querem dos processos? Você realmente sabe o que eles querem? O Lean Six Sigma pode ajudá-lo a ter certeza disso.

A Figura 19-2 mostra como você pode iniciar uma jornada Lean Six Sigma utilizando um conjunto de ferramentas bem básico. À medida que sua maturidade de Melhoria Contínua se desenvolve, o desempenho do processo melhora. Primeiro você domina os processos empresariais e depois os aprimora utilizando as ferramentas mais avançadas do conjunto de ferramentas Lean Six Sigma à medida que acumula experiência e conhecimento.

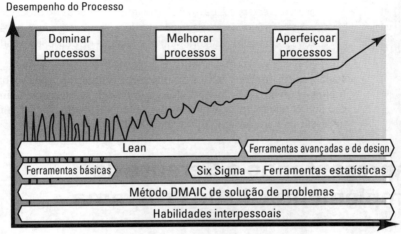

FIGURA 19-2: Aplicando o Lean Six Sigma aos processos.

Qualquer pessoa com um papel de liderança pode começar a aplicar os princípios do Lean Six Sigma em sua organização, não importa o tamanho. No entanto, ela não conseguirá fazer isso totalmente sozinha. O gerente do programa de implementação também é essencial para que o Lean Six Sigma aconteça. O papel dos gerentes também é crucial.

Reconhecendo o Importante Papel dos Gerentes

Os gerentes desempenham um papel significativo no Lean Six Sigma, mas com frequência são negligenciados. Eles são às vezes chamados de "a carne no sanduíche", o que significa que estão apoiando os líderes a cumprir os objetivos da organização e gerenciando e motivando os membros da equipe. Eles têm a responsabilidade de gerenciar pessoas e processos, e ambos são aspectos cruciais da abordagem Lean Six Sigma.

» **No aspecto das pessoas,** eles administram a(s) equipe(s) de pessoas que executam processos comerciais; defendem e modelam as formas de trabalho da organização (por exemplo, seus valores ou seu programa 5S etc.); recrutam, treinam e apoiam os membros da equipe; comunicam as metas organizacionais à equipe e ao departamento; avaliam e dão feedback aos membros da equipe sobre o desempenho; envolvem os gerentes e os líderes em toda a organização; fornecem recursos humanos para atividades de melhoria de processos.

» **No aspecto dos processos,** eles relatam o desempenho do processo; são responsáveis por assegurar que a documentação e os materiais do processo estejam atualizados; apoiam as melhorias do processo; são o primeiro ponto de escalada para as decisões; identificam a necessidade de ações corretivas; asseguram que os padrões de qualidade sejam cumpridos.

Todas essas funções são absolutamente vitais "quando o bicho pega". Inclua e considere as funções dos gerentes em seu esforço de implementação do Lean Six Sigma, equipando-os com as informações e as ferramentas necessárias para desempenhar seu papel.

Apresentando o Gerente de Implementação do Programa

Os gerentes de implementação do programa fazem exatamente isso: eles gerenciam a implementação do Lean Six Sigma na organização, trabalhando em estreita colaboração com o patrocinador executivo e a equipe de liderança. Eles devem ser membros respeitados da equipe que *queiram* assumir o papel. O gerente ideal de implementação do programa tem as seguintes características:

» Prático.

» Tem e usa contatos.

» Investigador de recursos.

» Planejador.

» Trabalha em equipe.

» Encontra tempo.

» Motivado.

» Bom comunicador.

» Tem mente aberta.

- Curioso.
- Tem mentalidade de melhoria contínua.

Poderíamos incluir bom humor, carisma, dinamismo, mágico, milagreiro e muitas outras características, mas sejamos realistas! O crucial é que o gerente de implementação do programa seja capaz não só de colocar as coisas em funcionamento, mas também de trabalhar bem com pessoas em todos os níveis.

É possível iniciar um programa Lean Six Sigma sem ter um especialista em Lean Six Sigma já alocado. Se houver alguém com as características listadas, ele terá o potencial de aprender sobre o Lean Six Sigma à medida que o programa avança. Você não precisa trazer alguém de fora para começar.

Procure um equilíbrio entre as habilidades técnicas (hard skills) e pessoais (gestão de mudanças). Mesmo os melhores Black Belts ou Master Black Belts (descritos no Capítulo 2) devem ser capazes de oferecer tal equilíbrio.

O gerente de implementação do programa Lean Six Sigma coloca as coisas em funcionamento ao:

- Organizar o treinamento para executivos seniores no estilo workshop.
- Selecionar e trabalhar com um fornecedor adequado de treinamento/orientação.
- Facilitar o início do programa por meio de uma série inicial de projetos de melhoria.
- Garantir que o progresso seja monitorado e os projetos iniciais permaneçam no caminho certo e tragam benefícios tangíveis.
- Estabelecer a governança (no grau apropriado).
- Assegurar que a mensagem seja difundida através de diferentes canais em toda a organização.
- Alocar recursos internos para apoiar o programa.
- Organizar e conduzir um grupo de diretores campeões seniores de implementação de toda a organização.
- Garantir que a participação dos funcionários seja devidamente reconhecida, bem como os sucessos do projeto.
- Compartilhar as melhores práticas à medida que se desenvolvem em toda a organização.

Claramente, não há panaceia. Nosso esforço é para ressaltar que o Lean Six Sigma pode impulsionar melhorias em organizações de todos os tamanhos e formatos, em todos os setores. Portanto, adapte o papel do gerente de implementação do programa à sua própria situação.

Em organizações muito pequenas, as funções de patrocinador executivo sênior e gerente de implementação do programa podem ser combinadas (liderança e gerenciamento), mas se puder trabalhar em dupla, será muito melhor.

Iniciando Seu Programa Lean Six Sigma

Vale muito a pena investir tempo no início das operações. O modo como lança o programa Lean Six Sigma afetará seu sucesso.

É claro que você pode estar lendo este livro antes mesmo de ter lançado a ideia de executar um programa Lean Six Sigma com a equipe. Como um primeiro passo, portanto, talvez precise pensar em como ganhará apoio, especialmente se as pessoas tiveram experiências negativas com outras iniciativas no passado. Para que seu programa tenha sucesso, você precisa introduzi-lo gradualmente, em etapas.

Considere visitar organizações que introduziram com sucesso esse tipo de abordagem. Mas tenha em mente que levou décadas para que organizações como a Toyota ou a Ricoh incorporassem essa cultura em suas organizações, e elas serão as primeiras a dizer que ainda têm muito mais a fazer. Você verá que onde existe uma genuína cultura de Melhoria Contínua, a abordagem está tão profundamente enraizada nos valores e nos princípios, que permeia tudo o que é feito. Os princípios são mais importantes que as ferramentas, e nas organizações de melhores práticas, eles se refletem nos comportamentos da equipe de liderança.

Você pode considerar começar com o envolvimento da equipe de liderança em uma série de eventos de "pontapé inicial" que combinam elementos de treinamento, cobrindo os fundamentos do Lean Six Sigma, com a melhor forma de aplicá-lo na organização com uma série de iniciativas direcionadas de melhoria. Mais importante ainda, essas sessões precisam destacar o papel da equipe sênior e como seus membros afetarão o sucesso do programa Lean Six Sigma em toda a organização.

Você precisa selecionar os processos que podem ser melhorados pela abordagem Lean Six Sigma. Um impacto positivo no início facilitará o caminho para integrar a abordagem em toda a organização.

Para garantir o sucesso de sua inicialização Lean Six Sigma, você precisa:

» Aumentar a conscientização e envolver os executivos seniores.

- Identificar defensores e campeões.
- Desenvolver uma rede de contatos em toda a organização.
- Desenvolver expertise.
- Implementar ferramentas e técnicas Lean Six Sigma por meio de projetos relevantes e bem definidos.
- Apoiar a adoção/implementação na unidade de negócios.
- Incentivar o uso diário das ferramentas Lean Six Sigma.
- Estabelecer e monitorar medidas de sucesso, que pode incluir coisas como um pipeline saudável de projetos candidatos, benefícios do projeto, envolvimento, engajamento e certificações.
- Gerar, comunicar e celebrar os sucessos.

Entendendo o que Fazem os Patrocinadores

Analisamos como a liderança e a gestão são necessárias no nível geral de *implementação* e o patrocínio que é necessário no nível do programa. No nível do *projeto*, toda iniciativa de melhoria também deve ter um patrocinador (ou "campeão") que esteja preparado para dedicar o tempo e o apoio necessários para ajudar a equipe do projeto a superar quaisquer bloqueios em sua jornada.

O patrocinador do projeto está envolvido na seleção do projeto e dos membros da equipe. À medida que o projeto avança, ele apoia o projeto ao:

- Fornecer direção estratégica para a equipe.
- Desenvolver o termo de melhorias (veja o Capítulo 2), assegurando que o escopo do projeto seja apropriado e não muito grande.
- Manter-se informado sobre o progresso do projeto e ter um envolvimento ativo em suas revisões.
- Fornecer recursos financeiros e de outros tipos para a equipe do projeto.
- Ajudar a garantir que os benefícios empresariais sejam percebidos na prática.
- Estar preparado para interromper um projeto, se necessário.
- Ajudar a conseguir a adesão ao projeto em toda a organização.
- Garantir recompensa e reconhecimento apropriados para a equipe do projeto, à luz de seu sucesso.

» Atuar como a "Voz da Empresa" para manter o líder (ou "belt") do projeto informado das mudanças que possam ter impacto no projeto.

Conduzindo a Implementação da Estratégia com Lean Six Sigma

Nos últimos anos, mais organizações reconheceram as vantagens de utilizar o Lean Six Sigma como um método para implementar estratégias em toda a empresa. O desdobramento da estratégia é agora visto como uma área de desenvolvimento tão importante, que é abordada em nosso livro *Lean Six Sigma Transformation For Dummies* (sem publicação no Brasil). Em poucas palavras, o desdobramento de estratégias analisa como as organizações podem desenvolver seu uso do Lean Six Sigma para instigar melhorias operacionais que criam uma abordagem mais global em toda a organização para impulsionar a mudança e transformar a estratégia em ação de forma coordenada e focada.

Os remadores olímpicos sabem muito bem que, a menos que os membros da equipe remem em sincronia e na mesma direção, eles nunca conseguirão o ouro. As organizações não são diferentes, e muitas vezes vemos que, embora todos estejam trabalhando arduamente, nem todos estão focados em trabalhar nas coisas certas. Colocar todos trabalhando de forma alinhada é algo que levará tempo e esforço e exige uma direção clara do topo.

DICA

Lembre-se de que uma montanha é composta por pequenos grãos de terra. Divida a estratégia em passos práticos de forma a garantir que o escopo das ações táticas seja acordado e claramente ligado aos objetivos e às metas estratégicas.

A implementação da estratégia é um assunto importante. Está fora do escopo deste livro, mas se desenvolve sobre as bases aqui estabelecidas. Por enquanto, vamos nos concentrar na aplicação do Lean Six Sigma para melhorar os processos operacionais e lançar um programa Lean Six Sigma do zero.

Gerando uma Lista de Possíveis Projetos de Melhoria

Você precisa escolher uma seleção de projetos para lançar seu programa Lean Six Sigma, mas por onde começar? Como demonstra a Figura 19-3, muitas oportunidades parecem estar disponíveis, e uma série de problemas e questões precisa ser resolvida!

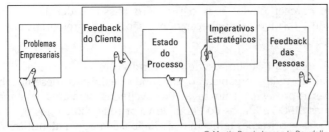

FIGURA 19-3:
Tantas opções disponíveis!

De fato, selecionar os projetos iniciais, junto com a escolha das pessoas certas para trabalhar neles, é uma forma prática de envolver a equipe de liderança desde o início em um programa Lean Six Sigma. Um workshop de seleção de projetos bem facilitado é uma maneira eficaz de dar o pontapé inicial. Ele faz com que a equipe sênior trabalhe em coisas que realmente lhes interessa, colocando em prática algumas das ferramentas Lean Six Sigma (por exemplo, uma comparação em pares, conforme descrito no Capítulo 4).

Aconselhamos a realização de uma breve (digamos, duas a três horas) sessão de briefing algumas semanas antes do workshop de seleção de projetos para desmistificar o Lean Six Sigma e fazer com que todos considerem candidatos potenciais tanto em termos de processos quanto de pessoas. Dessa forma, todos terão tido a oportunidade de consultar suas próprias equipes, se necessário, e vir armados com sua lista de candidatos antes do workshop de seleção de projetos.

A Figura 19-4 descreve a seleção do projeto como um processo simples de três passos. Depois de ter uma longa lista de candidatos, é necessário avaliá-los e reduzir o número a uma pequena lista de projetos adequados à abordagem.

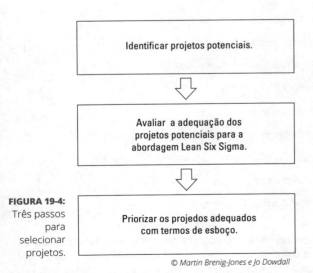

FIGURA 19-4:
Três passos para selecionar projetos.

CAPÍTULO 19 **Liderando a Implementação com os Projetos Certos**

Pode parecer óbvio, mas o primeiro passo é identificar seus processos de alto nível, reconhecer quem são os clientes e entender bem suas exigências.

Você pode realizar uma série de "verificações de integridade" do processo inicial em toda a organização, revisando medidas de desempenho e usando mapas de processo de alto nível. Provavelmente será uma combinação de diagramas SIPOC e Mapas do Fluxo de Valor (que abordamos nos Capítulos 3 e 5). Essas verificações também o ajudarão a começar a identificar desperdícios e atividades que não agregam valor. As oportunidades de melhoria podem já ser óbvias, mas talvez seja necessário coletar alguns dados para ajudar a quantificá-las e validá-las. As medidas típicas incluem aquelas para avaliar o tempo de atividade ou de unidade, tempo de ciclo ou lead time, taxas de erro e trabalho em andamento. Você também pode começar a usar gráficos de controle para entender os diferentes tipos de variação nos processos (como descrito no Capítulo 8), bem como analisar a capacidade do processo. Tais medidas o ajudarão a entender como está indo em relação às exigências do cliente, destacando gargalos e atrasos, e permitirão que se concentre em reduzir a atividade de retrabalho e colocar seus processos sob melhor controle.

Ao determinar qual problema resolver primeiro, é uma boa ideia começar de forma simples. Considere a possibilidade de realizar caminhadas em busca de desperdícios, de modo a identificar oportunidades de melhoria (veja detalhes no Capítulo 10). Outra técnica que funciona bem é que todos os membros da equipe considerem esta questão: "Quais são as dez coisas mais importantes que gostaríamos de corrigir na organização?" Provavelmente você já sabe quais problemas de processo precisam ser resolvidos, mas procure oportunidades pequenas para começar, em vez de abraçar mais do que pode dar conta. As atividades do processo que parecem estar maduras para melhorar podem apresentar os seguintes sintomas:

» Altos níveis das taxas de correção e de retrabalho.
» Longos tempos de processamento.
» Etapas demais, com as coisas indo e voltando.
» Atrasos excessivos entre as etapas.
» Verificações em demasia.
» Altos níveis de trabalho em progresso ou inventário.
» Processos em que não há uma forma padrão de realização.
» Entregas atrasadas para os clientes.
» Altos níveis de reclamações dos clientes.

Os projetos em potencial virão de muitas fontes diferentes. As abordagens top-down ou bottom-up são boas, mas à medida que você desenvolver mais a cultura de Melhoria Contínua, verá que outras ideias virão das pessoas que fazem o trabalho: os operadores do processo (veja a Figura 19-5). As ideias de Melhoria Contínua devem ser levadas a sério, avaliadas e colocadas em prática rapidamente. Muitas dessas sugestões podem ser tarefas "para já", mas algumas serão boas candidatas para a abordagem Lean Six Sigma.

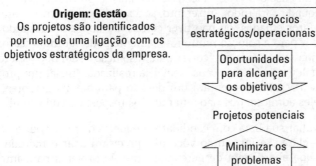

FIGURA 19-5: Identificando de onde vêm as sugestões.

© Martin Brenig-Jones e Jo Dowdall

CUIDADO

Você precisa equilibrar a estratégia e os planos de negócios com os problemas vistos nas operações diárias do processo. Gerar ideias de melhoria não será difícil, mas você não pode fazer tudo! Cada sugestão precisa ser avaliada para ver se é adequada para a abordagem Lean Six Sigma.

Decidindo Se o Lean Six Sigma É a Abordagem Certa

Ao iniciar um programa Lean Six Sigma, sugerimos que você se concentre inicialmente nas oportunidades de melhoria dos processos utilizando a abordagem DMAIC (Definir, Medir, Analisar, Melhorar e Controlar), em vez de fazer um grande redesenho dos processos ou o desenvolvimento de novos produtos utilizando o DfSS (Design for Six Sigma, que é analisado no Capítulo 14). Recomendamos ter alguma experiência básica na utilização do Lean Six Sigma para melhoria antes de utilizá-lo para o projeto. Construa sua base de conhecimento gradualmente e guarde as ferramentas mais avançadas para quando o programa Lean Six Sigma estiver bem estabelecido dentro de sua organização.

Lembre-se da regra de "não correr com soluções precipitadas". Não é fácil adotar uma abordagem mais ponderada se você e sua equipe estão condicionados a pular para a ação e se o progresso é medido pela atividade, em vez de encontrar a raiz dos problemas.

Em alguns casos, a solução *é* clara logo no início, e, se este for realmente o caso, não use o DMAIC. Apenas a coloque em prática! O Lean Six Sigma não é adequado para tudo. Entretanto, se a solução não estiver clara, se você não tiver fatos e dados, ou não tiver certeza do que está causando o problema, então ir para a solução muito rapidamente pode ser muito caro. Talvez você já tenha visto casos de "correr para a solução" sem que os fatos completos ou qualquer análise da causa real seja realizada. Iniciar um projeto Lean Six Sigma DMAIC representará um desafio para alguns gerentes, pois exigirá que eles admitam que não têm todas as respostas. Tudo bem!

Ao avaliar sua lista com candidatos de ideias de melhoria, pense se a solução é clara. Se for, então você não precisará usar o método DMAIC. Use uma boa abordagem de gerenciamento de projetos para implementar as mudanças necessárias.

DICA

Responder a estas três perguntas pode ajudar:

» Há uma lacuna entre o desempenho atual e o exigido?
» A causa do problema já foi compreendida?
» A solução já está aparente?

Se responder sim, não e não, talvez seja adequado usar o Lean Six Sigma DMAIC.

Priorizando projetos

É provável que sua equipe tenha apenas uma quantidade limitada de recursos a serem empregados na execução de projetos DMAIC de melhoria, portanto, é preciso ser seletivo.

Fazer um workshop de seleção de projetos (abordado anteriormente neste capítulo) com a equipe sênior é uma boa maneira de envolvê-la, e se você já tiver realizado uma sessão de conscientização executiva antes, haverá várias ideias de melhorias. Agora você precisa filtrá-las e concordar sobre seu primeiro conjunto de projetos de melhoria e quem vai liderá-los.

Se você tem muitas ideias, pode usar uma técnica simples de votação para reduzir sua longa lista a um número mais gerenciável antes de passar a usar uma abordagem mais detalhada baseada em critérios. Uma abordagem simples de votação é eficaz para uma redução na primeira rodada. Mas não jogue fora nada que esteja na lista, pois essas ideias podem ser adicionadas a um "funil" de projetos para consideração futura. Lembre-se de que essa não é uma tarefa única; você também estabelecerá um processo de seleção de projetos para continuar após ter selecionado o primeiro grupo de projetos. Afinal de contas, você quer ver a Melhoria Contínua, não a magia acontecer em um piscar de olhos!

A Figura 19-6 esboça uma lista de critérios que você pode usar para peneirar projetos potenciais. Ela pode, naturalmente, ser adaptada de acordo com sua própria organização.

FIGURA 19-6: Lista de critérios para avaliar a viabilidade de projetos.

Critérios para o Sucesso	Resposta
Clara relação com uma necessidade real do negócio.	Sim Não
Custos mensuráveis ou benefícios de desempenho.	Sim Não
Exigências do cliente bem entendidas ou entrada do cliente pode ser obtida.	Sim Não
Satisfação do cliente será positivamente impactada.	Sim Não
Forte apoio/patrocínio presente.	Sim Não
O escopo é claro e razoavelmente estreito.	Sim Não
Dados históricos e atuais estão acessíveis.	Sim Não
Realizável em três a seis meses.	Sim Não
Não necessita muito capital.	Sim Não
O recurso está disponível.	Sim Não
Posse clara para entrega.	Sim Não
O projeto é viável — o problema reside dentro do controle da organização.	Sim Não
Agora é o momento certo para fazer este projeto.	Sim Não
O processo não será alterado por outra iniciativa durante o período do projeto.	Sim Não
Não pode deixar este projeto de fora.	Sim Não

© Martin Brenig-Jones e Jo Dowdall

No Capítulo 12, analisamos o uso de uma avaliação baseada em critérios para decidir quais soluções poderiam ser aplicadas a um problema de processo. Essa técnica também pode ser usada para priorizar os projetos potenciais de melhoria. Os critérios utilizados para classificar os projetos potenciais precisam ser cuidadosamente considerados. Eles podem incluir o custo, o impacto sobre objetivos estratégicos específicos e a aceitação. A lista não é fixa; adapte-a para atender às suas próprias prioridades e às necessidades organizacionais.

Se desejar, você pode manter as coisas simples e usar uma matriz 3 × 3, como mostra a Figura 19-7, em que cada projeto potencial é mapeado em relação ao benefício e ao esforço, ou ao custo. A matriz permite identificar visualmente os projetos mais "desejáveis", bem como aqueles que podem ser potenciais ganhos rápidos. Os ganhos rápidos podem ser obtidos por um caminho ligeiramente diferente usando uma abordagem de Melhoria Rápida, que abordamos no Capítulo 17.

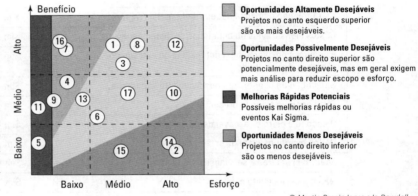

FIGURA 19-7: Matriz de benefício x esforço para selecionar projetos.

© Martin Brenig-Jones e Jo Dowdall

Decidindo a abordagem adequada

Em um nível do projeto, é importante diferenciar os problemas que podem ser enfrentados utilizando-se uma abordagem de melhoria rápida e aqueles que precisam ser abordados de uma forma mais formal, utilizando o DMAIC durante talvez três a quatro meses.

Comece de forma simples, assegurando compromisso e apoio contínuo. À medida que avança em sua implementação, você pode vincular cada vez mais suas atividades aos planos de negócios e aos objetivos estratégicos da organização. Você pode considerar a implementação de políticas como a etapa seguinte, especialmente se estiver visando resultados revolucionários. Pode usar a análise de causa e efeito para distinguir quais processos precisam de qual abordagem. Por exemplo, a Figura 19-8 usa Ys para se referir aos efeitos e Xs para denotar as causas. A organização como um todo tem que atingir seus objetivos comerciais de alto nível (o grande Y na Figura 19-8), que são "causados" pelos processos organizacionais que têm um bom desempenho e entregam resultados. Os Ys do processo, por sua vez, são "causados" pelas variáveis no processo que estão sob controle. Essa abordagem afetará a forma como você administra toda a organização. Vantagens significativas virão à tona ao concentrar os recursos de melhoria naqueles Xs que terão o maior impacto positivo em toda a cadeia.

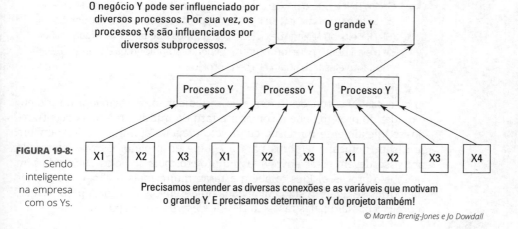

FIGURA 19-8: Sendo inteligente na empresa com os Ys.

© Martin Brenig-Jones e Jo Dowdall

Agora considere o início de um projeto DMAIC típico, que deve durar de três a quatro meses.

Estabelecendo um Projeto DMAIC

No nível da equipe sênior, é preciso primeiro obter um acordo sobre uma série de detalhes básicos:

> » **Quem assumirá o papel de patrocinador do projeto?** Essa pessoa representará a voz da organização e garantirá que o projeto seja mantido no caminho certo e orientado na direção certa. O patrocinador do projeto precisará de treinamento específico, refletindo um equilíbrio entre os aspectos de liderança do papel e uma boa fundamentação no Lean Six Sigma (um nível mínimo de Yellow Belt; o Capítulo 2 explica a analogia das artes marciais).
>
> » **Quem liderará o projeto?** Caso esteja apenas começando, recomendamos que o líder do projeto seja selecionado para o treinamento Green Belt e que o projeto seja usado como um exemplo a ter em mente durante o treinamento. Se não tiver especialistas internos disponíveis (Black Belts ou Master Black Belts), sugerimos que use uma organização de treinamento para fornecer treinamento aos iniciantes do Green Belt enquanto eles trabalham em seus projetos.

Após essas duas funções terem sido atribuídas, o patrocinador do projeto e o líder do projeto podem começar a fase Definir do projeto, concentrando-se inicialmente no termo de projeto (veja o Capítulo 2). Eles também precisam nomear membros para a equipe do projeto. Os operadores do processo devem estar envolvidos no projeto, pois são eles que conhecem melhor o processo. Eles também estarão muito mais inclinados a adotar melhorias se tiverem sido envolvidos no desenvolvimento. A partir daqui, o projeto passará pelas fases do DMAIC descritas no Capítulo 2.

LEMBRE-SE

Não se esqueça dos fatores-chave para uma implementação bem-sucedida do Lean Six Sigma: fazer o trabalho certo, fazer bem o trabalho e criar o ambiente certo.

> **NESTE CAPÍTULO**
>
> » Seguindo os passos DMAIC para entregar melhorias no processo
>
> » Servindo os entregáveis de cada fase DMAIC
>
> » Passando pelas validações do projeto

Capítulo **20**

Juntando Tudo: Checklists para Seu Projeto DMAIC

Este capítulo com checklists é um pouco diferente do formato habitual da *Para Leigos*. Ele fornece uma série de listas para apoiá-lo em sua jornada de melhoria do processo, assim como algumas dicas e lembretes úteis. Os principais resultados das fases DMAIC foram delineados, bem como orientações para completar uma revisão de validação (verificação) no final de cada fase. Isso o ajudará a fazer melhorias de forma sistemática e eficaz.

Ao seguir o processo DMAIC e trabalhar de acordo com os princípios do Lean Six Sigma (delineados no Capítulo 2), você resolverá seu problema de processo e fará uma diferença mensurável e sustentável. Pense nas ferramentas e nas técnicas como capacitadores para ajudá-lo ao longo do caminho. É improvável que precise de todas as ferramentas incluídas neste livro, mas ao testar as ferramentas e as técnicas, você saberá qual funciona melhor em que situação. Se estiver trabalhando para obter a certificação para um "belt" Lean Six Sigma (também abordado no Capítulo 2), preste atenção às exigências específicas de seu órgão de certificação.

LEMBRE-SE

Problemas diferentes podem precisar de abordagens distintas, e, de fato, alguns problemas podem não precisar do DMAIC. Se você sabe o que está causando o problema ou se identificou uma solução que abordará uma

CAPÍTULO 20 **Juntando Tudo: Checklists para Seu Projeto DMAIC** 305 causa conhecida, é só colocar a mão na massa! Dito isso, algumas das ferramentas deste livro o ajudarão a "colocar a mão na massa direito".

Recomendamos que o líder e o patrocinador do projeto realizem uma revisão de validação no final de cada fase do DMAIC, pelo menos. As revisões permitirão ao líder do projeto e ao patrocinador do projeto:

- » Monitorar o progresso da equipe.
- » Identificar se são necessários recursos adicionais.
- » Tomar decisões e/ou ajudar a superar questões sensíveis.
- » Assegurar a coordenação entre todas as equipes.
- » Compreender e discutir quaisquer questões, riscos e oportunidades de toda a empresa que tenham impacto no trabalho de melhoria que está sendo realizado.
- » Manter o momentum.

Agora vamos analisar cada fase do DMAIC.

Definindo o Projeto

A fase Definir fornece foco e clareza e começa com uma definição clara do problema que será resolvido com o Lean Six Sigma. Aconselhamos que o escopo do trabalho seja delineado cuidadosamente e gerenciado para que não cresça muito. Aqui, o processo que está por trás do problema será definido, e seus clientes e suas necessidades serão identificados. Você pode ler tudo sobre esses aspectos em detalhes nos Capítulos 2 a 4.

Entregando a fase Definir

Itens a abordar na fase Definir de seu projeto Lean Six Sigma:

- » Desenvolvimento de um termo de projeto (como o compartilhado no Capítulo 2) para captar o esboço inicial do trabalho de melhoria. Ele precisará ser atualizado à medida que você avança nas fases e aprende mais sobre o trabalho a ser feito, mas deve abordar os seguintes elementos:
  - Um business case (caso de negócio ou estudo de viabilidade).
  - A definição do problema.
  - A definição do objetivo.

- O escopo do projeto.
- Marcos de alto nível.
- Papéis e responsabilidades acordados.
- Os CTQs ou, pelo menos, um plano para se adequar a eles (pode ser necessário transferir esse elemento para a fase Medir).

» Um "discurso de elevador" ou mensagem-chave sobre seu projeto. Quer você esteja no elevador, na fila do café ou à espera de uma reunião ou videochamada, ter em mãos uma apresentação clara e simples do projeto é muito útil quando se trata de comunicação, influência e criação de aceitação do projeto.

» Um esboço do processo de alto nível que está por trás do problema que você está tentando resolver. O diagrama SIPOC (mostrado no Capítulo 3) é a ferramenta perfeita para captar as etapas de alto nível do processo, assim como seus fornecedores, suas entradas, saídas e as principais etapas do processo.

» Uma compreensão de quem são os clientes do processo e o que é mais importante para eles sobre o processo no qual você está trabalhando. Tais requisitos precisam ser definidos de forma mensurável como CTQs (veja o Capítulo 4).

» Um patrocinador do projeto, que se compromete a apoiar o projeto (leia mais sobre seu papel no Capítulo 19).

» Uma pequena equipe de melhoria.

» Uma análise dos stakeholders, para que você possa ter certeza de que está interagindo e se comunicando adequadamente com eles durante todo o projeto.

» Uma avaliação de risco para o projeto, para ajudá-lo a planejar e gerenciar o trabalho da melhor maneira possível.

Passando pela validação da fase Definir

Algumas perguntas fundamentais a serem respondidas na primeira reunião de revisão de validação:

» Estamos nos concentrando no problema certo e no aspecto certo do problema?

» O objetivo deste trabalho é claro e existe um acordo comum entre a equipe (e os stakeholders)?

» As pessoas certas estão trabalhando nos papéis certos no projeto? Os recursos alocados são suficientes? Todos entendem seus papéis e suas responsabilidades?

» A equipe já identificou todos os clientes do processo? Como os clientes serão afetados pela conclusão bem-sucedida? Que pesquisa foi feita para entender as necessidades dos clientes?

» A equipe entende como o trabalho de melhoria contribuirá para o sucesso da organização?

» O que mais acontecendo na empresa terá impacto nesse trabalho?

» Com que frequência a equipe se reúne? Quanto trabalho está sendo feito por cada membro da equipe fora dos workshops? Como a equipe está monitorando o progresso?

Se houver quaisquer questões ou preocupações decorrentes da validação que precisem ser resolvidas antes da conclusão da fase Definir, chegue a um acordo sobre um plano de ação e resolva-as antes de seguir em frente.

Passando à Fase Medir

A fase Medir trata de entender como o trabalho é feito e se está sendo bem feito. Aqui, as etapas detalhadas do processo serão identificadas, e as medições, realizadas. Para apoiar a tomada de decisão baseada em fatos, são necessários dados relevantes, precisos e confiáveis que permitirão uma compreensão clara de como as necessidades do cliente (CTQs) estão sendo atendidas. Os dados também serão coletados de entradas e variáveis no processo para que "causa e efeito" possam ser compreendidos. Os Capítulos 5 a 8 detalham esses aspectos de seu projeto Lean Six Sigma.

Mandando bem nos entregáveis da fase Medir

Itens a serem abordados na fase Medir de seu projeto:

» Uma compreensão clara do processo atual. Isso pode ser obtido indo ao Gemba ou fazendo o Process Stapling (ou seja, entendendo como o processo funciona sob a perspectiva da coisa que passa pelo processo).

» Uma representação visual do processo na forma de fluxograma, gráfico do processo de implementação, mapa do fluxo de valor ou diagrama de espaguete (veja o Capítulo 5). Tornar o processo visual o ajuda a compreendê-lo e desafiá-lo.

- Um plano de coleta de dados, para que você possa obter dados precisos e confiáveis que o ajudarão a compreender o desempenho do processo. Use o processo de coleta de dados em cinco etapas para orientá-lo, que é abordado no Capítulo 7. Lembre-se de que os dados coletados devem ser representativos, portanto, verifique as orientações fornecidas sobre amostragem para ter certeza.

- Uma compreensão (ou "linha de base") de como o processo está funcionando atualmente em relação aos CTQs. Você pode calcular o valor sigma do processo usando a orientação do Capítulo 1.

- Uma compreensão dos padrões de desempenho dos processos. Você pode criar um gráfico de série temporal/tendência para identificar como o processo funciona ao longo do tempo ou usar um gráfico de controle (veja o Capítulo 8) para entender mais sobre a variação em jogo.

- Dados sobre variáveis de entrada e em processo (Xs) que você pode analisar para entender quais fatores estão impulsionando os resultados percebidos de saída. Os dados precisarão ser devidamente segmentados. Por exemplo, se você quiser descobrir se o desempenho difere em determinados dias da semana, os dados precisarão ser coletados por dia da semana.

- Atualizações no termo do projeto, conforme necessário. Por exemplo, o escopo pode ter sido reforçado agora que você sabe mais sobre o processo.

- Atividades contínuas de gestão de stakeholders e comunicação.

Passando pela validação da fase Medir

Algumas perguntas a serem respondidas na reunião de revisão de validação da fase Medir:

- Como você desenvolveu um entendimento detalhado do processo atual? Você tem um mapa do processo? Os especialistas certos foram envolvidos na criação do mapa?

- Você já viu o processo sendo realizado?

- Quais medidas foram usadas para entender o desempenho? Onde e como os dados foram obtidos?

- Foi considerado um equilíbrio de medidas (saída, entrada e em processo)?

- Até que ponto os CTQs estão sendo cumpridos?

- » Quem está envolvido e quem mais precisa estar envolvido nessa fase?
- » Foi identificada alguma vitória rápida?

Se houver quaisquer questões ou preocupações decorrentes da revisão de validação que precisem ser resolvidas antes da conclusão da fase Medir, chegue a um acordo sobre um plano de ação e resolva-as antes de seguir em frente. O conhecimento adquirido e os dados coletados nessa fase são uma contribuição essencial para a fase Analisar.

Analisando para Achar as Causas Raiz

Identificar e remover as causas raiz de um problema evitará que ele ocorra novamente. A fase Analisar trata de identificar e verificar as possíveis causas. Diversos tipos de análise podem ser realizados usando-se ferramentas de processo e ferramentas de dados. Essas ferramentas estão descritas nos Capítulos 8 a 11.

Tirando nota 10 na fase Analisar

Itens a serem abordados na fase Analisar de seu projeto Lean Six Sigma:

- » Redirecionar ou refinar a definição do problema, com base no que foi aprendido na fase Medir. Por exemplo, a definição inicial do problema pode ter declarado que o processo leva muito tempo. Você pode agora ter identificado que o retrabalho associado a determinada etapa do processo está consumindo a maior parte desse tempo. Então, pode se concentrar nesse aspecto do processo para descobrir por que o retrabalho é necessário.
- » Identificar as causas potenciais do problema do processo, com base no que foi aprendido na fase Medir e usando dados e observações do processo para validá-las. A técnica da espinha de peixe pode ser usada para ajudá-lo a captá-las. Você pode aprofundar-se com a técnica dos Cinco Porquês.
- » Identificar ou analisar o desperdício (como tempo de espera ou custo de retrabalho) no processo. É possível usar dados para quantificar esse desperdício?
- » Compreender o fluxo do processo (veja o Capítulo 11). Você pode ter identificado restrições no processo ou pode ter observado o impacto

- do lote ou do layout e da organização do processo. Pergunte por que as coisas acontecem para identificar causas acionáveis.
- Exibir visualmente os dados para entender os padrões. Lembre-se de que uma imagem vale mais que mil palavras.
- Usar ferramentas estatísticas como testes de hipóteses para dizer se a diferença observada nos conjuntos de dados é estatisticamente significativa ou a análise de regressão para medir a relação entre as variáveis.
- Confirmar as causas potenciais nas quais você pode começar a trabalhar.
- Atividades contínuas de gestão de stakeholders e comunicação.

Passando pela validação da fase Analisar

Algumas perguntas a serem respondidas na reunião de revisão de validação da fase Analisar:

- Você identificou as possíveis causas e quais são elas? Como confirmou ou verificou as causas?
- Você desafiou as etapas do processo para "agregar valor"? Que desperdício você identificou?
- As causas que você identificou podem ser tratadas? É necessário estabelecer prioridades?
- As análises são suficientemente profundas? Ou elas vão fundo demais? (Certifique-se de que as causas sejam passíveis de ação.)
- Algum aspecto da liderança/gestão tem impacto no processo? Por exemplo, há verificações e controles dentro do processo?
- Quem está envolvido e quem precisa trabalhar na equipe agora?

Quantificando a Oportunidade

Além das revisões de validação realizadas com o patrocinador do projeto ao final de cada fase, a jornada de melhoria Lean Six Sigma deve incluir *revisões de benefícios* em etapas específicas.

Essas revisões oferecem uma oportunidade de fazer um balanço das finanças associadas à melhoria do processo. Essa primeira revisão visa *quantificar a oportunidade*.

O foco principal da primeira revisão de benefícios é compreender a extensão das atividades que não agregam valor e causam desperdício e o potencial de melhoria. Ao concluir a fase Medir, você pôde compreender a situação atual e o nível de desempenho. Tendo completado a fase Analisar, seu nível de compreensão deve ter aumentado significativamente. Você saberá por que o desempenho está no nível em que se encontra e deverá compreender os custos envolvidos no processo, tanto no nível geral quanto no nível das etapas individuais do processo. Você terá identificado os desperdícios e as etapas que não agregam valor, incluindo os ciclos de retrabalho, e compreendido seu impacto sobre sua capacidade de atender aos CTQs.

Para quantificar a oportunidade, é preciso calcular os benefícios e as economias que ocorreriam se todo esse desperdício e trabalho sem valor agregado fossem eliminados, documentando suas suposições. Talvez considere que a oportunidade é pequena demais para se preocupar ou tão grande que justifique ampliar o escopo do projeto ou desenvolver uma abordagem por fases com uma série de projetos menores, mas direcionados. De qualquer forma, este é o momento de rever e concordar sobre os objetivos do projeto, estimando sensatamente o que é possível para seu projeto e atualizando o termo de melhoria, o plano de comunicação e o storyboard conforme necessário (veja nossas dez dicas para o desenvolvimento do storyboard no Capítulo 21).

DICA

Trabalhe com colegas do departamento financeiro ou do escritório de gerenciamento de programas para ter certeza de que está relatando benefícios usando convenções que são consistentes em toda a organização.

Identificando e Planejando as Melhorias

A fase Melhorar é onde a maioria das pessoas quer começar! Agora que identificou a causa raiz do problema, você pode começar a gerar ideias de melhoria para ajudar a resolvê-lo. Poderá, então, rever e priorizar as ideias geradas. A solução (ou soluções) escolhida será testada ou pilotada, com medições para verificar seu impacto sobre o problema. Os resultados e os aprendizados devem ser considerados, e um plano de implementação deve ser desenvolvido. A orientação sobre esses aspectos dos projetos é fornecida nos Capítulos 12 e 13.

Todas as fases do DMAIC devem incluir o foco na gestão da mudança e na criação da aceitação, mas agora que a solução e a natureza da mudança são conhecidas, o envolvimento, o engajamento e a comunicação com os stakeholders são especialmente importantes à medida que você trabalha para que isso aconteça. O Capítulo 6 aborda a gestão da mudança.

Executando a fase Melhorar

Itens a serem abordados na fase Melhorar de seu projeto Lean Six Sigma:

» Geração de ideias e soluções, certificando-se de que elas realmente abordem a causa raiz que resolverá o problema. Envolva as pessoas e use ferramentas para promover a criatividade e o pensamento diferente. Preste atenção no conselho de Einstein aqui: "Não podemos resolver nossos problemas com o mesmo pensamento que usamos quando os criamos."

» Priorização sistemática e transparente, permitindo aos stakeholders compreender como as decisões foram tomadas, utilizando, por exemplo, a checklist baseada em critérios (Capítulo 12), a comparação por pares (Capítulo 4) ou uma matriz de benefício/efeito como a incluída no Capítulo 19.

» Uma fundamentação documentada para a solução (ou soluções) escolhida e como ela abordará as causas raiz.

» Uma nova versão do processo, documentada em formato de fluxograma ou fluxograma de implementação. Isso assegurará que todos os detalhes necessários sejam considerados e dará clareza sobre os papéis e as responsabilidades quando as melhorias forem implementadas.

» Uma avaliação de risco ou de impacto para garantir que quaisquer riscos ou repercussões da mudança sejam identificados e resolvidos. A ferramenta FMEA (abordada no Capítulo 13) fornece uma estrutura útil. A prevenção e a prova de erros também devem ser consideradas.

» Uma abordagem adequada para gerenciar o teste ou o piloto de sua solução, que inclui critérios de sucesso claramente definidos e detalhes das medidas a serem tomadas. Após o piloto, deve haver uma revisão completa dos resultados e dos aprendizados.

» Um esboço de análise de custo/benefício e suposições por trás da avaliação.

» Um plano detalhado de implementação do novo processo, que leva em conta os ensinamentos do piloto.

» Atividades contínuas de gestão dos stakeholders e comunicação.

Passando pela validação da fase Melhorar

Algumas perguntas a serem respondidas na reunião de revisão de validação da fase Melhorar:

> » Quais são as soluções possíveis? Como elas abordariam a causa raiz? São "revolucionárias" o suficiente?
>
> » Quais critérios foram utilizados para priorizar as soluções?
>
> » As soluções são viáveis?
>
> » Quem foi informado ou consultado? Você identificou todos os stakeholders que precisam saber sobre isso?
>
> » Quais ações estão sendo tomadas para criar a aceitação?
>
> » Quais são os riscos associados à solução e o que pode ser feito para mitigá-los?
>
> » É necessário um teste ou um piloto? Como isso será gerenciado? Como os resultados serão medidos?
>
> » Como a solução será implementada? Há um plano em andamento?
>
> » Como os aspectos da Gestão de Mudanças serão tratados?

Como sempre, se houver quaisquer questões ou preocupações decorrentes da validação que precisem ser resolvidas antes que a fase Melhorar seja concluída, chegue a um acordo sobre um plano de ação e resolva-as antes de seguir em frente. Essa validação é especialmente importante, pois determina se e quando a solução será implementada.

Confirmando os Benefícios ao Cliente e à Empresa

A segunda revisão de benefícios procura confirmar os resultados do projeto e assegurar a autoridade para que a solução seja totalmente implementada. Assim como a *quantificação da oportunidade* (abordada na primeira revisão), a revisão também é uma oportunidade de analisar o projeto de forma mais geral, e as questões fundamentais incluem o seguinte:

> » Como as coisas estão indo?
>
> » Você está no rumo certo?
>
> » O que aprendeu? E o que esqueceu?

» O que está indo bem e por quê?

» A solução pode ser aplicada em outros lugares?

» Quais conclusões podem ser extraídas?

O foco principal é confirmar os entregáveis. Ao concluir a fase Melhorar, você deve se sentir confiante de que a solução escolhida abordará a causa raiz e assegurará que as metas do projeto sejam cumpridas. Considerando que a gestão baseada em fatos é um princípio-chave do Lean Six Sigma, você deve ter dados de medição apropriados e evidências do piloto que sua solução entregará.

Diversos benefícios podem resultar de seu projeto:

» Menos erros e desperdício.

» Tempo de ciclo mais rápido.

» Maior satisfação do cliente.

» Custo reduzido.

CUIDADO

Ao avaliar se esses benefícios estão de acordo com os objetivos do projeto, lembre-se de que a quantificação de alguns benefícios (por exemplo, aqueles de maior satisfação do funcionário ou do cliente) pode ser difícil. Ao projetar quando os benefícios provavelmente surgirão, não perca de vista o fato de que provavelmente existirá um intervalo de tempo entre a causa e o efeito, especialmente quando se tratam de dados de percepção do cliente.

Além de analisar os benefícios, essa revisão também procura confirmar quaisquer custos associados com a solução e sua implementação. Novamente, sua atividade de pilotagem deve ter ajudado a reunir essas informações, desde que você as tenha tratado como se fossem uma implementação em escala real. Use as diretrizes de sua organização para ajudá-lo a avaliar e apresentar os benefícios e os custos, e não deixe de documentar as suposições subjacentes à sua avaliação de benefícios.

Essa revisão tem alguns resultados essenciais que incluem o seguinte:

» Confirmação de que o projeto está no caminho certo.

» Confiança na solução e no plano de implementação.

» Uma análise completa de benefícios confirmados com premissas documentadas.

» Um termo atualizado de melhorias.

CAPÍTULO 20 **Juntando Tudo: Checklists para Seu Projeto DMAIC** 315

O patrocinador do projeto precisa abordar as seguintes questões:

> Está confiante de que sua declaração de benefícios pode ser justificada?
> Já documentou suas suposições?
> Acha que as despesas associadas à implementação das mudanças necessárias podem agora ser previstas e controladas de forma confiável?
> Dadas as lições aprendidas com o piloto, você precisa rever a composição de sua equipe para a implementação final?

Implementando as Soluções e Controlando o Processo

A fase Controlar tem duas partes. A primeira procura implementar a solução; a segunda faz um balanço do que foi alcançado. Depois de todo seu trabalho árduo, é necessário implementar a solução de uma maneira que garanta o ganho esperado — e o mantenha!

O processo de entrega e um plano de controle são características vitais da fase Controlar. Você pode ler sobre elas no Capítulo 18. A implementação das medidas corretas é um elemento crucial do plano de controle, e você precisa estar satisfeito que o plano de coleta de dados tenha sido efetivamente implementado. Ao avaliar os benefícios, você tem a oportunidade de determinar a precisão de sua análise de benefícios anterior, porém, lembre-se de que pode levar algum tempo para que a mudança surta efeitos.

Completando a fase Controlar

Itens a serem abordados na fase Controlar de seu projeto Lean Six Sigma:

> Implementação da solução/aplicação do processo padronizado.
> Uma entrega ao gerente ou ao proprietário do processo adequado, com todas as funções e responsabilidades claramente definidas.
> Documentação atualizada do processo que tenha sido incorporada ao sistema de gestão da organização.
> Treinamento dos operadores do processo e comunicação com os stakeholders.
> Uma abordagem de coleta de dados contínua para que o desempenho possa ser monitorado, e o processo, gerenciado.

- » Evidência do sucesso do projeto de melhoria, incluindo custos e benefícios reais ou, no mínimo, uma estimativa de quando estarão disponíveis.
- » Documentação das lições aprendidas. Elas podem incluir aprendizados sobre os aspectos técnicos do Lean Six Sigma e a gestão da mudança. Todos os projetos têm lições, portanto, sempre tenha tempo para defini-las e aprender com elas.
- » Recomendações ou ideias para novas oportunidades de melhoria.
- » Agradecimentos e reconhecimento dos membros da equipe por sua contribuição para o sucesso do projeto.
- » Um discurso de elevador revisado sobre o que foi alcançado.

Passando pela validação da fase Controlar

Algumas perguntas a serem respondidas na reunião de revisão de validação da fase Controlar:

- » As mudanças no processo foram padronizadas? A documentação foi atualizada? Está claro quem será o proprietário e o responsável pela atualização?
- » Todas as pessoas que fazem este trabalho foram treinadas?
- » Os papéis e as responsabilidades pelo processo melhorado foram definidos, acordados e comunicados?
- » Como os resultados correspondem às expectativas?
- » Como os resultados contínuos serão monitorados? Como serão tratadas quaisquer oportunidades adicionais de melhoria?
- » Houve algum efeito imprevisto da mudança? Qual é o seu impacto?
- » O que podemos fazer para reconhecer a equipe por seu trabalho nisso?
- » Até que ponto o plano funcionou bem?
- » Quais lições aprendidas foram identificadas?
- » As lições ou os aspectos da solução poderiam ser replicados em outra parte da organização?

Fazendo a Revisão Final dos Benefícios

Esta é a revisão pós-implementação. As perguntas são muito parecidas com as propostas ao final da fase Controlar, mas com uma perspectiva mais ampla. Confira:

» Qual é seu nível de satisfação com a solução do problema?
  - Até onde os objetivos foram alcançados?
  - O que os dados estão lhe dizendo?
  - Quais causas raiz ainda precisarão ser resolvidas?
  - Quais outras questões residuais a empresa precisa resolver?

» Quais benefícios foram percebidos ou estão no pipeline?
  - Como os benefícios se comparam ao que foi previsto?
  - Os clientes sentem que ocorreu uma melhoria? Como você sabe disso?
  - Os custos estão alinhados com as previsões?
  - Algum outro benefício resultou do projeto?

» Você pode aplicar quaisquer lições, ideias ou melhores práticas desenvolvidas durante este projeto em algum outro lugar da empresa?
  - O que você aprendeu?
  - Em que outra parte da organização essas lições podem ser úteis?
  - Há problemas similares em outra área, e essa solução pode ser aplicada lá?

» O que você e sua equipe de melhoria devem fazer na sequência?
  - O próximo projeto já foi identificado?
  - O que a organização deve fazer para reconhecer adequadamente os esforços e os sucessos de sua equipe?

DICA

Desenvolva algumas mensagens-chave (um novo discurso de elevador) para resumir os benefícios de seu projeto. Compartilhe-as e orgulhe-se de suas conquistas.

6 A Parte dos Dez

NESTA PARTE...

Descubra nossas principais dicas para desenvolver storyboards cintilantes para projetos Lean Six Sigma.

Evite as dez armadilhas comuns em que as organizações caem quando implementam o Lean Six Sigma.

Descubra alguns dos excelentes recursos disponíveis que abordam o Lean Six Sigma.

> **NESTE CAPÍTULO**
>
> » Desenvolvendo um storyboard eficaz para projetos
>
> » Conectando o conteúdo para contar bem sua história
>
> » Compartilhando seu projeto, seus aprendizados e sucessos

Capítulo **21**

Dez Melhores Práticas para Storyboards

Criar um storyboard para seu projeto Lean Six Sigma é uma excelente maneira de comunicar o projeto, o método e os resultados para a organização mais ampla. Ele permite que você conte a história do projeto de melhoria do início ao fim, transmita seus aprendizados, desafios, momentos 'Eureca!' e quaisquer aspectos de sua solução que possam ser benéficos em qualquer outro lugar da organização. Storyboards são usados como prova para certificação (por exemplo, Green Belt ou Black Belt) e também apoiam revisões de validação do projeto.

Use uma combinação de slides, palavras, imagens e vídeos para contar sua história, e compartilhe, compartilhe, compartilhe! O storyboard não precisa ser de alta tecnologia — não se trata de mágicas no PowerPoint. Fotografias de seus flipcharts ou capturas de tela do trabalho de sua equipe em uma ferramenta de colaboração online com algumas narrativas de apoio serão úteis. O storyboard é uma técnica simples: trata-se apenas de contar uma história!

Veja a seguir nossas principais dicas para desenvolver um excelente storyboard.

Mantenha-o Breve

Quando os praticantes do Lean Six Sigma usam seus storyboards para certificação, recomendamos que consista de cerca de 15 a 25 slides em PowerPoint (esse formato facilita o compartilhamento e a formatação). Informações em demasia podem sobrecarregar o público, portanto, evite qualquer coisa que leve muito tempo para ler ou explicar. Você pode, é claro, manter outras versões mais detalhadas, para compartilhar com diferentes públicos.

Torne-o Visual

Uma imagem vale mais que mil palavras! Tire fotos de flipcharts, de atividades de Process Stapling e capturas de tela de seu mapa de processos, pois elas brilham em storyboards. Um visual "antes e depois" também pode ser muito eficaz, por exemplo, em um projeto 5S ou onde o diagrama de espaguete foi usado para rastrear o movimento em um processo. Uma fotografia da equipe do projeto também é uma boa adição. Mas lembre-se, também...

Faça-o Fluir

Assim como uma boa história inclui um fluxo narrativo, um bom roteiro também precisa fazê-lo. Os contadores de histórias alcançam o fluxo conectando uma frase com outra, ajudando-nos a passar sem problemas de uma ideia para a próxima. Muitas vezes, quando revisamos os storyboards, vemos algumas "ferramentas e técnicas" ótimas e bem executadas, porém, sem nenhuma narrativa para juntá-las, o storyboard parece uma coleção de ferramentas, não uma história.

Quando você mapeou o processo, quais foram suas principais observações? E o que você fez em relação a isso? Quando mediu o desempenho do processo, o que você aprendeu? Adicionar esse tipo de informação ao seu storyboard ajuda a conectar os elementos e dá uma visão muito maior da jornada de melhoria.

Una a História com um Fio Dourado

Um *fio dourado* é usado pelos contadores de histórias para unir várias partes de uma história. É um tema central ou foco-chave do qual o leitor é lembrado em pontos fundamentais, e fica bem amarrado no final. Essa técnica é utilizada por escritores desde Charles Dickens até Stephen King e por todos os melhores apresentadores de TED Talks que você já viu. Os CTQs fornecem o fio dourado para os praticantes do Lean Six Sigma.

CTQs são requisitos do cliente críticos para a qualidade. Em outras palavras, são as coisas que mais lhes interessam sobre o processo em questão. Estes devem figurar em todas as fases do projeto DMAIC. Na fase Definir, identificamos os CTQs e eles estabelecem o foco do trabalho de melhoria a ser seguido. Em seguida, medimos o desempenho do CTQ na fase Medir (juntamente com algumas medidas de variáveis no processo e de entrada para permitir uma compreensão de causa e efeito). Na fase Analisar, identificamos o que está causando os resultados do CTQ, e na fase Melhorar vemos como as causas podem ser tratadas com soluções apropriadas e focalizadas. Por fim, na fase Controlar, vemos as soluções sendo implementadas a fim de melhorar o desempenho dos CTQs e observamos como o desempenho dos CTQs é um resultado da intervenção. Os CTQs serão, portanto, uma parte integrante da história do projeto.

Mantenha-o Atualizado

Manter o storyboard atualizado enquanto você trabalha no projeto promove a reflexão e ajuda a consolidar o aprendizado. O que deu certo? É importante reconhecer essas coisas e celebrá-las. O que poderia ser melhor? Capte as lições aprendidas no desenrolar, e isso pode acontecer no final de cada fase do projeto ou em outros pontos dele. (Por exemplo, o que a equipe aprendeu com o Process Stapling? Ou com a coleta de dados?) Tirar um tempo para refletir sobre o progresso e consolidar o storyboard estimula as ideias.

Um roteiro atualizado sustenta reuniões de revisão de validação eficazes e eficientes com o patrocinador do projeto, bem como a discussão entre as validações. Também facilita a comunicação com outros stakeholders, incluindo sua equipe, gerente e orientador.

Por fim, manter o storyboard atualizado evita que você tenha que documentar tudo no final do projeto, quando os detalhes podem ser difíceis de lembrar e a tarefa parece gigantesca. Seu eu futuro lhe agradecerá por manter o storyboard atualizado.

Não se Esqueça do "Felizes para Sempre"

Lembre-se, uma boa história amarra o fio dourado em uma conclusão satisfatória, assim como a sua deve ser. Inclua detalhes sobre os resultados alcançados e os benefícios obtidos. Lembre-se de incluir também informações sobre todos os diferentes tipos de benefícios, tais como ambientais, de conformidade ou reputacionais, os que trazem uma sensação de "sentir-se bem", assim como os "mais difíceis" (porém, mais fáceis de medir) de economia de tempo e de custos.

Mantenha-o Simples

O storyboard é claramente um documento importante e valioso — mas não deve ser complicado. Demasiados acrônimos e muita gíria podem tornar a história difícil de ler ou entender, então, seja simples e acrescente um pequeno glossário, se for realmente necessário.

O discurso de Gettysburg, dado por Abraham Lincoln, levou apenas dois minutos e usou 246 palavras, a maioria delas com uma ou duas sílabas. O orador antes de Lincoln falou por duas horas e usou 13.607 palavras, mas quase nunca é mencionado! A simplicidade faz com que as mensagens sejam memoráveis.

Seguindo essa ideia, lembre-se que o projeto de melhoria sobre o qual você está escrevendo provavelmente terá um foco de "mudança" (portanto, um foco de pessoas), bem como um foco técnico. O conteúdo sobre atividades, tais como gestão dos stakeholders, comunicação e influência é, sem dúvidas, tão ou mais importante que as outras ferramentas e técnicas.

Crie um Resumo de uma Página

À medida que você e sua organização avançam na entrega de mais projetos, é provável que acumulem muitos storyboards, e é possível até desenvolver uma biblioteca! Considere a possibilidade de criar uma página única contendo informações essenciais sobre os projetos, de modo que você tenha um resumo geral na palma das mãos. Não deixe de incluir todos os benefícios do projeto.

Reflita Sobre as Lições Aprendidas

Cada projeto tem suas lições. Tire um tempo para refletir sobre as lições aprendidas e captá-las no storyboard do seu projeto. Elas podem incluir o que correu bem, o que não correu bem e o que poderia ser feito de forma diferente no próximo projeto. O aprendizado real acontece quando você começa a "fazer" Lean Six Sigma.

Compartilhe Muito!

Naturalmente, o storyboard é um meio para chegar a um fim, que é contar sua história. Ele tem um valor enorme além do gerenciamento de projetos ou da certificação "belt". Conte aos stakeholders! Conte aos colegas! Conte às pessoas na fila do café! Conte às pessoas no final de uma reunião do Zoom! Pegue algumas mensagens-chave de seu storyboard e use-as sempre que possível para aumentar a conscientização, gerar apoio e celebrar os sucessos. Podemos moldar a cultura que queremos por meio das histórias que contamos.

> **NESTE CAPÍTULO**
>
> » Evitando a tentação de tirar conclusões precipitadas
>
> » Sabendo quando parar de analisar e começar a melhorar
>
> » Desviando-se das armadilhas comuns e fazendo bem as coisas certas

Capítulo **22**

Dez Armadilhas a Evitar

Este capítulo descreve coisas que podem dar errado com o Lean Six Sigma para que você possa evitar as armadilhas comuns. Nossa experiência (mais de 25 anos!) de observação de muitas organizações diferentes nos permitiu construir um banco de conhecimentos sobre o que funciona ou não. Continue lendo, veja se estas armadilhas podem afetá-lo e planeje sua abordagem com sabedoria.

Tirando Conclusões Precipitadas

Muitas pessoas parecem estar prontas para chegar a soluções precipitadas quando se deparam com um problema. Nos filmes de ação, tudo funciona no final, o herói toma as decisões corretas em uma fração de segundo e vive mais um dia (ou filme). Infelizmente, a vida empresarial não é exatamente igual: soluções irrefletidas podem ser caras e não resolver a causa raiz do problema.

Ser inconsequente, sem coletar e analisar fatos e dados, não é a melhor abordagem para resolver complexos problemas empresariais.

Lean Six Sigma envolve compreender qual é o problema e depois passar por vários passos para obter uma melhor compreensão (Definir, Medir), trabalhar até as causas raiz (Analisar), examinar as várias opções de solução e depois escolher a mais apropriada (Melhorar), implementar a solução e manter os ganhos (Controlar).

Embora essa abordagem pareça simples e sensata, para muitos executivos de negócios, em quem as pessoas procuram respostas instantâneas, ela é contraditória.

Líderes e gerentes em sua organização não precisam saber tudo sobre o Lean Six Sigma, mas a compreensão dos princípios é extremamente benéfica e incentiva uma pausa entre estímulo e resposta para que o problema e as causas possam ser compreendidos antes das ações serem tomadas.

Despencando pela Paralisia de Análise

Obter o equilíbrio certo é importante. Durante a fase Analisar de um projeto Lean Six Sigma, você pode ser tentado a ir cada vez mais longe na análise da causa raiz e perder de vista a principal razão para o projeto de melhoria, que é fazer a diferença e ver mudanças positivas na empresa. Sua equipe pode ficar atolada no enorme volume de opções de análise passíveis de realização à medida que faz mais descobertas.

Saber quando terminar a análise e iniciar a fase Melhorar pode ser difícil. Tente considerar essa decisão como um processo judicial e ponderar o equilíbrio das provas a favor e contra os "réus" — as causas do problema em seu projeto Lean Six Sigma.

Você provavelmente estará pronto para passar à fase Melhorar se responder sim à seguinte pergunta:

"Temos certeza de que entendemos o suficiente sobre o processo, o problema e as causas para desenvolver soluções eficazes?"

E não a esta:

"O valor de dados e as análises adicionais valem o custo adicional em tempo, recursos e dinâmica?"

O patrocinador do projeto tem um papel fundamental ao assegurar que você mantenha os interesses da empresa em destaque ao responder a essas perguntas e conduzir a equipe no caminho certo.

LEMBRE-SE

Atingir o Six Sigma — 3,4 defeitos por 1 milhão de oportunidades — pode ser uma aspiração, mas é altamente improvável que você o atinja em um projeto (consulte o Capítulo 1 para calcular o nível Sigma do Processo). Passar de 2 Sigma para 3 Sigma e depois para 4 Sigma em seus projetos Lean Six Sigma é totalmente normal. Você também verá que é preciso muito mais esforço à medida que sobe na escala Sigma do Processo. Projetos de pequeno porte movem seu desempenho na direção certa, portanto, esteja preparado para aceitar apenas um pequeno aumento no nível Sigma do Processo em seus processos.

Caindo em Armadilhas Comuns

Quer saber como garantir o fracasso do projeto? Tente uma técnica de brainstorm negativo: é um grande quebra-gelo no início de um projeto e certamente fará sua equipe saltar com ideias. Em vez de debater ideias para o projeto ser um sucesso, você faz o oposto: "Como podemos garantir o desastre do projeto?" Você ficará surpreso com o número de sugestões que a equipe apresenta! Então, é possível transformar esses pensamentos negativos em positivos. Você acabará com um conjunto realmente positivo de sugestões baseadas na experiência prática do que, de fato, pode fazer com que os projetos fracassem e como evitar essas armadilhas.

Para começar, discutimos aqui algumas armadilhas comuns de projetos.

Os problemas de loucura metodológica incluem o seguinte:

- » Não usar uma abordagem estruturada e planejada.
- » Predeterminar sua solução.
- » Fornecer entregas mal gerenciadas.
- » Permitir que a fase Controlar seja fraca, dessa forma não mantendo o ganho.

Escândalos de escopo são os seguintes:

- » Executar projetos demais ao mesmo tempo.
- » Realizar um projeto grande demais.
- » Ter um objetivo que não é mensurável ou que é vago demais.
- » Ignorar o foco do cliente "de fora para dentro".
- » Não conseguir ligar o objetivo a uma necessidade real da empresa.
- » Permitir que o escopo do projeto continue crescendo.

Cuidado com os seguintes tumultos de equipe:

- Criar uma equipe com a mescla errada de habilidades ou representação funcional (por exemplo, não conseguir que os departamentos de finanças ou RH participem quando necessário).
- Oferecer treinamento inadequado.
- Fazer más escolhas dos líderes de equipe.
- Não conseguir concordar sobre os requisitos de agenda da equipe.
- Não ter visão compartilhada de sucesso.

Problemas relacionados à falta de apoio incluem o seguinte:

- Ter stakeholders pouco solidários.
- Não ter um patrocinador ou um campeão ativo do projeto.
- Executar projetos concorrentes ou com objetivos conflitantes.
- Permitir um comportamento ruim de liderança.
- Não permitir tempo suficiente para executar o projeto sistematicamente.

Sufocando o Programa Antes de Começar

É provável que algumas pessoas em sua organização não compartilhem de sua visão e estejam muito ansiosas para rotular seu programa antes que você o faça decolar. Aqui estão alguns comentários que ouvimos de pessoas ao abafar um programa Lean Six Sigma:

- "Isso é só senso comum."
- "Aqui é diferente."
- "É muito caro."
- "Estamos ocupados demais para fazer isso."
- "Voltemos à realidade."
- "Por que mudar? As coisas ainda estão bem."
- "Não estamos prontos para isso ainda."
- "É uma boa ideia, mas altamente impraticável."

> "Nem vem com essa ideia maluca de novo!"

> "Sempre fizemos as coisas assim."

> "Não estamos piores que a concorrência!"

O Capítulo 6 fala sobre os aspectos das pessoas no Lean Six Sigma. O que você pode fazer para desenvolver aceitação?

Ignorando a Gestão de Mudanças

Muitos cursos tradicionais de treinamento Lean Six Sigma ensinam a parte "hard", tais como as técnicas estatísticas, a metodologia DMAIC e uma extensa gama de ferramentas e técnicas, mas não abordam o aspecto das pessoas. Você precisa se concentrar nisso se quer desenvolver aceitação para a mudança.

Às vezes os praticantes do Lean Six Sigma tentam executar projetos que se concentram em ferramentas estatísticas e cegam as pessoas com expressões recém-aprendidas, depois ficam desapontados quando os participantes não aceitam a ideia.

LEMBRE-SE

$$E = Q \times A$$

A *qualidade* (Q) da solução que vem do uso das ferramentas "hard" e a *aceitação* (A) da solução que vem das ferramentas "soft", que são igualmente importantes. Você precisa tanto da qualidade quanto da aceitação para conquistar apoio e alcançar um resultado *eficaz* (E). Veja mais sobre isso no Capítulo 6.

De nossa experiência, o aspecto das pessoas é, em geral, o mais difícil no projeto.

Ficando Complacente

Subestimar a quantidade de energia necessária para tornar seu programa Lean Six Sigma um sucesso é uma grande armadilha. A complacência se instala surpreendentemente rápido se você não conduz e lidera seu programa com um senso de urgência. Você precisa de um gerente ativo do programa de implementação Lean Six Sigma, com o apoio de um executivo sênior, para manter seu programa vivo, relevante e na agenda da empresa.

As mudanças organizacionais são frequentes em muitas empresas. Já vimos programas Lean Six Sigma murcharem quando um gerente de programa de implementação é desviado para a política organizacional interna.

É importante assegurar que a equipe executiva sênior esteja ativamente envolvida. Institucionalizar toda a abordagem é fundamental para que o Lean Six Sigma se torne parte da "maneira como fazemos as coisas por aqui".

Achando que Já Está Fazendo

Uma rápida leitura da literatura do Lean Six Sigma ou uma rápida visão geral de seus processos pode levá-lo a acreditar que sua organização "já está fazendo isso". Muitos gerentes pensam que já resolvem os problemas utilizando um processo sistemático de solução de problemas, mas muitas vezes não pensam ou testam as opções de solução adequadamente antes de colocá-las em prática.

Você pode pensar, "Nós já usamos fluxogramas de processo". Muitas organizações utilizam essa técnica, mas não raro sem entender primeiro as verdadeiras exigências do processo sob o ponto de vista do cliente. A menos que adote o Lean Six Sigma de forma estruturada, você não conseguirá utilizar plenamente o poder das técnicas de mapeamento de processos para realmente entender como funcionam os processos existentes.

Também é incomum que a gerência sênior compre a ideia desse tipo de atividade de mapeamento "periférico" do processo. Há casos isolados em organizações como parte de um pequeno setor de entusiastas que estão fazendo seu melhor, mas que operam fora do escopo de uma iniciativa séria liderada pela gerência sênior. Um programa Lean Six Sigma bem projetado se baseia no conhecimento existente e legitima o trabalho de melhoria em uma estrutura que envolve todos, e introduz um conjunto comum de ferramentas em toda a organização.

Acreditando nos Mitos

Uma série inteira de mitos se desenvolveu em torno do uso do Lean Six Sigma. Para que ele funcione na prática, você precisa dissipar as seguintes ideias:

» **O Lean Six Sigma é tudo de que precisamos.** Não. O Lean Six Sigma pode, e deve, ser integrado com outras abordagens.

» **O Lean Six Sigma serve apenas para melhoria de manufatura ou produção.** Não. Todos os processos podem ser melhorados. O Lean Six Sigma é utilizado com sucesso nos processos de transação e serviço.

» **O Lean Six Sigma trata apenas de ferramentas e métricas estatísticas.** Não. O Lean Six Sigma realmente envolve mudança cultural.

» **O Lean Six Sigma trata apenas de indivíduos e especialistas.** Para trabalhar melhor, o Lean Six Sigma envolve todos em um esforço de equipe, incluindo executivos seniores.

Fazendo Bem as Coisas Erradas

A maioria de nós quer fazer as coisas certas. A análise do processo é uma ótima ferramenta para nos mostrar o que estamos fazendo na prática e nos ajudar a responder as perguntas "Por quê?" e "Estamos fazendo este passo corretamente?"

De acordo com o teórico de sistemas Russ Ackoff:

> *Quanto melhor você faz a coisa errada, mais errado você se torna; se você comete um erro fazendo a coisa errada e a corrige, você se torna mais errado; se você comete um erro fazendo a coisa certa e a corrige, você se torna mais certo. Portanto, é melhor fazer errado a coisa certa do que fazer bem a coisa errada.*

Na verdade, há quatro opções:

1. **Fazer bem a coisa certa. A maioria das pessoas quer fazer isso.**

Servir uma ótima comida e oferecer um serviço de alta qualidade em um restaurante estiloso é um exemplo.

2. **Fazer errado a coisa certa. Aplique as ferramentas para consertar o problema.**

Imagine um ótimo serviço e um belo restaurante, mas uma comida realmente ruim. Ouça a voz do cliente, reconheça que a má qualidade dos alimentos é o principal motivo de insatisfação do cliente e enfrente as causas do problema. Ou seja, analise o processo, descubra os fatores críticos subjacentes às causas do problema e resolva-os. Muitas vezes, os problemas podem ser resolvidos de forma simples; nesse caso, talvez usando menos sal.

3. **Fazer bem a coisa errada. Isso não agrega valor.**

Para continuar o exemplo, você se concentra em fazer o restaurante parecer ainda melhor, mas ainda assim serve comidas horríveis. Ou seja, você não descobre quais são as reais necessidades do cliente, pula para a solução errada e gasta dinheiro desnecessariamente.

4. **Fazer errado a coisa errada. Tentar consertar isso é inútil.**

Por exemplo, gastar muito dinheiro reformando o restaurante, quando os clientes na verdade gostavam de como estava antes.

O perigo máximo é dar início a um projeto Lean Six Sigma para corrigir a situação na opção 4 anterior — e ainda assim fazer a coisa errada!

Treinando em Excesso

Claramente, ser treinado no Lean Six Sigma é importante, e um plano de treinamento bem pensado precisa fazer parte do programa geral de implementação. Mas o treinamento funciona melhor quando é entregue "just in time" e no nível correto.

Uma organização que está começando a utilizar o Lean Six Sigma estará cheia de oportunidades de melhoria de processo que podem ser abordadas utilizando-se as ferramentas aprendidas em um bom curso Green Belt. Idealmente, esse treinamento de seis dias pode ser dividido em três módulos menores de dois dias cada, envolvidos em um projeto real sendo realizado para garantir que o treinamento seja ministrado no nível certo e na hora certa para se encaixar na vida do projeto.

Evite a armadilha de acreditar que o treinamento Black Belt deve ser "melhor" que o treinamento Green Belt e, portanto, enviar pessoas para um curso completo de Black Belt, repleto de treinamento estatístico avançado, antes de iniciar qualquer projeto. Comece de forma simples, desenvolva as habilidades básicas, forneça suporte especializado de orientação aos Green Belts, execute projetos iniciais rapidamente para proporcionar benefícios tangíveis à organização, depois selecione os candidatos certos para serem treinados nas ferramentas avançadas do Lean Six Sigma, quando necessário.

Treinar pessoas em um nível avançado muito cedo é desperdício de dinheiro e provavelmente impedirá que as pessoas utilizem a abordagem.

> **NESTE CAPÍTULO**
>
> » Acessando muitos conhecimentos e experiências
>
> » Usando o poder da internet
>
> » Considerando aplicações de software
>
> » Participando de uma comunidade de interesse e fazendo contatos

Capítulo **23**

Dez (Mais Uma) Fontes de Ajuda

Muita ajuda, orientação e conhecimento estão disponíveis para apoiá-lo na utilização do Lean Six Sigma. Neste capítulo, mostramos onde encontrar todos os conselhos e recursos necessários.

Seus Colegas

Um programa Lean Six Sigma bem gerenciado depende do trabalho em equipe e do apoio disponível para todos os envolvidos em toda a organização através de uma rede interna. O suporte pode ser oferecido por meio de um espectro de "belts" de diferentes cores; por exemplo, Black Belts dando suporte aos Green Belts (consulte o Capítulo 2 para saber mais sobre como as artes marciais se relacionam com o Lean Six Sigma). Idealmente, os Black Belts poderão contar com o apoio dos Master Black Belts, que são especialistas profissionais em Lean Six Sigma. Se você não os tiver "na casa", esse apoio poderá ser terceirizado para um especialista.

A terminologia "belt" não é obrigatória. Muitas organizações apenas usam termos como "praticante" e "especialista", em vez de Green Belt ou Black Belt.

É importante conseguir acessar essa rede de apoio. Você provavelmente já sabe que há uma grande diferença entre usar uma ferramenta em um ambiente de treinamento e operar no mundo real, onde seus próprios colegas geralmente são seu primeiro porto de chamada para ajuda.

Seu Patrocinador

Todo projeto merece um bom patrocinador ou "campeão" (descrito em detalhes no Capítulo 19). Quando as coisas ficam difíceis, como na maioria dos projetos de vez em quando, seu patrocinador de projeto é uma boa fonte de ajuda. Ele apoia sua equipe de projeto, ajuda a desbloquear as barreiras do projeto e o auxilia quando você precisa de uma adesão em um nível mais alto da organização.

Outras Organizações

A cada ano, o número de organizações que implementam o Lean Six Sigma aumenta. Com o passar do tempo, a combinação de ferramentas e técnicas pode ter mudado, mas o essencial do uso de um método sistemático, concentrado na compreensão das exigências do cliente e na melhoria dos processos, é bem testado e comprovado. Visitar outras organizações e aprender com suas experiências vale bem a pena. Talvez não consiga analisar profundamente a empresa de seus concorrentes, mas você pode descobrir muito visitando empresas de porte semelhante em diferentes setores. Grupos de interesse especial da indústria e do governo são uma boa fonte de ajuda e muitas vezes organizam visitas para que os grupos observem as empresas em funcionamento. Se tiver a oportunidade de visitar uma fábrica da Toyota ou da Ricoh, por exemplo, em apenas algumas horas você aprenderá muito sobre a abordagem cultural que forma a base para a melhoria contínua e o pensamento Lean em geral.

A Internet

Há diversos sites destinados aos devotos do Lean Six Sigma. Só por diversão, aqui vai uma curiosidade: se você pesquisar na internet a expressão "Six Sigma Pink Floyd", descobrirá que Roger Waters criou uma banda em 1964 chamada Sigma 6 antes de formar o Pink Floyd um ano depois. Isso foi 20 anos antes de a Motorola ter surgido com a ideia do Six Sigma. Rock progressivo de fato!

Veja a seguir alguns dos nossos sites favoritos com diversos artigos e recursos destinados ao Lean Six Sigma [conteúdos em inglês]:

» **www.agile.business.org:** O site do Agile Business Consortium inclui acesso às pesquisas mais recentes de método ágil nos negócios, estudos de caso e outros recursos.

» **www.asq.org:** Site da American Society for Quality, oferecendo recursos extensivos e publicações online.

» **www.bqf.org.uk:** O BQF existe para permitir a excelência nas organizações britânicas. O site contém informações sobre treinamentos e dá acesso a uma variedade de interessantes eventos e workshops online.

» **www.catalystconsulting.co.uk:** O próprio site dos autores, atualizado regularmente com novos artigos, acesso a uma extensa área de recursos de aprendizagem online (Business Improvement Zone) e algumas ferramentas estatísticas gratuitas para uso.

» **www.efqm.org:** Repleto de materiais e estudos de casos úteis.

» **www.goldratt.com:** Esse site se concentra na teoria das restrições, uma abordagem para gerenciar e reduzir os gargalos do processo.

» **www.isssp.com:** Dedicado ao Lean Six Sigma, com diversos artigos.

» **www.isixsigma.com:** O principal site de Six Sigma nos EUA, com painéis informativos, anúncios de empregos e links. Exclusivo para os viciados.

» **www.leanenterprise.org.uk:** O LERC foi formado em 1994, reunindo o trabalho de benchmarking e produção Lean de Daniel Jones (juntamente com James Womack do MIT), e o trabalho de Peter Hines sobre desenvolvimento de fornecedores e gerenciamento de materiais.

» **www.leanproduction.com:** Um site útil com diversas informações sobre Lean, Kaizen e a teoria das restrições.

» **www.nist.gov/baldrige:** Oferece informações sobre o Modelo e o Prêmio Baldrige.

» **www.processexcellencenetwork.com:** Process Excellence Network, uma divisão do IQPC, fornece acesso a uma vasta gama de conteúdos para praticantes da Excelência de Processos.

» **www.qfdi.org:** O site do Quality Function Deployment (QFD) Institute. QFD é uma abordagem para realmente compreender as exigências do cliente e ligá-las a processos, produtos e serviços. O QFD é frequentemente utilizado quando as empresas Lean Six Sigma desejam projetar novos produtos e serviços. QFD é uma ferramenta adicional utilizada em Design for Six Sigma (DfSS).

» **www.quality.org:** Site do Chartered Quality Institute (CQI).

» **www.qualitydigest.com:** Uma revista muito útil sobre qualidade.

» **www.shingoprize.org:** Oferece informações sobre o Modelo e o Prêmio Shingo.

Redes Sociais

Aqui está um recurso que continua a crescer e fornecer muitas informações. Coloque suas palavras-chave em um mecanismo de busca, como "controle de processo estatístico", e você encontrará todos os tipos de sites para visitar e vídeos para assistir.

Talvez também possa seguir alguém no Twitter ou você mesmo possa começar algo!

O LinkedIn é uma excelente fonte de informação relacionada às transformações Lean Six Sigma. Você pode acessar vários grupos Lean Six Sigma para se conectar com praticantes e campeões.

Redes e Associações

Você pode encontrar todos os tipos de redes e associações relacionadas ao Lean Six Sigma. Algumas redes oferecem serviços online e offline para incentivar a colaboração e a troca de conhecimento entre os membros, e frequentemente realizam reuniões regulares dos membros.

Associações de qualidade nacionais e regionais como American Society for Quality (ASQ), European Foundation for Quality Management (EFQM) e British Quality Foundation (BQF) oferecem oportunidades de compartilhar boas (e não tão boas) práticas por meio de reuniões, visitas a empresas, conferências, workshops e recursos online, embora não sejam dedicadas puramente ao Lean Six Sigma. O CQI fornece uma extensa biblioteca de conhecimento focada na qualidade para os membros, oferecendo insights sobre as abordagens utilizadas em diferentes organizações.

Conferências

As conferências Lean Six Sigma são uma característica regular do calendário atualmente, tanto online como presencial. Elas oferecem uma gama de palestrantes, workshops menores, oportunidades de networking e discussões informais sobre todos os aspectos do Lean Six Sigma. Se você está apenas começando ou quer se manter atualizado com as últimas ideias e novos desenvolvimentos, as conferências e os webinars são uma grande fonte de informação.

Livros

Você pode encontrar inúmeros livros sobre os aspectos individuais do Lean e do Six Sigma, e alguns sobre o Lean Six Sigma. Veja alguns dos nossos favoritos (a maioria sem publicação no Brasil):

- *Practitioner's Guide to Statistics and Lean Six Sigma for Process Improvements*, de Mike J. Harry, Prem S. Mann, Ofelia C. De Hodgins, Richard L. Hulbert e Christopher J. Lacke: Um excelente livro de oitocentas páginas que cobre em detalhes todos os aspectos do Lean Six Sigma. Uma ótima referência para os praticantes sérios.
- *Lean Six Sigma for Leaders*, de Martin Brenig-Jones e Jo Dowdall: Um guia prático para líderes, destacando que há mais no Lean Six Sigma do que projetos de melhoria de processos. Há estudos de caso fascinantes incluídos.
- *Implementing Six Sigma*, de Forrest Breyfogle III: Um completo e didático livro de referência.
- *Integrated Enterprise Excellence*, Volumes I, II e III, de Forrest Breyfogle III: Se quiser se tornar um aficionado de verdade, não há nada melhor que essa série.
- *Making Six Sigma Last*, de George Eckes: Aspectos culturais para fazer acontecer e ter sucesso.
- *Quantitative Approaches in Business Studies*, 8ª edição, de Clare Morris: Um livro acadêmico que oferece um bom fundamento em métodos estatísticos nas empresas.
- *SPC in the Office* de Mal Owen e John Morgan: Repleto de estudos de caso úteis sobre como usar gráficos de controle no escritório.
- *The Lean Six Sigma Improvement Journey*, de John Morgan: Uma cobertura descontraída de cada ferramenta (e há muitas), com ilustrações codificadas por cores.
- *The Six Sigma Revolution*, de George Eckes: Os princípios do Six Sigma.
- *The Six Sigma Way*, 2ª edição, de Peter Pande, Robert Neuman e Roland Cavanagh: Uma boa visão geral e orientações práticas.
- *The Six Sigma Way Team Fieldbook*, de Peter Pande, Robert Neuman e Roland Cavanagh: Guia prático de implementação.

- *A Máquina que Mudou o Mundo*, de James Womack, Daniel Jones e Daniel Roos: Reedição do texto clássico sobre empresa Enxuta.

- *O Modelo Toyota: 14 Princípios de Gestão do Maior Fabricante do Mundo*, de Jeffrey Liker: Os princípios de gestão por trás da abordagem Toyota. Um livro útil e de fácil leitura.

- *Lean Six Sigma and Minitab: The Complete Toolbox Guide for Business Improvement* (4ª edição): Esse guia baseado no Minitab apresenta instruções práticas e muitas capturas de tela.

- *Lean Six Sigma for Business Transformation For Dummies*, dedicado a ligar a estratégia transformacional à ação pelo uso do Lean Six Sigma de forma sistemática.

Periódicos

Diversos periódicos são dedicados ao Lean e ao Six Sigma, bem como a áreas relacionadas, incluindo:

- *International Journal of Six Sigma and Competitive Advantage:* Está na vanguarda dos desenvolvimentos do Six Sigma.

- *Business Process Management Journal:* Insights sobre como impulsionar a eficiência com uma abordagem de processos, incluindo melhoria de processos e gestão de mudança.

- *Quality World:* A revista do Chartered Quality Institute no Reino Unido, com destaques frequentes sobre o Lean Six Sigma.

Software

Você certamente pode pegar a estrada do Lean Six Sigma sem ter que investir em software especializado, mas conforme sua jornada prossegue, talvez seja importante melhorar seu conjunto de ferramentas com softwares estatísticos e outros. Nesta seção, mencionamos alguns que consideramos essenciais.

O mapeamento do processo fica melhor em papel pardo ou com uma ferramenta de trabalho colaborativo online (veja a seguir). Se você decidir usar um software para fluxograma de processo, considere o Visio, o IBM Blueworks ou o iGrafx.

Análise estatística

A maioria dos mortais comuns usa apenas uma fração da capacidade total de seu programa de planilhas como o Excel ou o Numbers. Esses programas são bons na análise estatística, mas como não foram projetados especificamente para tal fim, produzir até mesmo o mais básico diagrama de Pareto sem a ajuda de uma alma amável que produziu um modelo para esse fim é surpreendentemente desafiador. Você pode acessar algumas ferramentas simples no site do Catalyst Consulting.

Você também pode encontrar vários plug-ins para seu programa de planilhas para ajudá-lo a fazer a análise de Pareto e esmiuçar seus dados rápida e facilmente sem ter que projetar seu próprio modelo.

A Microsoft fornece um "Toolpak" de análise de dados para Excel, que foi ampliado com as versões mais recentes. Para análises estatísticas mais complexas, experimente o plug-in SigmaXL para Excel, que lhe permite produzir várias telas, incluindo SIPOCs, diagramas de causa e efeito, modo de falha e análise de efeitos e vários tipos de gráfico de controle, bem como uma abrangente gama de ferramentas estatísticas.

A maioria dos Black Belts e dos Master Black Belts prefere o software estatístico Minitab. Esse pacote existe há muitos anos e é também um dos favoritos das universidades e das faculdades que ensinam estatística. O Minitab é um pacote de análise estatística muito abrangente, projetado para análises sérias. Não tente em casa sem um treinamento sério como parte de um curso Green Belt avançado ou Black Belt completo.

O JMP Statistical Discovery Software é outro pacote que pode ser usado no mundo do Lean Six Sigma. Ele liga as estatísticas a uma representação gráfica altamente visual, permitindo que você explore visualmente as relações entre entradas e saídas do processo, então identifique as variáveis-chave do processo.

Simulação

Para uma modelagem estatística e preditiva mais avançada, dê uma olhada no Crystal Ball da Oracle. Esse software é bom para previsão, simulação e avaliação de opções de otimização. Uma ferramenta alternativa de modelagem de software é o SIMUL8, que pode ser usado para planejamento, projeto e otimização de sistemas de fabricação ou de serviços transacionais. Esses modelos permitem testar cenários em um ambiente virtual e muitas vezes se preocupam com custo, tempo e inventário.

Gestão de implementação

Para implementações em larga escala, considere a formação de uma biblioteca de projetos e use um software de monitoramento para ajudar você e seus colegas em toda a organização a gerenciar e relatar os projetos. Diversos sistemas de software são projetados especificamente para esse fim, e vale a pena investigar à medida que sua implementação cresce em toda a organização.

Ferramentas de colaboração online

Temos trabalhado com alguns aplicativos fantásticos que permitem que as ferramentas e as técnicas do Lean Six Sigma sejam utilizadas "virtualmente" quando não tem sido possível utilizá-las presencialmente. Essas ferramentas incluem Mural, Miro, Stormboard e Jamboard. De certa forma, trabalhar virtualmente tem levado a uma maior interação! Por exemplo, com esses aplicativos, todos podem contribuir para uma sessão de mapeamento do processo, de modo que não há apenas uma pessoa responsável por escrever as etapas do processo em uma nota autoadesiva. Todos podem participar!

Empresas de Treinamento e Consultoria

Uma ampla gama de empresas especializadas em treinamento e consultoria fornece serviços para clientes na arena do Lean Six Sigma. Em sua busca por treinamento, você encontrará algumas poucas empresas globais e muitos especialistas menores ou com apenas uma pessoa.

DICA

Quando escolher um fornecedor, tente usar a equação qualidade × aceitação que descrevemos no Capítulo 6. É importante que seu treinador tenha excelentes habilidades técnicas, mas também considere se ele seria uma boa opção para a organização. A cultura de sua organização o aceitará? Ele incutirá confiança e fornecerá todos os serviços que você necessita?

Em nossa experiência, poucas organizações se preocupam em verificar as referências dos fornecedores. Mas, ao contrário de escolher um parceiro ou um cônjuge, nos negócios vale muito a pena perguntar aos clientes anteriores se a parceria deu certo! Trabalhar durante um longo período com uma empresa de treinamento e consultoria é um pouco como um casamento: valores compartilhados são uma boa base para a crença, a integridade, o respeito, a confiança e a honestidade.

Índice

SÍMBOLOS
1-10-100
    Regra, 213
3×3
    Matriz, 302
80:20, regra, 61

A
A3
    Método, 276
Abordagem aleatória, 124
Adulteração (tampering), 137
Ágil
    Princípios, 256
Alarme falso, 143
Amostragem, 123
    Populacional, 123
    Processo, 124
    Subgrupos, 125
Amplitude móvel, 145
Análise
    Concordância de Atributos, 120
    Modos de Falhas e Efeitos (FMEA), 211
    Pareto, 131
    Sistema de Medição. *Consulte* MSA
    Valor agregado, 176
    VA/NVA, 173
Análise dos Modos de Falhas e Efeitos, 11, 230
Andon, 190
ANOVA, 168
Antropometria, 178
À prova de erros
    Abordagens, 214
Artes marciais, 41
Associações, 338
Automação, 210
Automação Robótica de Processos, 223
Autonomação, 210
Avaliação baseada em critérios, 302
Avaliação de validação, 37, 38

B
Backlog, 258
    Produto, 258
Benchmarking, 20, 230, 237, 241
    Desempenho, 237
Brainstorm, 200, 329
Brainwriting, 201
Business Black Belt, 42

C
Cartão de pontuação de design, 229
Causa e efeito, 118
    Análise, 303
Changeover, 89, 191
    Rápido, 221
    Tempo, 92
Círculo Dourado, Sinek, 105
Clientes, 50
    Observações, 67
    Pesquisa, 64
    Segmentos, 60
Clientes insatisfeitos, 213
Coeficiente de correlação, 164
Coleta de dados, 29, 62
Comparação por pares, 73, 205
Complacência, 331
Conferências, 338
Confiança
    Nível, 127
Controle estatístico, 136
Convergência controlada, 241
Critérios
    Lista, 301
    Matriz, 205
CTQ, 14, 323
    Árvore, 70
Cultura organizacional, 285

D
Dados
    Atributos, 117, 122
    Contínuos, 117
    Discretos, 117
Definição operacional, 119
Desdobramento da Função Qualidade, 232
Design de Experimentos, 166
Design for Six Sigma, 225
Design Thinking
    Princípios, 244
    Protótipos, 251
    Versus DMADV, 245
Desvio-padrão, 15, 140
DfSS, 226, 337
Diagrama
    Afinidade, 70, 159
    Campo de forças, 101
    Concentração de defeitos, 132
    Dispersão, 163

Espaguete, 8, 77
Espinha de peixe, 158–160
Inter-relação, 161, 162
SIPOC, 163
Distância psicológica, 204
Distribuição
Bimodal, 154
Distribuição gaussiana, 16
DMADV, 226
DMAIC, 30, 136, 299
Fases, 306
Dono do Processo, 60
DPMO, 20

E
Eli Goldratt, 185
Eliyahu Goldratt, 13
Entrevistas
Desvantagens, 65
Vantagens, 65
Equação de regressão, 165
Ergonomia, 178
Espinha de peixe, 310
Estrangulamentos, 185
Estudos antropométricos, 179
Etiqueta vermelha
Exercício, 216
Evento
Ferramentas, 273
Evento de Melhoria Rápida, 268
Eventos de melhoria rápida, 43

F
Facilitador, 270
Checklist, 275
Faixa
Amarela/Yellow Belt, 41
Laranja/Orange Belt, 42
Preta/Black Belt, 41
Verde/Green Belt, 41
Fatores culturais, 286
Ferramenta 5W1H, 33
Fio dourado, 323
Fluxo, 185
Narrativo, 322
Peça, 190
Perfeito, 195
Valor, 50
Fluxo de valor, 28
Fluxograma, 83
Implementação, 82
Fluxograma de implementação, 313
FMEA, 11
Folha de verificação, 131

Fujio Cho, 9

G
Gage R e R, 120
Ganhos rápidos, 302
Gargalo, 185
Gemba, 28, 77
General Electric (GE), 74
George Eckes, 100, 278
Gerenciamento de estoque, 91
Gerenciamento do processo, 278
Gerenciar pessoas e processos, 291
Gerentes de implementação, 292
Gerry Johnson, 286
Gestão de Mudanças, 1
Gestão de Projetos, 26
Gestão visual, 217
Gráfico
Atributos, 144
Controle, 140
Tendência, 139
Variáveis, 144
Grupos focais, 66

H
Heinz, 64
Henry Ford, 7
Hilary Scarlett, 100
Hipótese
Alternativa, 167
Nula, 167
Histograma, 153
Histórias do usuário, 262

I
Índices
Capacidade, 148
Cp, 148
Intervalo de confiança, 126

J
Jack Welch, 14
Jargões Essenciais
Autonomação, 11
Defeito, 22
Defeituoso, 22
DMADV, 15
DMAIC, 15
Fluxo de uma peça (single piece flow), 12
Heijunka, 10
Jidoka, 11
Just in Time, 12
Nivelamento, 10
Oportunidade de defeito, 22

Padronização, 10
Produção puxada, 12
Sequenciamento, 11
Takt time, 12
Unidade, 22
John Kotter, 108
John Krafcik, 8
Just in Time, 190, 334

K
Kai Sigma, 268
Kaizen, 268
Definição, 43
Kanban, 262
Definição, 8
Painel, 262–263
Kiichiro Toyoda, 8

L
Lead time, 15
Lean
Definição, 8
Pensamento, 13
Lean Six Sigma
Gerentes, 291
Mitos, 332
Princípios, 27–30
Sites, 337
Software, 340
Limites de controle, 141
Linha de melhor ajuste, 165
Loops de retrabalho, 175

M
Manifesto para o Desenvolvimento Ágil de Software, 255
Manufatura celular, 193
Manutenção preventiva, 219
Mapa
Empatia, 248
Estado futuro, 96
Fluxo de Valor, 51, 86
Persona, 247
Mapas de Fluxo de Valor, 43
Mapeamento de processos, 75, 174, 230
Margem de erro, 126
Masaaki Imai, 278
Master Black Belt (MBB), 42
Matriz de Pugh, 240
Melhoria Contínua, 10
Mentalidade de crescimento, 29
Mentoria, 282
Metodologia
5S, 215

Ágil, 24
Métricas, 116
Modelo
Kano, 58
Kübler-Ross, 103
Kurt Lewin, 104
Modos de falha, 211
Momentos da verdade, 83
Movimento Ágil, 190
MSA, 120
Muda (desperdício), 221
Mudança
Aceitação, 100
Multivotação, 205
Mura, 221
Muri, 221

N
n/3
Técnica, 205
Necessidades
Eficácia, 64
Eficiência, 64
NPR, 212

P
Pandemia da COVID, 183
Pareto
Análise, 341
Patrocinador
Executivo, 288
Projeto, 295
PEMMA, 48
Pesquisa
Qualitativa, 63
Quantitativa, 63–64
Pessoas
Potencial, 181
Phil Crosby, 181
Piggly Wiggly
Supermercado, 8
Planejamento da sprint, 258–259
Plano de ação, 308
Plano de controle, 37
Poka-yoke, 213
PONC, 181
Potencial de tendenciosidade, 68
Preço da não conformidade, 181
Premissas, 108
Princípio
Pareto, 155
Problema
Tipo, 246
Processo, 47

Estados, 146
Process Stapling, 28, 79
Produção puxada, 189, 189–190
Product Owner, 261
Programação Extrema, 264
Projeto
    Implementação, 287
Proporção defeituosa, 129

Q
QFD, 51, 225, 233
Quantificação da oportunidade, 314
Quantificar a oportunidade, 38

R
Regra do terço médio, 143
Regressão
    Linear múltipla, 166
    Linear simples, 166
Repetibilidade, 120
Reprodutibilidade, 121
Restrição, 185
Revisões de benefícios, 311
RPA, 223
Rs, três, 194

S
Sakichi Toyoda, 210
SCAMPER
    Método, 249
Scope creep, 26
Scrum
    Abordagem, 258
Scrum Master, 261
Scrums diários, 281
Segmentação
    Fatores, 124
Segmentação de clientes, 228
Segurança psicológica, 257
Série temporal, 139
Shigeo Shingo, 89
Sigma do Processo, 18, 19
    Nível, 18
Simon Sinek, 105
SIPOC, 52
Sistema de processos, 290
Sistema Toyota de Produção, 7–9, 171, 222, 276
SMED, 89
Sprint, 259
Stakeholder, 102
    Fundamental, 103
Steve Jobs, 226
Storyboard, 321
Subotimização, 180

Superprodução, 12

T
Taiichi Ohno, 8, 87, 171, 176, 223, 276
Takt time, 195–196
Tambor-pulmão-corda, 188
Tampering (adulteração), 137
Teia cultural, 286
Tempo ocioso, 86
Tendência de não resposta, 64
Tendência e resultado
    Métricas, 118
Teoria
    Restrições, 13, 95, 185–186, 337
Termo de melhoria, 31–32
Termo de projeto, 304, 306
Teste
    Causa lógica, 169
    Hipóteses, 167–168
    Qui-quadrado, 168
    T, 168
TIM WOODS (mnemônico), 176
Tolerância, 150
Toyota, 67, 89
Trabalho Ágil, 252, 257
Trabalho autônomo, 192
Trabalho Padrão do Líder, 281

V
Valor agregado, 29
Valor-p, 168
Variação
    Causa atribuível, 137
    Causa comum, 136
    Causa especial, 136
    Natural, 136
Vilfredo Pareto, 61
Visão para trás, 106
Vitória rápida, 270
VOC, 14, 57
Voz do cliente, 57, 59

W
Walter Shewhart, 140
W. Edwards Deming, 29
Workshop
    Seleção de projetos, 300
Workshops, 268

Projetos corporativos e edições personalizadas
dentro da sua estratégia de negócio. Já pensou nisso?

Coordenação de Eventos
Viviane Paiva
viviane@altabooks.com.br

Contato Comercial
vendas.corporativas@altabooks.com.br

A Alta Books tem criado experiências incríveis no meio corporativo. Com a crescente implementação da educação corporativa nas empresas, o livro entra como uma importante fonte de conhecimento. Com atendimento personalizado, conseguimos identificar as principais necessidades, e criar uma seleção de livros que podem ser utilizados de diversas maneiras, como por exemplo, para fortalecer relacionamento com suas equipes/ seus clientes. Você já utilizou o livro para alguma ação estratégica na sua empresa?

Entre em contato com nosso time para entender melhor as possibilidades de personalização e incentivo ao desenvolvimento pessoal e profissional.

PUBLIQUE SEU LIVRO

Publique seu livro com a Alta Books.
Para mais informações envie um e-mail para: autoria@altabooks.com.br

 /altabooks   /alta-books   /altabooks   /altabooks

CONHEÇA OUTROS LIVROS DA **ALTA BOOKS**

Todas as imagens são meramente ilustrativas.

Este livro foi impresso nas oficinas gráficas da Editora Vozes Ltda.,
Rua Frei Luís, 100 – Petrópolis, RJ.